Horst Hamann

Hausbau und Immobilienkauf So machen Sie es richtig

Mosaik Verlag

Der Mosaik Verlag ist ein Unternehmen
der Verlagsgruppe Bertelsmann

Neubearbeitung 1990

© Mosaik Verlag GmbH, München 1989 / 5
Satz: Filmsatz Schröter GmbH, München
Druck und Bindung: Clausen & Bosse, Leck
Einbandgestaltung: S/BS München
Alle Rechte vorbehalten
ISBN 3-570-05692-9 · Printed in Germany

Inhaltsverzeichnis

Vorwort

Die Deutschen – Schwaben und andere – wohnen am liebsten im eigenen Heim. Weil zahllose Umfragen diesen Tatbestand auch schon vor zwanzig Jahren zutage gefördert hatten, nahm sich Capital, das deutsche Wirtschaftsmagazin, bereits früh des Themas Immobilien an. Das Echo auf die ersten Veröffentlichungen war groß, die Flut von Leserzuschriften der Redaktion Anlaß genug, fortan beim Thema zu bleiben. Die wichtigsten geldwerten Anregungen und Tips habe ich in diesem Ratgeber zusammengefaßt. Er soll dem potentiellen Bauherrn oder Immobilienkäufer helfen, die in aller Regel schwerwiegendste Investition seines Lebens ohne finanziellen Schaden zu meistern. Von Nutzen soll der Ratgeber auch dem Hauseigner sein, der seinen Besitz modernisieren und sich über den neuesten Stand der Gesetzgebung informieren will.

Ohne die Vorarbeit der Kollegen, die durch ihre Beiträge *Capital* jene Kompetenz verschafft haben, die das Magazin heute hat, wäre das Beratungsziel schwerer zu erreichen gewesen. Mein Dank gebührt vor allem Marlene Elbern, Dr. Sigrid Fröhlich, Jörg Bess, Andreas Henry, Alfred Preuß, Karl-Heinz Seyfried und Dr. Volker Wolff. Als externe Experten haben zum Gelingen besonders die Herren Udo Hennemann, Steuerberater aus Münster, Dr. Karl Arnold Jansen, Notar aus Köln, Heinz Schmitz, Architekt aus Aachen und Dr. Ulrich Werner, Rechtsanwalt, Fachautor und Lehrbeauftragter an der Technischen Hochschule Aachen, aus Köln, beigetragen – nicht nur mit guten Ratschlägen, sondern auch mit kritischen Verbesserungsvorschlägen.

Köln, im November 1990
Dr. Horst Hamann

1 Gute Gründe für das eigene Domizil

Die Geschichte jenes Bauherrn, der eines Tages entsetzt feststellen mußte, daß seine monatliche Ratenzahlung an die Hypothekenbank plötzlich höher war, als sein gesamtes Nettoeinkommen, ist nicht, wie man glauben sollte, erfunden. Der Fall ist verbürgt, und ein Einzelfall ist es nicht geblieben.

Was war geschehen? Der gebeutelte Hausherr war einem Finanzberater aufgesessen, der ganz offensichtlich allein seine Provision im Auge hatte und dem das weitere Schicksal seines Klienten völlig egal war. Der damals Bauwillige hatte sich – man schrieb das Jahr 1978, eine Periode extrem niedriger Zinsen – bis zum sprichwörtlichen Stehkragen verschuldet. Mit der geldgebenden Bank war eine Zinsfestschreibung von nur fünf Jahren vereinbart worden. Als dann 1983 die Hypothekenzinsen neu festgeschrieben werden mußten, waren diese um mehrere Prozentpunkte höher als fünf Jahre zuvor.

Es kam wie es kommen mußte: Der Zwangsversteigerung folgte der finanzielle Ruin einer Familie, die sich nur den elementaren Wunsch nach den eigenen vier Wänden erfüllen wollte.

Wenn gleich zu Beginn dieses Ratgebers eine abschreckende Geschichte geschildert wird, dann nicht, um Sie, verehrter Leser, zu entmutigen. Im Gegenteil: Erst wenn Sie wissen, daß solche Fälle vorkommen, können Sie sich gegen falschen »Expertenrat« wappnen. Der Bau oder der Kauf eines Hauses oder einer Eigentumswohnung ist mit vielen finanziellen Risiken behaftet. Diese unumstößliche Tatsache sollte niemand außer acht lassen. Es steht dabei in aller Regel mehr Geld auf dem Spiel als bei allen anderen Transaktionen des privaten Haushalts. Wahrscheinlich ist es auf diesen hohen Einsatz zurückzuführen, daß zwar acht von zehn Bundesbürgern innerhalb der eigenen vier Wände wohnen möchten, nur gut die Hälfte es aber erst geschafft hat, Eigenheim oder Eigentumswohnung zu erwerben. Für Millionen bleibt das eigene Domizil also auf der Wunschliste – wenn auch ganz oben.

Die Furcht potentieller Bauherrn oder Immobilienkäufer, sich finanziell zu verausgaben, wurde besonders in den Jahren 1985 bis 1987 durch zahlreiche Berichte über Zwangsversteigerungen bestärkt. Die tatsächlich erschreckend hohe Zahl von Bauherrnpleiten hätte, so zeigt die Analyse, in den meisten Fällen freilich vermieden werden können, wenn nämlich die Banken und Sparkassen in der Vergangenheit nicht allzu großzügig ihre Baukredite gestreut hätten. Diese Gefahr ist heute weitgehend gebannt. Inzwischen hat es sich bis zum letzten Baufinanzier herumgesprochen, daß notleidende Kreditnehmer der Bank letztlich doch nur Verluste einbringen. Folge: Die Kreditprüfungen sind strenger geworden, und die Beleihungsgrenzen wurden zum Teil erheblich nach unten korrigiert.

Letztlich entscheiden müssen freilich Sie als Bauherr oder Käufer, ob Sie sich das eigene Domizil leisten wollen und leisten können. Dieser Ratgeber soll Ihnen bei der Entscheidung helfen und Ihnen Mut machen; denn es gibt eine ganze Reihe von guten Gründen, Bau- oder Kaufvorhaben nicht auf die lange Bank zu schieben. Der in letzter Zeit kräftige Anstieg der Mieten wird sich fortsetzen. So werden nach Meinung von Maklern und Wirtschaftsprognostikern die Mieten – zum Beispiel in Hamburg – von jetzt 12 bis 15 Mark je Quadratmeter Wohnfläche auf 19 bis 24 Mark im Jahre 1995 steigen. In München, dem teuersten Wohnpflaster der Bundesrepublik, werden sie gar bis auf 25 bis 30 Mark klettern. Die Baupreise, die wegen geringer Nachfrage in den Jahren zwischen 1984 und 1987 nur moderat nach oben geklettert sind, werden ebenfalls anziehen, und auch die Kosten für die Lebenshaltung dürften steigen.

Höhere Baukosten werden die Verkaufspreise für Immobilien aus zweiter Hand in die Höhe treiben. Preise bis zu 12000 Mark je Quadratmeter Wohnfläche in einer Eigentumswohnung werden nach Einschätzung von Experten im Jahre 1995 keine Seltenheit mehr sein – Spitzenlage allerdings vorausgesetzt.

So spricht denn vieles für die eigenen vier Wände, zumal ein Aspekt immer stärker in den Vordergrund rückt: die eigene Immobilie als Vermögensanlage vor dem Hintergrund künftig unzureichender Renten. Eine Untersuchung des Instituts für angewandte Systemforschung und Prognose (ISP) zeigt, daß die Immobilie in dieser Beziehung unschlagbar ist. Trotz Preisverfalls in den letzten Jahren hat die Kapitalanlage in Stein und Beton im Vergleich zu Lebensversicherung sowie Wertpapier- und Kontensparen ihre Überlegenheit bewiesen.

Die Untersuchung des ISP kommt zu folgendem Ergebnis: Wer im Jahr 1960 mit zunächst 26 Mark im Monat anfing zu sparen, sich bis zum Jahr 1985 auf 524 Mark im Monat steigerte, hatte 1985 in festverzinslichen Wertpapieren und auf dem Sparkonto ein Endkapital von gut 190000 Mark. Dieser relativ geringe Betrag resultiert vor allem aus der steuerlichen Belastung der Zinserträge, die rund 57000 Mark ausmachten. Wer in der gleichen Zeit identische Beträge in eine Lebensversicherung investierte – ab 1968 mit dynamisierten Prämien –, kommt zum Ende des 26. Jahres auf ein Gesamtkapital von knapp 220000 Mark. Das sind immerhin 30000 Mark mehr, als sie der Wertpapieranleger und Kontensparer erzielen konnte. An Steuern sparte derjenige, der die Lebensversicherung bevorzugte, in diesem Zeitraum knapp 14000 Mark.

Die günstigste Rechnung aber kann ein Bauherr aufmachen. Die ISP-Forscher unterstellten, daß er 1968 sein Einfamilienhaus im ländlichen Raum errichtet und dafür einschließlich aller Nebenkosten 154000 Mark aufgewendet hat. Seine Schlußrechnung zeigt im Jahr 1985 nach dem

Verkauf des Hauses ein Kapital von rund 277 000 Mark. Das sind 87 000 Mark mehr, als der Modellsparer und 57 000 Mark mehr als derjenige, der in seine Lebensversicherung investierte. Zudem sparte derjenige, der auf die Immobilie gesetzt hat, insgesamt 19 000 Mark an Steuern.

Sie sehen: Steigende Mieten, anziehende Baukosten mit erhöhten Immobilienpreisen im Gefolge und schließlich die Geldanlage in Stein und Beton bilden eine ganze Reihe von gewichtigen Gründen, die für das eigene Haus oder die eigene Wohnung sprechen. Damit aber eine solche Investition auch gelingt, sollten Sie Schritt für Schritt vorgehen – diesem Ratgeber folgend.

Auf dem Weg zum stolzen Immobilieneigner steht zunächst die Inventur derjenigen Mittel, die ihr Eigenkapital bilden. Es ist oft größer, als Sie zunächst vermuten. Auch wie Ihnen der Staat bei der Finanzierung unter die Arme greift, wissen Sie möglicherweise nur vage. Auch das ist mehr, als Sie denken, zumal sich mit einer Reihe von legalen Tricks beim Finanzamt der eine oder andere Tausender zusätzlich herausholen läßt.

Wenn Sie diese beiden Punkte – Eigenkapital und Steuerbonus – mit Hilfe der ersten Kapitel geklärt haben, geht es an den schwierigen Part der Finanzierung. Viel Geld kann verschwenden, wer es falsch, viel Haus oder Wohnung kann gewinnen, wer es richtig macht. Wenn Ihr Geldrahmen nach dem Studium der verschiedenen Finanzierungsmöglichkeiten feststeht, können Sie entscheiden, ob es für den Bau eines großzügigen Bungalows reicht, ob Sie nicht doch lieber etwas Gebrauchtes kaufen oder sich gar mit einer kleineren Eigentumswohnung bescheiden. Die Grenzen setzen Ihr Eigenkapital, Ihr Einkommen und Ihr Finanzier.

Wofür auch immer Sie sich entscheiden – dieser Ratgeber hilft Ihnen, Bau oder Kauf ohne die üblichen Schwierigkeiten über die Bühne zu bringen.

2 Bestimmen Sie Ihren finanziellen Standort

Bei der größten Investition im Leben der meisten Bürger ist nichts gefährlicher als die Überschätzung der eigenen Finanzkraft. Der mißglückte Bau oder Kauf der eigenen vier Wände ist häufig darauf zurückzuführen, wobei oft auch selbstsüchtige Finanzberater ihre Finger im Spiel haben. Deshalb sollten Sie mit der gebotenen Selbsteinschätzung an die Großinvestition herangehen.

Ob sich Ihr Wunsch nach dem eigenen Domizil mit Ihren finanziellen Möglichkeiten in Einklang bringen läßt, hängt nicht zuletzt von den Mitteln ab, über die Sie verfügen. Das ist oft mehr, als die meisten Bauherrn oder Immobilienkäufer in spe zunächst vermuten. Gleichwohl sollten Sie Ihre Finanzen gründlich prüfen, bevor Sie Hausbau oder -kauf – eine Investition, die oft über die Zeitspanne einer Generation reicht – angehen.

Wenn sich Ihre laufenden Einkünfte im Rahmen des Normalen bewegen, wenn Sie sich also als gutverdienender Angestellter oder Selbständiger einstufen, sollten sie 20 oder besser noch 25 Prozent des Bau- oder Kaufpreises als Eigenkapital vorweisen können. Dann dürfte die Finanzierung der restlichen Summen durch Banken oder Bausparkassen kein Problem sein. Gehören Sie zu der recht seltenen Spezies der Einkommensmillionäre – eine halbe Million pro Jahr würde die Voraussetzungen wohl auch schon erfüllen –, dann finanziert Ihnen jeder Kreditgeber Ihr neues Haus mit Handkuß zu hundert Prozent mit Fremdmitteln. Gehören Sie jedoch zu jener Einkommensgruppe, die nach Befriedigung der elementaren Bedürfnisse wie Essen, Trinken, Kleidung und Wohnung nur relativ wenig für die Rückzahlung und Verzinsung von Darlehen abzweigen kann, müssen Sie mit Schwierigkeiten bei der Kreditbeschaffung rechnen und entweder Ihre Wohnwünsche reduzieren – etwa eine Eigentumswohnung statt des Bungalows anpeilen – oder den Traum vom Wohneigentum vorerst begraben.

Doch gemach: Werfen Sie die Flinte nicht voreilig ins Korn, ehe Sie die folgenden, zwar überschlägigen, doch schon recht aussagefähigen Rechnungen angestellt haben.

Da ist zunächst das Eigenkapital. Dazu zählen die Kreditgeber nämlich auch, was Bauwilligen von Dritten zur Verfügung gestellt wird. Die eigene Leistung oder die kostenlose Hilfe von Freunden und Verwandten am Bau wird ebenfalls als Eigenkapital bewertet. Wenn Sie das folgende Tableau ausgefüllt haben, werden Sie mit hoher Wahrscheinlichkeit viel fröhlicher in die Welt sehen. Denn möglicherweise hat sich das, was Sie zunächst als verfügbares Eigenkapital angesehen haben, glatt verdoppelt. Und nun addieren Sie:

angespartes Bargeld

das Guthaben auf Ihren Bausparverträgen einschließlich der Zinsen und Prämien   +

Wertpapiere aller Art, die Sie verkaufen wollen   +

Schmuck, Gold, Antiquitäten, von denen Sie sich trennen können und wollen   +

geschenktes Bargeld oder andere Wertgegenstände, die Sie eventuell im Vorgriff auf eine Erbschaft bekommen   +

zinslose Darlehen von Verwandten oder Freunden   +

der Verkehrswert eines Bauplat-
zes, der Ihnen bereits gehört   +   ☐☐☐☐☐☐

der Wert der Eigenleistung beim
Bau oder die kostenlose Bauhilfe
von Dritten   +   ☐☐☐☐☐☐

verfügbares Eigenkapital   =   ☐☐☐☐☐☐

Die Errechnung der eigenen Mittel ist die Basis für jenen
Kredit, den Sie sich als künftiger Hausherr wahrscheinlich
leisten können. Darüber hinaus hängt die Höhe des Baudarlehens entscheidend von Ihren monatlichen Einkünften ab.
Für jeden Hundertmarkschein, den Sie nicht zum täglichen
Leben brauchen, geben Ihnen Banken und Sparkassen bei
sieben Prozent Zins und einem Prozent Tilgung rund 15 000
Mark als Baukredit. Zuvor sollten Sie aber nach Möglichkeiten suchen, billiger an Baugeld zu kommen, etwa durch
einen zinsgünstigen oder gar zinslosen Verwandtenkredit.

Fragen Sie Ihren Arbeitgeber

Auch viele Arbeitgeber lassen sich finanziell anzapfen –
durch Zuschüsse beziehungsweise zinslose oder verbilligte
Darlehen. Das Finanzamt setzt allerdings voraus, daß es
sich um Darlehen zur Finanzierung selbstgenutzter Eigenheime oder Eigentumswohnungen handelt oder um Zinszu-
schüsse zu entsprechenden Krediten. Die Finanzverwaltung
nimmt einen Zinsvorteil allerdings erst an, wenn der Arbeitnehmer weniger als vier Prozent für das Darlehen zahlt.
Bei einem Zinssatz von vier Prozent dürfen also Kredite in
unbegrenzter Höhe gewährt werden, ohne daß ein soge-
nannter geldwerter Vorteil beim Arbeit- und Darlehensnehmer lohnsteuerpflichtig wird. Bei einem vereinbarten
Zins von zwei Prozent bleiben 100 000 Mark Darlehen

steuerbegünstigt, und bis zu 50 000 Mark können zinslos gewährt werden, ohne daß beim Arbeitnehmer Lohnsteuer anfällt. Diese Regelung gilt nicht nur für Neubau oder Immobilienkauf, sondern auch für Zuschüsse oder Darlehen, die der Ablösung oder Verminderung bereits laufender Hypothekendarlehen dienen. Wichtige Voraussetzung für die Steuerfreiheit ist allerdings stets, daß der Arbeitnehmer Haus oder Wohnung zum Zeitpunkt der Finanzierungshilfegewährung zumindest teilweise für eigene Zwecke nutzt. Die Vergünstigung bleibt freilich auch dann erhalten, wenn er Haus oder Wohnung später vermietet.

Wie sich so etwas in Mark und Pfennig rechnet, hat *Capital* in Heft 5/1988 an einem Beispiel klargemacht: Wer zum Beispiel pro Jahr 3 150 Mark für Zinsen aufbringen kann, bekommt bei sieben Prozent Zinsen und einem Prozent Tilgung ein Hypothekendarlehen von knapp 40 000 Mark. Mit einem vierprozentigen Arbeitgeberdarlehen kann er bei gleichem Nettoaufwand 63 000 Mark Kredit finanzieren.

Allerdings: Nicht viele Firmen sind zu derlei zusätzlichen Leistungen bereit. Dann hilft ein Trick. Zwar darf ein Arbeitnehmer nicht zugunsten von Zinszuschüssen oder -vorteilen auf Gehaltsbestandteile oder sonstige Leistungen verzichten, auf die er laut Arbeitsvertrag, Tarifvertrag oder Betriebsvereinbarung Rechtsanspruch hat. Eine Vereinbarung allerdings, nach der solche Vorteile später mit noch auszuhandelnden Leistungen des Arbeitgebers verrechnet werden, ist durchaus möglich und wahrt den Steuervorteil. Besonders profitieren können von einer solchen Regelung Arbeitnehmer, die übertariflich bezahlt werden. Sie können den Arbeitgeber bitten, bei der nächsten Gehaltsverhandlung die vorgesehenen Erhöhungen ganz oder teilweise in Form solcher steuerbegünstigter Finanzierungshilfen zu gewähren. Die Erfahrung zeigt freilich, daß nur wenige Arbeitgeber bereit sind, mitzumachen.

Keine Schwierigkeiten bietet hingegen eine andere Methode, an verbilligtes Baugeld zu kommen: Wer seit längerer Zeit eine Lebensversicherung sein eigen nennt und seine Prämien gezahlt hat, kann sein Guthaben beleihen. Dieses sogenannte Policendarlehen – es ist nicht zu verwechseln mit einer normalen Hypothek der Versicherung – ist in jedem Fall zinsgünstiger als jeder andere Baukredit, den des Arbeitgebers ausgenommen. Einzelheiten zum Policendarlehen erfahren Sie auf Seite 101 ff.

Einer begrenzten Zahl von Bau- oder Kaufwilligen hilft der Staat direkt mit einmaligen Bau- oder mit laufenden Aufwendungsbeihilfen. Die Förderung ist in den einzelnen Bundesländern unterschiedlich geregelt. Wo sich solche Bauhilfen beantragen lassen, wissen die Banken und die Steuerberater. Einzelheiten dazu auf Seite 37 ff.

In den Genuß dieses direkten staatlichen Finanzierungssegens kommen freilich nicht alle Bauherrn. Die meisten scheitern an der Einkommenshürde. Allerdings: Die indirekten Hilfen vom Finanzamt, wie Abschreibungen und die Absetzbarkeit von Werbungskosten, sind für alle da und oft lukrativer, als so mancher Hausbesitzer glaubt. Einzelheiten dazu können Sie ab Seite 25 ff. nachlesen.

Unterschätzen Sie Ihren Lebensstandard nicht

Trotz all dieser Hilfen von außen bleibt das Baudarlehen, die Hypothek, das wichtigste Finanzierungsinstrument des Bauherrn und Immobilienkäufers. Für die Höhe des Kredits ist das monatliche Einkommen der Bauherrnfamilie von entscheidender Bedeutung. Jede Mark, die nach Abzug der Ausgaben für die Lebenshaltung und zur Wahrung des Lebensstandards übrigbleibt, erhöht die Kreditwürdigkeit. Der Kreditrahmen auf Seite 21 zeigt Ihnen, wo Sie finanziell stehen.

Bevor Sie jedoch an das Ausfüllen des Tableaus gehen,

sollten Sie sich Klarheit über Ihre Ausgaben verschaffen. Diese werden meist unterschätzt. Versicherungen, Bausparkassen oder Banken haben eigene Vorstellungen darüber, was nach Abzug der Belastungen aus Zins und Tilgung eines Baudarlehens für den Lebensunterhalt übrigbleiben muß. Am schärfsten kalkulieren die Hypothekenbanken. Sie verlangen, daß vom Nettoeinkommen eines Ehepaars für den Lebensunterhalt monatlich 1300 bis 1500 Mark verbleiben, zuzüglich 300 Mark für jedes Kind. Die öffentlichen Bausparkassen schlagen auf den pfändungsfreien Betrag von monatlich 600 Mark 40 Prozent auf. Für eine Einzelperson müssen demnach nach Abzug des Finanzierungsaufwands 840 Mark übrigbleiben, für ein Ehepaar 1100 Mark, pro Kind kommen nach der Rechnung der öffentlichen Bausparkassen 250 Mark dazu. Bei sehr hohen Einkommen erheben alle Geldgeber eine Art Luxuszuschlag, wohl aus der Erfahrung heraus, daß bei dieser Gruppe von Bauherrn und Käufern ein höheres Niveau zur Gewohnheit geworden ist.

Die Belastung durch Zinsen und Tilgung, darin sind sich die Geldgeber einig, sollte 40 Prozent des Nettoeinkommens auf keinen Fall übersteigen. Am liebsten haben sie es, wenn die Belastung um 20 Prozent tendiert. Zum Schutz ihrer Kunden beziehen die Geldinstitute auch Steuervorteile nicht in ihre Rechnung mit ein. Diese Mittel, so glauben sie, sollten für die Bewirtschaftung des Hauses verfügbar bleiben. Diese Überlegung resultiert aus der Erfahrung, daß die wenigsten Bauherrn und Immobilienkäufer in ihrer Euphorie daran denken, zusätzliche Ausgaben für die eigenen vier Wände einzukalkulieren. Höhere Betriebskosten als in der Mietwohnung, etwa Grundsteuern oder Mehrausgaben für Versicherungsprämien (Gebäudeversicherung etc.), fallen regelmäßig an. 20 bis 25 Mark pro Quadratmeter Wohnfläche und pro Jahr, dazu je zehn Mark Reparaturrückstellungen sollte der vorsichtige Bauherr beiseite legen.

Der kühle Rechner wird auch bei den Baupreisen vorsichtig kalkulieren und einen Aufschlag von zehn Prozent auf den vom Architekten ermittelten Aufwand dazuschlagen. Selbst beim Kauf eines gebrauchten Hauses ist derlei Vorsicht am Platz, obwohl es manchmal so scheint, als wenn mit dem Kaufpreis alles abgegolten wäre. Meist ist es das nicht. Erweisen sich derlei finanzielle Vorsichtsmaßnahmen letztlich doch als unbegründet, ist trotzdem nichts verloren. Wer in seine eigenen vier Wände zieht, kann Geld immer gebrauchen.

Vorab aber sollten Sie in dem folgenden Tableau Ihren Kreditrahmen abstecken. Das kann im jetzigen Stadium der Lektüre dieses Ratgebers naturgemäß erst überschlägig geschehen, wappnet Sie aber bereits frühzeitig für das bevorstehende Gespräch mit dem Finanzier, denn es gibt Ihnen einen ersten Hinweis auf die Ihnen zur Verfügung stehenden Geldmittel.

Das ist Ihr Kreditrahmen

Einnahmen

monatliche Nettoeinnahmen des Familienoberhaupts, ohne Sonderzahlungen wie Gratifikationen, einmalige Zuwendungen u. ä.

die Hälfte der monatlichen Nettoeinkommen von Familienmitgliedern					+

weitere Einkünfte, wie Mieteinnahmen, Zinseinnahmen oder Renten					+

Kindergeld					+

monatliche Steuerersparnis durch
Bau oder Kauf (Einzelheiten erfahren Sie ab Seite 25); für die
überschlägige Rechnung setzen
Sie 350 Mark ein   + □□□□□□□

**Monatliches Haushaltsnetto-
einkommen**   = □□□□□□□

Ausgaben

Ausgaben für die Lebenshaltung:
je erwachsenes Familienmitglied
700 bis 800 Mark, je Kind weitere
300 Mark   □□□□□□□

Aufwendungen für den Lebensstandard und andere Aufwendungen, etwa für Auto, Versicherungen, Heizung etc., aber ohne
Mietzahlungen   + □□□□□□□

Monatliche Gesamtausgaben   = □□□□□□□

monatliches Nettoeinkommen   =
minus monatliche Gesamtausga-
ben ergibt das **Baugeld**   □□□□□□□

für je 100 Mark dieses Baugelds
gibt es bei acht Prozent Hypothekenzinsen (und einem Prozent
Tilgung) 13 300 Mark Kredit.
Multiplizieren Sie die Zahl der
monatlich übrigbleibenden Hun-
dertmarkscheine mit 13 300   □□□□□□

Eigenkapital, das Sie vorher er-
rechnet haben   + □□□□□□□

verfügbarer Betrag zum Bau oder
Kauf von Haus oder Eigentums-
wohnung   = ☐☐☐☐☐☐

zehn Prozent Abzug für unvor-
hersehbare Risiken   ÷ ☐☐☐☐☐☐

so teuer dürfen Sie bauen oder
kaufen   = ☐☐☐☐☐☐

Wenn Sie Ihre Einkünfte und die Ausgaben realistisch
berechnet haben und sich an den daraus resultierenden
Kreditrahmen halten, dürfte Ihren Bau- oder Kaufwün-
schen kaum noch etwas im Weg stehen. Das letzte Wort
haben indessen die Finanziers, die in den letzten Jahren
zunehmend vorsichtiger agieren.
Obwohl die Geldgeber nur ungern zum letzten Mittel der
Zwangsversteigerung greifen und vielen ihrer Schuldner
durch Streckung oder Stundung unter die Arme greifen, hat
doch die Zahl der Zwangsversteigerungen in den letzten
Jahren erheblich zugenommen. Die Folge: Nur in Fällen, in
denen Lage des Objekts, Bauzustand und Kaufpreis, dazu
auch die Kreditwürdigkeit des Schuldners über jeden Zweifel erhaben sind, geben die Geldinstitute noch bereitwillig
Kapital. Vor einigen Jahren noch war es üblich, Häuser
durch viel zu optimistische Kaufpreisschätzungen höher zu
beleihen, als es das Gesetz zum Beispiel den Versicherungen
oder den Hypothekenbanken erlaubt. Heute wird sehr penibel vorgegangen. Sicherheitsabschläge vom Kaufpreis oder
von den veranschlagten Baukosten sind üblich. Selbst die
einst so großzügigen Bausparkassen, die üblicherweise Darlehen bis rund 75 Prozent des Kauf- oder Baupreises ge-
währten, bekamen es immer mehr mit klammen Schuld-
nern zu tun. Auch sie bewerten die Objekte jetzt zunehmend vorsichtiger. Das gleiche gilt für Sparkassen, die in
Einzelfällen bis zu 80 Prozent des Kauf- oder Baupreises
gehen. 60 Prozent sind dabei der Hypothekenkredit, die

zusätzlichen 20 Prozent sozusagen ein gedeckter Personalkredit. Der Nachteil für den Kunden: Die Sparkassen sondieren die Einkommensverhältnisse und die persönliche Kreditwürdigkeit des Schuldners besonders genau.

Am schärfsten prüfen Hypothekenbanken ein Objekt, bevor sie es finanzieren, weil ihnen das Gesetz besondere Vorsicht vorschreibt. Bei Darlehen von 200 000 Mark an ist stets ein Schätzgutachten erforderlich. Das Gesetz gestattet den Hypothekenbanken zwar, bis zu drei Fünftel des Grundstückswerts zu finanzieren, also 60 Prozent. Vorsichtige Institute ziehen jedoch vom Kaufpreis einen Sicherheitsbetrag ab, meist zehn Prozent. Das bedeutet, daß die Beleihungsgrenze sich dann bei 54 Prozent des Kauf- oder Baupreises einpendelt. Ein Kunde mit hohem Einkommen bekommt freilich auch mehr. Die Hypothekenbanken besorgen sich dazu die Bürgschaft eines öffentlich-rechtlichen Kreditinstituts. Liegt das Garantiepapier vor, ist ein hoher Kredit möglich.

3 Machen Sie Ihre Rechnung mit dem Finanzamt

Bevor Sie sich auf die Suche nach dem richtigen Finanzier machen, sollten Sie wissen, welche Wohltaten finanzieller Art Ihr Finanzamt für Sie bereithält.

Seit eh und je hat der Staat die Baufinanzierung durch Steuererleichterungen unterstützt. Seit Anfang 1987 gelten Gesetze, die das selbstbewohnte Eigenheim zum Favoriten stempeln. Dabei gilt: Je mehr Kinder in der Familie, um so größer der Vorteil. Schlechter dran, wenn auch vom Steuersegen des Finanzamts nicht ganz ausgeschlossen, sind Käufer und Bauherrn von Zweifamilienhäusern. Noch bis Ende 1986 hatten sie sich mit ihren Eigenheimen und angeschlossener Einliegerwohnung das Vorrecht erkauft, sämtliche Kosten des Hauses – die meist hohen Finanzierungskosten eingeschlossen – steuermindernd dem Finanzamt in Rechnung zu stellen. Sie mußten zwar neben den echten Mieteinnahmen aus der Zweitwohnung auch noch den sogenannten Nutzungswert der eigenen Wohnung, eine fiktive Mieteinnahme, zu ihrem Einkommen schlagen. Doch die Rechnung ging stets auf, solange die Aufwendungen für das Haus die Mieten überstiegen. Die Taktik war dabei, die Aufwendungen möglichst hoch zu halten, was dazu führte, daß Eigenkapital durchaus nicht Trumpf war, sondern eine hohe Verschuldung. Für Bauherrn oder Käufer solcher Objekte war das Finanzamt zum wichtigsten Mitfinanzier geworden.

Für selbstgenutzte Häuser und Wohnungen, egal, ob sie sich im eigenen Ein-, Zwei- oder Mehrfamilienhaus befinden, ist nunmehr alles anders geworden. Mit der sogenannten Konsumgutlösung hat der Gesetzgeber den Nutzungswert ersatzlos gestrichen. Für die eigengenutzte Wohnung gibt es hinfort auch keinen Kostenabzug mehr.

Aus dem Verkehr gezogen wurde Anfang 1987 auch der ehrwürdige Sonderabschreibungsparagraph 7 b des Einkommensteuergesetzes, der für alle Neubauten und Neuanschaffungen galt. Jetzt ist der Paragraph 10 e des Einkommensteuergesetzes der Schlüssel für den staatlichen Steuersegen. Daß der 10 e nicht mehr im Bereich der Werbungskosten, sondern steuertechnisch im Bereich der Sonderausgaben angesiedelt ist, muß den Steuerpflichtigen nicht interessieren. Wichtig allein ist, daß der 10 e dem alten 7 b überlegen ist. Die Abschreibungssumme nämlich wurde auf 300 000 Mark angehoben. In diesem Betrag darf auch der halbe Grundstückspreis untergebracht werden. Acht Jahre lang kann ein Bauherr oder Erwerber jeweils fünf Prozent als Sonderausgabenabzug steuermindernd absetzen. Pro Jahr sind das also 15 000 Mark. In acht Jahren addiert sich das immerhin zu 120 000 Mark, was mehr als 60 000 Mark Steuerersparnis bringen kann.

Was Ihnen der Spitzensteuersatz zeigt

Daß diese Ersparnis nicht für jedermann mit einer festen Zahl beziffert werden kann, hängt mit der Steuerprogression zusammen. Diese hat zur Folge, daß eine Minderung des Einkommens steuerlich um so günstiger zu Buch schlägt, je höher die Einkünfte sind. Der von Fachleuten benutzte Begriff Spitzen- oder Grenzsteuersatz sagt Bauherrn oder Immobilienkäufern mehr über die Sparmöglichkeiten durch Bau oder Kauf als die steuerliche Durchschnittsbelastung. Während Sie diese durchschnittliche Steuerbelastung ermitteln, indem Sie die zu zahlende Einkommensteuer mit 100 multiplizieren und durch das zu versteuernde Einkommen dividieren, ist die Berechnung des Spitzensteuersatzes ein wenig komplizierter: Die Spitzenbelastung der letzten X-Mark ergibt sich, wenn Sie die ursprüngliche Einkommensteuer gekürzt um die Einkommensteuer auf das um X-Mark geringere Einkommen mit 100 multiplizieren und danach durch X teilen. Die Spitzenbelastung läßt sich bis auf die letzte Mark errechnen, doch wird es dem Bauherren oder Immobilienkäufer eher um größere Beträge gehen – etwa um die steuerliche Belastung der letzten 1000 DM. Wenn Sie Ihren Grenzsteuersatz selbst herausfinden wollen, brauchen Sie dazu eine Einkommensteuertabelle; für die meisten dürfte die Splittingtabelle in Frage kommen. Da eine derartige Rechnung aber einigermaßen kompliziert ist, soll die folgende Tabelle verdeutlichen, wie groß der Einfluß der Einkommenshöhe auf den Spitzensteuersatz ist. (Wegen der Progressionssprünge in der Steuertabelle kann die prozentuale Belastung der letzten 1000 Mark bei einem höheren Einkommensbetrag durchaus einmal niedriger sein.)

Tabelle 1 – **Spitzensteuersatz***

zu versteuerndes Einkommen in DM	Einkommensteuer insgesamt in DM	in Prozent	Belastung der letzten 1000 DM in Prozent
15 000	696	4,6	18,4
20 000	1 650	8,3	18,8
40 000	5 862	14,7	22,0
50 000	8 208	16,4	23,4
60 000	10 708	17,9	27,8
70 000	13 330	19,0	29,4
80 000	16 134	20,2	30,8
100 000	22 168	22,2	30,8
110 000	25 430	23,2	35,8
180 000	52 416	29,1	47,2
250 000	86 768	34,7	51,4
500 000	219 278	43,9	57,2

* laut Einkommensteuer-Splittingtabelle 1990

Der steuersparende Sonderausgabenabzug von 15 000 Mark im Jahr (fünf Prozent von maximal 300 000 Mark) wird vom Gesetzgeber als Grundförderung bezeichnet. Der Ausdruck deutet es an: Es ist nicht alles an Wohltaten, was der Staat für Bauherrn und Immobilienkäufer parat hält. Wer nämlich auf die Grundförderung Anspruch hat, kann darüber hinaus für jedes zu seinem Haushalt gehörende Kind je 750 Mark jährlich von seiner Einkommensteuer abziehen. Wer lohnsteuerpflichtig ist, darf einen Freibetrag auf der Lohnsteuerkarte eintragen lassen. Sonderausgabenabzug und je Kind 2400 Mark Freibetrag mindern damit die monatlichen Steuerzahlungen erheblich, und zwar nicht erst, wenn der Einkommensteuerbescheid ins Haus flattert, sondern schon von Beginn des Jahres an.

Aufwendungen, die vor Bezug oder vor dem Kauf anfallen, dürfen ebenfalls als Sonderausgaben vom Einkommen steuermindernd abgezogen werden. Solche sofort abzugsfähigen Sonderausgaben sind vor allem die Geldbeschaffungskosten, wie Gebühren für die Hypothekenvermittlung und auch die Grundbucheintragung einer Hypothek, die Aufwendungen für die Vermittlung der Fremdfinanzierung etwa durch einen Makler, alle Kosten, die für die Eintragung von Grundsicherheiten zu tragen sind, Schätzgebühren, die im Zusammenhang mit der Finanzierung anfallen, aber auch die Abschlußgebühr eines Bausparvertrags, die Bausparkassendarlehensgebühr, Bereitstellungszinsen und Bürgschaftskosten. Auch Versicherungsprämien zählen dazu; sie dürfen noch nach Einzug in die eigene Wohnung an die Versicherungsgesellschaft geleistet werden, doch nur dann, wenn sie vor Bezug fällig waren. Anders ist das beim Abzug des Disagios, der Differenz zwischen Kredithöhe und ausgezahltem Darlehensbetrag. Das Disagio gilt vor dem Finanzamt als geleistet, wenn das Darlehen ausgezahlt und dabei die Gebühr einbehalten wird. Der kluge Bauherr oder Käufer läßt sich einen Teil des Kredits deshalb stets vor Bezug der Wohnung auszahlen und mit einer Abrechnung des Baufinanziers belegen, damit der Finanzbeamte ja kein Haar in der Suppe findet.

Die höchste Steuerersparnis ergibt sich, wenn Disagio, aber auch andere steuermindernde Sonderausgaben im Jahr vor Beginn der Grundförderung vorliegen.

Über das Disagio, auch Damnum genannt, wird im Finanzierungsteil noch zu sprechen sein. Schon jetzt aber sollten Sie beachten: Bei eigengenutzten Objekten sollten Sie dann kein hohes Disagio in Anspruch nehmen, wenn Ihr Spitzensteuersatz (siehe Seite 26) nicht mindestens bei 40 Prozent liegt. Bei vermieteten Objekten sind die Zinsen ohnehin in voller Höhe abzugsfähig, so daß Sie ein Darlehen mit möglichst geringem Disagio wählen sollten.

Ein Steuerpflichtiger darf nur einmal im Leben von der Grundförderung profitieren, Ehepaare zweimal. Wer aber vorher schon den Paragraphen 7b beansprucht hat, kann nicht mehr auf die neue Förderung setzen.

Die Grundförderung wird nur für Wohnungen gewährt, die vom Eigentümer zu eigenen Wohnzwecken genutzt werden. In der insgesamt achtjährigen Begünstigungszeit prüft das Finanzamt für jedes einzelne Kalenderjahr, ob der Eigentümer die Wohnung tatsächlich zu eigenen Wohnzwecken nutzt. Weil der Paragraph 10e nur für den Selbstnutzer gilt, ist beim Einzugstermin Vorsicht am Platz. Wenn Eigenheim oder Eigentumswohnung in einem bestimmten Jahr fertiggestellt oder angeschafft, vom Selbstnutzer aber nicht bezogen werden, geht die Absetzung nach Paragraph 10e für eben dieses Jahr verloren; sie darf nicht nachgeholt werden. Fallen aber Fertigstellungs- oder Anschaffungstermin und der Einzug ins eigene Domizil in dasselbe Jahr, kann die Absetzung nach Paragraph 10e in das folgende Jahr geschoben und spätestens im vierten Jahr nachgeholt werden.

Zu der Grundförderung und den Aufwendungen, die vor dem Erstbezug einer selbstgenutzten Wohnung entstehen und die nicht zu den Herstellungs- und Anschaffungskosten dieser Wohnung gehören, hat der Gesetzgeber eine dritte Sonderausgabenförderung geschaffen. Bis Ende 1991 können bestimmte bauliche Maßnahmen an selbstgenutzten Wohnungen zehn Jahre lang mit jeweils höchstens zehn Prozent der Aufwendungen vom Einkommen abgezogen werden. Dazu gehören Herstellungs- und Erhaltungsaufwendungen für Heizanlagen, Baumaßnahmen in städtebaulichen Sanierungsgebieten und Herstellungskosten für Gebäude, die nach landesrechtlichen Vorschriften als Baudenkmäler eingestuft sind. Auch die Errichtung von Schutzräumen wird in der gleichen Weise gefördert.

Katalog der Werbungskosten

Die nachfolgend genannten Aufwendungen können Sie als Werbungskosten beim Finanzamt geltend machen, falls Sie das Haus oder die Wohnung vermieten. Beim selbstbewohnten Domizil gelten diese Kosten steuertechnisch als Sonderausgaben und sind ebenfalls abziehbar, allerdings nur »bis zum Beginn der erstmaligen Nutzung«, wie es im Paragraphen 10 e EStG heißt. Für ein Zweifamilienhaus gilt Entsprechendes: Am vermieteten Teil sind diese Aufwendungen Werbungskosten und können auf Dauer abgezogen werden, im eigenbewohnten Teil muß die Einschränkung »bis zum Beginn der erstmaligen Nutzung« beachtet werden. Die Aufteilung der Aufwendungen beim Zweifamilienhaus entspricht der Aufteilung der einzelnen Wohnflächen.

Abschlußgebühren werden von allen Bausparkassen beim Vertragsabschluß verlangt. Sie betragen ein bis 1,6 Prozent der Bausparsumme und gelten als Werbungskosten, wenn sie in engem Zusammenhang mit dem Bauvorhaben stehen.

Eine **Beleihungsprüfung** führen Kreditinstitute durch, bevor sie Baugeld bewilligen. Die dafür verlangten Gebühren erkennt das Finanzamt an.

Bereitstellungszinsen wollen die Kreditinstitute in der Regel dann haben, wenn ein Kredit zwar schon bewilligt, aber vom Bauherrn noch nicht in Anspruch genommen worden ist. Der Obolus kann jährlich bis zu drei Prozent der Darlehenssumme ausmachen und zählt zu den Werbungskosten beziehungsweise zu den Sonderausgaben.

Bürgschaften werden von Banken im Zusammenhang etwa mit einem Bauträgervertrag, aber auch vom Staat für über den üblichen Beleihungsrahmen hinausgehende Ib-Hypotheken vergeben. Die dabei anfallenden Gebühren kann der Bauherr absetzen.

Darlehensgebühren in Höhe von zwei bis drei Prozent verlangen die Bausparkassen von den Kunden, wenn sie das Bauspardarlehen in Anspruch nehmen. Sie sind abzugsfähig.

Disagio oder auch **Damnum** genannt ist der Abschlag, mit dem Hypotheken oft ausgezahlt werden. Sofern es sich in marktüblichen Grenzen von bis zu 10% hält, erkennt das Finanzamt das Disagio voll als Werbungskosten an.

Finanzierungszinsen für Hypotheken, Bauspardarlehen und andere Baukredite können Hauseigentümer nur dann in voller Höhe als Werbungskosten geltend machen, wenn sie ihr Domizil vermieten. Auf die Zeit vor dem Einzug entfallende Finanzierungszinsen und -vermittlungsprovisionen können auch Eigennutzer voll absetzen.

Die bei **Grundbucheintragungen** entstehenden Kosten werden nur dann steuerlich anerkannt, wenn sie in Zusammenhang mit der Sicherung der Finanzierung stehen.

Grundsteuern sind nur bei vermieteten Objekten Werbungskosten.

Notariatsgebühren, die im Zusammenhang mit der Sicherung der Finanzierung stehen, werden vom Finanzamt akzeptiert, nicht dagegen Gebühren, die im Zusammenhang mit der Eigentumsübertragung fällig werden.

Persönliche Kosten des Bauherrn, die im Zusammenhang mit der Sicherung der Finanzierung stehen. Das Finanzamt sagt ja zu solchen Aufwendungen und erkennt sie an, wenn es als Bestätigung eine von den Verhandlungspartnern abgezeichnete Gesprächsnotiz vorgelegt bekommt.

Planungskosten, die sich später als vergeblich herausstellen, sind absetzbar. Gerichtlich muß aber noch geklärt werden, ob dies auch für Eigennutzer gilt; entsprechende Prozesse laufen.

Versicherungsbeiträge für eine Bauwesenversicherung, die sich auf Bauleistungen an bestehenden oder neu zu errichtenden Gebäuden erstreckt, gehören zu den abzugsfähigen Werbungskosten.

Zwischenfinanzierungszinsen für zwar bewilligte, aber noch nicht ausgezahlte Hypotheken oder für noch nicht zugeteilte Bausparverträge zählen zu den klassischen Werbungskosten, die vor dem Einzug ins eigene Haus fällig werden. Sie werden allerdings nur dann anstandslos als steuermindernd anerkannt, wenn sie vom Bauherrn oder Käufer selbst geschuldet und von ihm auch zweifelsfrei bezahlt werden. Zinsen, die vom Bauträger getragen und über den Festpreis an den Käufer weitergegeben werden, können nur als Anschaffungskosten verteilt über einen längeren Zeitraum abgeschrieben werden, soweit dafür etwa im Rahmen der 10e-Absetzung noch genügend Spielraum vorhanden ist.

Wieviel Steuern Sie persönlich sparen können

Wie sich die steuerlichen Wohltaten in Mark und Pfennig auszahlen, können Sie überschlägig aus der auf Seite 34 folgenden Tabelle ablesen. Beachten Sie dabei, daß Ihr zu versteuerndes Einkommen um einiges niedriger ist als Ihr Bruttoeinkommen. Für jedes Kind, das in Ihrem Haushalt lebt, können Sie zu der Steuerersparnis noch jeweils 600 Mark hinzuzählen. Wenn Sie Kirchensteuer zahlen, ist Ihr Spareffekt noch größer.

Nach der Neuordnung der steuerlichen Wohnungsförderung ab 1987 wurde das Zweifamilienhaus von vielen Marktbeobachtern schon zu Grabe getragen. Tatsächlich ist der steuerliche Anreiz, ein Eigenheim mit Einliegerwohnung zu bauen, kleiner geworden. Unter bestimmten Umständen aber kann ein solches Zweifamilienhaus noch interessant sein. Denn für das Zweitdomizil gelten zum Teil die alten Regeln: Mieteinnahmen werden gegen die auf die vermietete Wohnung entfallenen Kosten aufgerechnet. Die gesamten Aufwendungen für das Zweifamilienhaus werden entsprechend der Größe der einzelnen Wohnflächen aufgeteilt.

Zumindest in drei realistischen Fällen zahlt sich der Bau einer Einliegerwohnung noch aus, nämlich dann, wenn

○ das Eigenkapital des Bauherrn gering ist und er sich deshalb hoch verschulden muß, um sein Projekt zu verwirklichen;
○ die Wohnfläche des vermieteten Hausteils im Verhältnis zur eigenen Wohnung des Hausherrn besonders groß ist;
○ nahe Verwandte – Eltern oder Kinder – ohnehin im Haus des Eigners wohnen sollen.

Besonders im letzten Fall ergibt sich ein zusätzlicher steuerlicher Anreiz. Seit Anfang 1987 wurde nämlich der Para-

Tabelle 2 – Ihre persönliche Steuerersparnis

jährliche Steuerersparnis in DM bei einem zu versteuernden Jahreseinkommen von*

jährlich absetz-barer Betrag	40000	50000	60000	70000	80000	90000	100000	120000	150000	180000
10000	2194	2322	2500	2652	2774	2958	3076	3416	3832	4333
12500	2714	2878	3094	3286	3444	3666	3822	4236	4766	5378
15000	3222	3426	3680	3908	4134	4364	4558	5048	5692	6416
17500	3744	3988	4256	4522	4786	4952	5316	5850	6646	7444
20000	4214	4516	4822	5152	5426	5732	6034	6678	7552	8462
22500	4530	5036	5378	5746	6060	6142	6742	7460	8448	9516
25000	5190	5544	5926	6332	6682	7092	7440	8234	9336	10516
27500	5662	6046	6488	6908	7296	7744	8128	9000	10214	11506
30000	5886	6536	7016	7474	7926	8384	8808	9754	11082	12488
32500	5886	7018	7536	8030	8520	9044	9478	10500	11978	13460
35000	5886	7512	8044	8578	9106	9640	10168	11236	12828	14422
37500	5886	7984	8546	9140	9682	10280	10820	11994	13666	15418
40000	5886	8208	9036	9668	10248	10884	11160	12712	14498	16320
42500	–	8208	9518	10188	10804	11222	12094	13420	15318	17294
45000	–	8208	10012	10696	11352	12064	12716	14118	16130	18220
47500	–	8208	10484	11218	11914	12640	13356	14836	16986	19134
50000	–	8208	10708	11688	12442	13206	13960	15516	17760	20040

* lt. Splittingtabelle für 1990, ohne Berücksichtigung der Kirchensteuer

graph 21 des Einkommensteuergesetzes erweitert. Ein Eigentümer kann danach seine Wohnung an nahe Verwandte zu einem Preis vermieten, der bei 50 Prozent der ortsüblichen Marktmiete liegt. Der Vermieter darf gleichwohl die volle Gebäudeabschreibung und auch die übrigen Grundstücksaufwendungen als Werbungskosten buchen und somit sein Einkommen manipulieren – völlig legal. Er sollte aber, um Schwierigkeiten mit dem Finanzamt zu vermeiden, nicht zu knapp an die 50 Prozentgrenze der ortsüblichen Miete gehen.

Ein Bauherr, der eine Einliegerwohnung einplant, kann sich im Vergleich zum Alleinbewohner auch ohne den Verwandtschaftsvorteil ein Liquiditätsplus ausrechnen. Je höher seine Verschuldung, um so stärker trägt die zusätzliche Wohnung zur Baufinanzierung bei. Diese Aussage gilt auch dann, wenn die Einliegerwohnung besonders groß ausfällt und damit zu entsprechend höheren Mieteinnahmen führt.

Was Ihnen neue Abschreibungen bringen können

Um den Wohnungsbau anzukurbeln, hat die Bundesregierung eine Reihe von Maßnahmen beschlossen. Eine davon ist die Einführung einer neuen Sonderabschreibung, die im Paragraphen 7k des Einkommensteuergesetzes verankert wurde. Diese Abschreibung sieht Sätze vor, die im ersten bis fünften Jahr zehn Prozent betragen. Vom sechsten bis zum zehnten Jahr dürfen dann noch jeweils sieben Prozent abgeschrieben werden, vom elften bis zum vierzigsten Jahr schließlich jeweils 0,5 Prozent.

Ob diesem vermeintlichen Steuergeschenk freilich Erfolg beschieden sein wird, muß angezweifelt werden. Es ist nämlich an zwei Begriffe gekoppelt, die keinem Vermieter gut in den Ohren klingen: Belegungsbindung und Mietpreisbindung. Zehn Jahre lang müssen solcherart geförderte Wohnungen an Haushalte vermietet werden, die bestimmte Einkommensgrenzen einhalten. Das sind derzeit – im Frühjahr 1990 – in einem Vier-Personen-Haushalt knapp 48 000 Mark im Jahr. Ebenfalls zehn Jahre lang bestimmen die Landesregierungen per Rechtsverordnung, wieviel Miete der Bauherr kassieren darf.

Selbst wenn die Belegungs- und die Mietpreisbindung private Investoren, die den Paragraphen 7k des EStG nutzen möchten, nicht schrecken würden – der Rechenstift tut es. Denn die vermeintlich so attraktive Superabschreibung schneidet unterm Strich weit schlechter ab, als die erst im Sommer 1989 neu formulierte degressive Abschreibung, die im Paragraphen 7 Absatz 5 des EStG festgelegt ist.

Eine Capital-Vergleichsrechnung unterstellt zwei fiktive Bauherren, die jeweils ein Miethaus in guter Lage mit gehobener Ausstattung bauen. Beide investieren die gleiche Summe, beide nehmen Hypotheken in gleicher Höhe auf, beide verfügen auch über das gleiche Einkommen. Als Jahresmiete darf, so die Beispielrechnung, der Bauherr der Sozialwohnungen anfangs 7,50 Mark als Quadratmetermiete nehmen. Diese Einkünfte kann er Jahr für Jahr um je zwei Prozent erhöhen. Der Bauherr, der die degressive Abschreibung in Anspruch nimmt und damit seine Mieteinnahmen so gestalten kann, wie es Angebot und Nachfrage erlauben, kassiert im ersten Jahr nach dem Bau 12,50 Mark je Quadratmeter Wohnfläche; er erhöht die Miete um jeweils vier Prozent jährlich.

Im zehnten Jahr nach dem Hausbau nimmt der Bauherr der Sozialwohnungen 43 000 Mark Miete ein, was einem Quadratmeterpreis von rund 9 Mark entspricht. Der andere Bauherr kassiert aber mittlerweile schon gut 85 000 Mark – fast 18 Mark je Quadratmeter Wohnfläche. In den zehn Jahren, für die die Beispielrechnung erstellt wurde, ändern sich die Abschreibungssätze. Die Sonderabschreibung mit Sozialbindung verringert sich im sechsten Jahr von zehn auf sieben Prozent, die degressive Abschreibung schon im fünften Jahr von sieben auf fünf Prozent. Gleichwohl hat der Bauherr im freien Wohnungsbau die Nase vorn. Seine Steuerersparnisse plus der (versteuerten) Mieteinnahmen addieren sich in diesen zehn Jahren auf 944 277 Mark. Der andere Bauherr kann sich im gleichen Zeitraum hingegen nur 762 514 Mark gutschreiben.

Im Gegensatz zu der Förderung über den Paragraphen 7 k des EStG ist die Nutzung des ebenfalls neugeschaffenen Paragraphen 7 c EStG von hohem finanziellen Vorteil. Er ist für alle Hausbesitzer attraktiv, die durch Aus- oder Umbau weitere Wohnungen schaffen oder einen zusätzlichen Anbau erreichen können. Dabei gilt keinerlei Belegungs- oder Mietpreisbindung. Die Abschreibungen sind so hoch wie noch nie im Wohnungsbau: Im Jahr der Fertigstellung und in den folgenden vier Jahren dürfen jeweils 20 Prozent der Baukosten abgeschrieben werden. Gefördert werden bis zu 60 000 DM je Wohnung, was darüber hinausgeht, kann wie das übrige Gebäude abgeschrieben werden. Wer sein Ein- oder Zweifamilienhaus noch nach Paragraph 7 b EStG abschreibt, kann den neuen Paragraphen auch dann nutzen, wenn sein Einfamilienhaus durch die zusätzliche Wohnung zum Zweifamilienhaus oder das Zweifamilienhaus zu einem Dreifamilienhaus wird.

Wann Ihnen das Land finanziell unter die Arme greift

Auf den Sonderausgabenabzug nach Paragraph 10 e EStG und auf das Baukindergeld hat jeder Bauherr oder Käufer Anspruch, der eine Wohnung zu eigenen Wohnzwecken nutzt. Für weniger gut verdienende Familien gibt es aber darüber hinaus zinslose oder zinsverbilligte Darlehen, in einigen Bundesländern auch Aufwendungsbeihilfen. Um diese Mittel zu bekommen, darf das Gesamteinkommen in einem Haushalt folgende Einkommensgrenzen nicht überschreiten:

bei einem
Drei-Personen-Haushalt   39 800 Mark
bei einem
Vier-Personen-Haushalt   47 800 Mark

Für jedes weitere Familienmitglied darf dieses Einkommen um jeweils 8000 Mark überschritten werden. Für junge Ehepaare – keiner der Ehepartner darf älter als 40 sein und die Ehe nicht länger als fünf Jahre bestehen – erhöht sich die Einkommensgrenze um 8400 Mark und für schwerbehinderte Personen bis zu 9000 Mark.

Diese Einkommensgrenzen sind höher, als dies auf den ersten Blick scheinen mag. Denn von dem Bruttoeinkommen dürfen vorab verschiedene Aufwendungen abgezogen werden, etwa der Arbeitnehmer- und Weihnachtsfreibetrag oder Unterhaltszahlungen, zu denen der Steuerpflichtige gesetzlich verpflichtet ist. Die Summe, die Sie nach Abzug dieser Beträge dem Finanzamt präsentieren, darf noch einmal pauschal um zehn Prozent gekürzt werden, wenn ein Familienangehöriger Steuern vom Einkommen entrichtet.

Bauherrn, denen Kinderfreibeträge zustehen, können zudem ein Familienzusatzdarlehen beantragen. Es beträgt für

ein Kind 2000 Mark
zwei Kinder 4000 Mark
drei Kinder 7000 Mark

Für jedes weitere Kind gibt es 5000 Mark, wobei auch die zum Haushalt des Bauherrn oder seines Ehepartners gehörenden Eltern neben den Kindern oder an deren Stelle berücksichtigt werden.

Alle diese Gaben verteilt der Staat im sogenannten »Ersten Förderungsweg«. Um bis zu 40 Prozent darf aber die Einkommensgrenzen überschreiten, wer Staatshilfen im »Zweiten Förderungsweg« in Anspruch nimmt. In aller Regel handelt es sich dabei um Aufwendungsdarlehen.

Diese Kredite werden von Land zu Land in unterschiedlicher Höhe vergeben. Diese Art der Förderung ist weniger intensiv als die im 1. Förderungsweg.

Vor derlei finanziellen Wohltaten hat der Staat allerdings Hürden aufgebaut. Wer ein Baudarlehen im 1. Förderungsweg in Anspruch nehmen will, muß sich in der Wohnfläche seines Eigenheims oder seiner Eigentumswohnung selbst begrenzen: Familienheime mit einer Wohnung dürfen 130 Quadratmeter Wohnfläche, Familienheime mit zwei Wohnungen 200 Quadratmeter Wohnfläche nicht überschreiten. Bei Eigentumswohnungen gelten 120 Quadratmeter als Obergrenze.

Ab vier Personen gelten Zuschläge: Je nach Bundesland können die zulässigen Quadratmeter um zehn bis 15 Quadratmeter je Person überschritten werden. Überschreitungen sind auch möglich, wenn größere Wohnflächen beruflich bedingt sind. Zum Haushalt gehören dabei Personen, die dauernd in der Gemeinschaft wohnen. Für Aufwendungsdarlehen im 2. Förderungsweg gelten die Wohnflächenbegrenzungen des steuerbegünstigten Wohnungsbaus; sie sind um 20 Prozent höher als die genannten Quadratmeter.

Wo Sie Auskunft bekommen

Die Förderungsprogramme der einzelnen Bundesländer sind derart vielgestaltig, daß selbst gutverdienende Bauherrn in vielen Fällen noch eine Möglichkeit aufspüren könnten, um den Staat an den Baukosten zu beteiligen.

In den einzelnen Bundesländern erteilen folgende Stellen Auskunft: Baden Württemberg: Bürgermeisteramt, Landratsamt, Landeskreditbanken; Bayern: in München, Nürnberg, Würzburg und Augsburg die Stadtverwaltung, in allen anderen Bauorten Kreisverwaltung, Bezirksregierung; Berlin: Bezirksamt, Senator für Bau- und Wohnungswesen; Bremen: Städtebauförderung, in Bremerhaven Amt für Bauförderung – Senator für Finanzen; Hamburg: Hamburgische Wohnungsbaukreditanstalt; Hessen: für den Bauort zuständiger Magistrat oder Kreisausschuß; Niedersachsen: Landkreis oder kreisfreie Stadt – Landestreuhandstelle für den Wohnungs- und Städtebau; Nordrhein-Westfalen: Gemeinde oder Amtsverwaltung oder kreisfreie Stadt – Wohnungsbauförderungsanstalt; Rheinland-Pfalz: Verbandsgemeinde, Kreis- oder Stadtverwaltung; Saarland: zugelassene Kreditinstitute – oberste Landesbaubehörde beim Innenministerium, für Aufwendungsdarlehen im Regionalprogramm Landesbank Girozentrale; Schleswig-Holstein: Landrat oder Oberbürgermeister – Wohnungsbaukreditanstalt.

Beachten Sie: Grundsätzlich müssen die Anträge vor Beginn der Bauarbeiten oder vor dem Erwerb von Eigentum gestellt sein. Auf die Förderung durch spezielle öffentliche Mittel gibt es keinen Rechtsanspruch, selbst wenn der Antragsteller alle Voraussetzungen erfüllt. Weil die vorgesehenen Haushaltsmittel bereits vergeben sein können, sollten die Anträge grundsätzlich so früh wie möglich gestellt werden. Die Länder setzen Prioritäten, welche Antragsteller je nach sozialer Dringlichkeit zuerst bedient werden sollen.

Wann Sie Anspruch auf Wohngeld haben

Anspruch hingegen auf das sogenannte Wohngeld hat jeder, der berechtigt ist. Ob Wohngeld in Form des Lastenzuschusses an die Eigentümer eines Eigenheims oder einer Eigentumswohnung gezahlt wird, hängt ab von

○ der Zahl der zum Haushalt gehörenden Familienmitglieder

○ der Höhe des Familieneinkommens und
○ der Höhe der zuschußfähigen Belastung

Wohngeld gibt es nur auf Antrag, der bei der zuständigen Wohngeldstelle Ihrer Gemeinde-, Stadt-, Amts- oder Kreisverwaltung gestellt werden muß. Die Mitarbeiter dieser Stelle können Ihnen sagen, ob es sinnvoll ist, einen solchen Antrag zu stellen.

Sparen Sie durch den Bau eines Schutzraums

»Soweit Förderungsmittel vorhanden sind«, so steht es im Gesetz, gibt es aus dem öffentlichen Säckel auch Bares für den Bau von Schutzräumen. Der Zuschuß des Staates reicht von 4900 bis zu 16 800 Mark. Neben diesen verlorenen Zuschüssen stehen steuerliche Vergünstigungen. Nach Paragraph 7 und Paragraph 12 Absatz 3 des Schutzbaugesetzes können im Jahr der Fertigstellung und in den folgenden elf Jahren bis zu jeweils zehn Prozent der Herstellungskosten (also auch weniger) abgesetzt werden. Seit 1987 ist in Höhe der Abschreibung ein Abzug, wie Sonderausgaben, möglich. Schutzräume, die gegen radioaktive Niederschläge, Brandeinwirkungen sowie biologische und chemische Kampfmittel Schutz gewähren sollen, so steht es im Schutzbaugesetz, dürfen dabei durchaus zweckentfremdet werden. Wenn sie als Hobbyraum, Spielzimmer oder Vorratskammer genutzt werden, kommt der Bauherr nicht nur in den Genuß zusätzlicher Räume, sondern auch der Sonderabschreibung.

Sparen Sie Energie und Steuern

Die finanziellen Hilfen im Rahmen der Sonderausgaben sind mit der Förderung des Schutzraumbaus nicht erschöpft. Neben der Grundförderung und der Möglichkeit, Aufwendungen, die vor dem erstmaligen Bezug entstehen, abzuziehen, begünstigt der Staat im Rahmen der Sonderausgaben auch Herstellungs- oder Erhaltungsaufwendungen für:

○ den Anschluß an bestimmte Fernwärmesysteme, wenn das im Inland gelegene Gebäude vor dem 1. Juli 1983 fertiggestellt wurde
○ den Einbau von Wärmepumpen, Solaranlagen und Anlagen zur Wärmerückgewinnung, einschließlich der Verbindung mit dem Heizsystem
○ die Errichtung von Windkraft- und Biogasanlagen
○ neue Heizungs- und Warmwasseranlagen und Teile davon, die bei Beginn der Baumaßnahmen mindestens zehn Jahre alt sein müssen

Ebenfalls im Rahmen von Sonderausgaben absetzbar sind Herstellungskosten an Gebäuden, die in einem städtebaulichen Entwicklungs- oder Sanierungsgebiet liegen. Eine Bescheinigung der zuständigen Gemeindebehörden über die Baumaßnahmen und über die Höhe der erhaltenen Zuschüsse genügt, um Sonderabschreibungen von zehn Prozent genehmigt zu bekommen.

Sparen Sie Steuern als Denkmalpfleger

Zum Teil noch günstiger fährt, wer denkmalgeschützte Altimmobilien instand setzt. Die steuerlichen Vergünstigungen sind freilich an die Bedingung geknüpft, vor Beginn von Baumaßnahmen neben der Baugenehmigung auch die Erlaubnis der Unteren Denkmalschutzbehörde bzw. des Landesamts für Denkmalpflege dem Finanzamt vorzulegen.

Nach Abschluß aller Arbeiten oder einzelner Jahresabschnitte erwartet das Finanzamt vom Eigentümer eine Bescheinigung der Denkmalbehörde, worin bestätigt wird, daß die Maßnahmen »nach Art und Umfang zur Erhaltung des Gebäudes als Baudenkmal und zu seiner sinnvollen Nutzung erforderlich« waren. Erfüllt der Eigentümer diese Voraussetzungen, kann er die Instandsetzungskosten für Altbauten als sogenannten Erhaltungs- oder Herstellungsaufwand erhöht abschreiben. Der Erhaltungsaufwand kann nach Paragraph 11a und 11b EStG in zwei bis fünf Jahren geltend gemacht werden.

Herstellungsaufwand kann nach Paragraph 7h und 7i EStG zehn Jahre lang mit jährlich zehn Prozent abgeschrieben werden – auch bei Selbstnutzern. Höchstbeträge gibt es ebensowenig wie eine Beschränkung nach der Zahl der Gebäude. Wo die Grenze zwischen Erhaltungs- und Herstellungsaufwand zu ziehen ist, sagen zum Beispiel die Einkommensteuerrichtlinien. Wer die Substanz eines Gebäudes rettet, indem er etwa das Dach neu deckt oder den Außenputz erneuert, hat Erhaltungsaufwand. Herstellungskosten hingegen entstehen dem, der »etwas Neues, bisher nicht Vorhandenes« schafft und damit »das Gebäude wesentlich in seiner Substanz vermehrt, in seinem Wesen erheblich verändert oder über seinen bisherigen Zustand hinaus deutlich verbessert«. Wer also etwa ein Dachgeschoß ausbaut oder eine große Wohnung in zwei kleinere teilt, kann Herstellungskosten in Anspruch nehmen.

Allerdings: Die Grenzen zwischen beiden Aufwandarten sind fließend. Viele Finanzämter stufen Instandsetzungskosten, die im Anschluß an den Kauf anfallen – das sind sogenannte anschaffungsnahe Aufwendungen –, als Herstellungskosten ein, obwohl diese Kosten üblicherweise zum Erhaltungsaufwand zählen. Das passiert meist dann, wenn die Sanierung in den ersten drei Jahren nach dem Kauf mehr kostet als 20 Prozent der Anschaffungskosten des Gebäudes. Folge: Die Abschreibung muß auf zehn statt auf zwei bis fünf Jahre verteilt werden.

Katalog der wichtigsten Abschreibungen

Steuerbegünstigung nach § 10 e Einkommensteuergesetz

Der Abzugsbetrag lehnt sich eng an den § 7 b EStG an, ist aber als Sonderausgabenabzug ausgestaltet. Der Förderungshöchstbetrag ist auf 300 000 Mark angehoben, im Jahr der Fertigstellung oder Anschaffung und in den folgenden sieben Jahren dürfen jeweils fünf Prozent, höchstens jeweils 15 000 Mark als Sonderausgaben abgezogen werden. Dies gilt für die im eigenen, selbstbewohnten Haus oder der eigenen, selbstbewohnten Eigentumswohnung angefallenen Herstellungs- oder Anschaffungskosten, einschließlich der Hälfte der Anschaffungskosten für den dazugehörenden Grund und Boden. Wer den § 10 e nutzen darf, kann auch je Kind 750 Mark pro Jahr von seiner Steuerschuld abziehen. Im Zweifamilienhaus gilt § 10 e nur für den selbstbewohnten Teil des Hauses. Die vermietete Wohnung kann degressiv oder linear abgeschrieben werden.

degressive Abschreibung nach § 7, Absatz 5 EStG

Bei Zwei- und Mehrfamilienhäusern, die vom Eigentümer selbst gebaut oder bis zum Ende des Fertigstellungsjahres erworben wurden, können in den ersten vier Jahren jährlich sieben Prozent der Herstellungs- oder Anschaffungskosten in unbegrenzter Höhe abgeschrieben werden. In den darauffolgenden sechs Jahren beträgt der jährliche Abschreibungssatz jeweils fünf Prozent, in den weiteren sechs Jahren jeweils zwei Prozent und in den restlichen 24 Jahren je 1,25 Prozent. Diese Sätze gelten nur für den vermieteten Teil des Hauses. Für gebraucht erworbene Häuser und Wohnungen sind keine degressiven Abschreibungen möglich.

Sonderabschreibung mit Sozialbindung nach § 7 k EStG

Höher noch als nach § 7, Absatz 5 EStG kann abschreiben, wer sich zehn Jahre lang der Mietpreisbindung im sozialen Wohnungsbau unterwirft und nur an Familien vermietet, die die Einkommensgrenzen des 1. Förderweges (siehe Seite 38) nicht überschreiten. Die Höchstmieten werden von den Landesregierungen festgelegt. Die Abschreibungssätze sind: vom 1. bis 5. Jahr zehn Prozent; vom 11. bis 40. Jahr 0,5 Prozent. Diese Steuererleichterung kann nicht zusätzlich zur Direktförderung in Anspruch genommen werden.

Sonderabschreibung für Ausbau und Umbau und Erweiterung nach § 7 c EStG

Alternativ zu zinsverbilligten Krediten der Kreditanstalt für Wiederaufbau können bis zu 60 000 Mark Baukosten fünf Jahre lang jeweils mit 20 Prozent abgeschrieben werden. Für die übrigen Baukosten gilt der übliche Abschreibungssatz nach § 7 Absatz 5. Der Bauantrag muß nach dem 2. Oktober 1989 gestellt worden

lineare Abschreibung nach § 7, Absatz 4 EStG

sein. Die Wohnung muß bis Ende 1992 fertiggestellt sein.

Ist die degressive Abschreibung auf vermietete Objekte nicht möglich, weil es sich um ein altes Gebäude handelt, bleibt nur die lineare Abschreibung mit zwei Prozent der Anschaffungskosten. Wurde das Haus bereits vor 1925 gebaut, dürfen es 2,5 Prozent sein.

Abschreibung von Energiesparinvestitionen nach § 82 a EStG

Erhöhte Abschreibungen von jeweils zehn Prozent im Jahr der Herstellung und in den folgenden neun Jahren sind möglich beim Anschluß an die Fernwärmeversorgung, dem Einbau von Wärmepumpen, Solaranlagen und Anlagen zur Wärmerückgewinnung, bei der Errichtung von Windkraftanlagen und von Anlagen zur Gewinnung von Biogas sowie beim Einbau einer Warmwasseranlage und einer zentralen Heizungsanlage. Diese Vergünstigungen gelten für Maßnahmen, deren Fertigstellung vor dem 1. 1. 1992 erfolgt.

erhöhte Abschreibung bei Baudenkmälern nach § 7 i EStG

Herstellungskosten für Baumaßnahmen an Gebäuden, die nach den jeweiligen landesrechtlichen Vorschriften Baudenkmäler sind, können im Jahr der Fertigstellung und in den folgenden neun Jahren mit jeweils bis zu zehn Prozent abgeschrieben werden.

Nutzen Sie die Gesetze rigoros aus

Durch gezielte Nutzung der Gesetzesvorschriften läßt sich der Staat beim Immobilienhandel an den Baukosten oder am Kaufpreis nicht unerheblich beteiligen, wie die folgenden Beispiele zeigen. Besonders beim Erwerb gebrauchter Häuser läßt sich mit allerlei legalen Tricks und durch Nutzung weitgehend unbekannter Gesetzesvorschriften der Staat trefflich am Kauf beteiligen. Die legale Nutzung solcher Finanzamtshilfen ist festgeschrieben im Einkommensteuergesetz, im Bewertungsgesetz und in den Einkommensteuerrichtlinien. Sie werden im Kapitel über den Kauf von Gebrauchthäusern geschildert.

Zwei Wohnungen statt Zweifamilienhaus

Bei Bau oder Kauf eines Zweifamilienhauses dürfen für den selbstbewohnten Teil von 300000 Mark Investitionen (den halben Grundstückswert eingeschlossen) acht Jahre lang je fünf Prozent abgesetzt werden – maximal also 15000 Mark. Das ist die Grundförderung. Bei der Absetzung für den vermieteten Teil des Hauses gelten unterschiedliche Sätze: Wer neu baut oder ein Haus im Jahr der Fertigstellung kauft, darf, als degressive Abschreibung nach Paragraph 7 Absatz 5 Einkommensteuergesetz, ebenfalls fünf Prozent absetzen, wobei die Bau- oder Kaufsumme nach oben unbegrenzt ist. Ein älteres Haus läßt sich nur mit zwei, ist es vor 1925 gebaut, mit 2,5 Prozent abschreiben. Aber: Alle Kosten, die auf den vermieteten Teil des Zweifamilienhauses entfallen, können – die Mieteinnahme gegengerechnet – steuermindernd dem Finanzamt in Rechnung gestellt werden.

Die Kosten für den vermieteten Part lassen sich nun völlig legal nach oben drücken – mit dem Bau oder Kauf von zwei Eigentumswohnungen statt eines Zweifamilienhauses nämlich. Diese Taktik empfiehlt sich besonders dann, wenn der Bauherr über relativ viel Eigenkapital verfügt. In diesem Fall sollte er möglichst viel eigene Mittel, dazu zinsgünstige Kredite, wie Arbeitgeber-, Verwandten- oder Bausspardarlehen, in die eigengenutzte Wohnung stecken, denn Schuldzinsen und andere Werbungskosten kann er für diesen Teil des Hauses dem Finanzamt nur vor dem Einzug in Rechnung stellen. Danach geht nichts mehr. Alle anderen, teureren Kredite werden bei dieser Taktik der vermieteten Eigentumswohnung zugeschlagen, denn sie sind voll absetzbar. Diese Lösung läßt das Finanzamt allerdings nur zu, wenn der Bauherr oder der Verkäufer eine sogenannte Teilungserklärung abgibt. Beim Bau muß diese Erklärung mit dem Bauantrag bei der zuständigen Behörde eingereicht werden. Beim Kauf muß sie zum Zeitpunkt des Erwerbs dem Grundbuchamt vorliegen. Vor dem Gang zum Notar sollte der Verkäufer deshalb diese Erklärung bei Gericht einreichen.

Dieser Tatbestand sollte im Kaufvertrag verankert werden. Beim Bau von zwei Eigentumswohnungen muß der Bauherr mit den Handwerkern vor dem ersten Spatenstich vereinbaren, daß getrennte Rechnungen für jede der Wohnungen ausgestellt werden. Auch bei der finanzierenden Bank sind die Hypotheken fein säuberlich zu trennen.

Wie lukrativ ein solches Vorgehen ist, macht folgendes Beispiel deutlich: Ein Haus mit zwei gleich großen Eigentumswohnungen mag 400 000 Mark kosten, dazu 100 000 Mark für das Grundstück. Den vermieteten Teil belastet der Bauher voll mit 250 000 Mark Hypotheken, dafür zahlt er im Jahr 20 000 Mark Zinsen, die er, nach Abzug der Mieteinnahmen, steuerlich mindernd absetzen kann. Gleichzeitig schraubt er sein Abschreibungsvolumen von 300 000 Mark für ein Zweifamilienhaus auf 425 000 Mark – nämlich 225 000 Mark für den selbstgenutzten und 200 000 Mark für den vermieteten Teil des Hauses – nach oben. Allein diese Differenz bringt ihm, 40 Prozent Spitzensteuersatz unterstellt, 3 000 Mark Steuerentlastung im Jahr, in acht Jahren

also 24 000 Mark plus der Ersparnisse aus den hohen Zinszahlungen für die vermietete Wohnung.

Eltern kaufen – Kinder ziehen ein

Wenn betuchte Eltern Haus oder Wohnung kaufen und das
Domizil ihren Kindern vermieten, läßt sich ein Teil des
Bau- oder Kaufpreises vom Finanzamt zurückholen. Dabei
sind die unterschiedlichen Abschreibungsmöglichkeiten zu
beachten. Bei Neubau oder Kauf eines Hauses bzw. einer
Eigentumswohnung, die im Jahr der Fertigstellung erwor-
ben werden, kann die degressive Abschreibung (siehe Bei-
spiel 1) angewandt werden. Bei alten Häusern reduziert sich
die Abschreibungssumme auf zwei bzw. 2,5 Prozent.
Wenn die Eltern nach acht Jahren ihren dann ausreichend
verdienenden Kindern das Haus oder die Wohnung verkau-
fen, können diese als Selbstnutzer die Möglichkeiten des
Paragraphen 10 e ausschöpfen, also vom Gebäude- oder
Wohnungwert (plus halber Grundstückswert) bis zu 15 000
Mark im Jahr absetzen.
Im notariellen Kaufvertrag dürfen sich die Bauherrn oder
Käufer allerdings auf keinen Fall verpflichten, ihren Kin-
dern das Haus oder die Wohnung nach einer bestimmten
Zeit zu verkaufen.
In Mark und Pfennig ausgedrückt könnte so ein legaler
Steuertrick wie folgt aussehen: Ein Eigenheim mit einem
Abschreibungswert von 300 000 Mark wird für 400 Mark –
das ist die halbe ortsübliche Miete – von den Eltern an die
Kinder vermietet. Die Abschreibungen betragen 15 000
Mark jährlich, hinzu kommen 21 000 Mark Schuldzinsen
und sonstige Aufwendungen pro Jahr. Bei einem Spitzensteuersatz von 40 Prozent können sich die Eltern einen
finanziellen Vorteil von 12 450 Mark pro Jahr, das sind
immerhin 99 840 Mark in acht Jahren, ausrechnen.

Bauen jetzt – heiraten später

Seit Anfang 1987 dürfen zwei selbstgenutzte Wohnungen, die neben- oder übereinander liegen, nicht mehr gleichzeitig abgeschrieben werden. Zwar können laut Paragraph 10 e Einkommensteuergesetz Ehegatten, die nicht dauernd getrennt leben, die sogenannte Grundförderung (fünf Prozent Sonderausgaben und Baukindergeld) für zwei Objekte beanspruchen. Neu gegenüber dem alten Paragraphen 7 b ist aber, daß die Förderung gleichzeitig nur dann in Anspruch genommen werden kann, wenn die Objekte nicht in räumlichem Zusammenhang stehen.

Wenn also zum Beispiel ein Zweifamilienhaus gebaut oder gekauft wird und die Familie nutzt beide Wohnungen, so schiebt der Gesetzgeber neuerdings den Riegel vor: Es darf nur einmal abgeschrieben werden. Weil diese Vorschrift aber nur für Eheleute, nicht aber für Verlobte gilt, bleibt das Schlupfloch, mit der Heirat zu warten, bis das Haus bezogen beziehungsweise der Kaufvertrag unterschrieben ist.

Wer der Steuervorteile wegen vorläufig auf die Legalisierung seiner intimen Beziehungen verzichten will, spart ganz erheblich. Wenn jeder der beiden Verlobten abschreibungsfähige Bau- oder Kaufkosten von 300 000 Mark nachweist, können beide je 15 000 Mark im Jahr absetzen. Bei einem Spitzensteuersatz von 40 Prozent sparen sie gemeinsam 12 000 Mark, und das acht Jahre lang, also insgesamt 96 000 Mark. Rein rechnerisch ist das eine Verdopplung der zu erzielenden Steuerersparnis. Dabei muß aber der Verlust aus dem Verzicht auf den Splittingtarif gegengerechnet werden.

Vorteil durch Geldentnahme

Selbst vom obersten deutschen Finanzgericht, dem Bundesfinanzhof, kommen gelegentlich Anregungen, wie im Zusammenhang mit Bau oder Immobilienkauf noch mehr
Steuern einzusparen sind. Die hohen Richter vertreten zum
Beispiel in einem Urteil (Aktenzeichen IV R 192/1980) die
Meinung, daß Gewerbetreibende oder Freiberufler berechtigt sind, auf der einen Seite dem Betrieb Barmittel zu
entnehmen und auf der anderen Seite die anfallenden Betriebsausgaben durch Darlehen zu finanzieren. Daraus
folgt: Wer zum Beispiel eine zur Selbstnutzung vorgese-
hene Wohnung kaufen will, entnimmt dem Gewerbebe-
trieb eine bestimmte Summe und füllt die betriebliche
Finanzierungslücke durch einen gleich hohen Betriebskre-
dit auf. Das entnommene Geld benutzt er als Eigenkapital
für die Wohnung. Die Darlehensschulden aber sind danach
betriebliche Verbindlichkeiten und die hierauf entfallenen
Zinsen voll absetzbare Betriebsausgaben. Wer so verfährt,
kann daneben noch die Segnungen der Grundförderung (bis
zu 15000 Mark Sonderausgaben und Kindergeld) in Anspruch nehmen. Durch die Schuldzinsen im Betrieb mindert sich der Gewinn und bringt weiteren Steuersegen.
Selbst ein Privatmann, der über Kapitalvermögen verfügt,
kann mit einem solchen Modell einiges beim Finanzamt
herausholen. Er kann Teile seines Kapitalvermögens veräußern und den Erlös als Eigenkapital beim Hausbau oder
-kauf verwenden. Ersetzt er seine veräußerten Wertpapiere
durch Kauf auf Kredit, kann er die damit in Zusammenhang
stehenden Schuldzinsen ohne weiteres als Werbungskosten
absetzen. In einem Punkt gilt es allerdings aufzupassen:
Das Finanzamt fordert, daß bei dem Kredit auf Dauer
gesehen ein Überschuß der Einnahmen über die Ausgaben
erwartet werden muß.

4 Die hohe Kunst der Baufinanzierung

Sie stehen bei der Lektüre dieses Ratgebers erst am Anfang, und doch liegen bereits drei wichtige Stufen auf dem Weg zu den eigenen vier Wänden hinter Ihnen:

○ die Bestimmung Ihres Eigenkapitals
○ die realistische Einschätzung Ihrer Einkommensverhältnisse und
○ die Kenntnis jener Steuervorteile und Zuwendungen, die Ihnen der Staat gewährt. Sie wissen jetzt auch, daß Ihnen die Baufinanziers, je nach Ihren individuellen Verhältnissen, 70 bis 80 Prozent des zum Bau oder Kauf fehlenden Geldes als Fremdkapital zur Verfügung stellen.

Sie kennen zu diesem Zeitpunkt also schon eine ganze Menge. Aber: Mit wem Sie letztlich den so schwerwiegenden Kontrakt schließen, das müssen Sie noch herausfinden. Wie wichtig die Wahl des Finanzpartners und der richtigen Finanzierungsart ist, mag ein Beispiel veranschaulichen: 300 000 Mark Baukredit können sich, unter Berücksichtigung der Steuervorteile, im Endeffekt sowohl auf 700 000 als auch auch auf nur 500 000 Mark Rückzahlung summieren. Die Differenz von 200 000 Mark ist für viele Bauherrn ein Vermögen. Das Geheimnis: Im ersten Fall zahlt der Bauherr an die Bank rund 30 Jahre lang seine Raten, im zweiten Fall aber nur etwas länger als 21 Jahre. Schon jetzt sei aber verraten: Wer die Abzahlungsfrist abkürzen will, muß auch bereit und in der Lage sein, monatlich mehr an den Kreditgeber zu überweisen.
Schon diese kurze Andeutung zeigt: Die Immobilienfinanzierung ist eine hohe Kunst. Die große Zahl der Zwangsversteigerungen, oft auf die Überschätzung der Finanzkraft

von Bauherrn zurückzuführen, belegt, daß Eigenheiminteressenten immer wieder den Versprechungen unseriöser
Baufinanziers erliegen. Nicht wenige Hauseigner verschulden sich unwissend bis zum sprichwörtlichen Stehkragen.
Derlei Unannehmlichkeiten sind vermeidbar. Wer selbst
zum Rechenstift greift und in aller Ruhe seine finanzielle
Situation überdenkt, kann nicht überrumpelt werden. Er
sollte zumindest überschlägig feststellen, ob die Raten für
Zins und Tilgung ohne wesentliche Abstriche am Lebensstandard regelmäßig geleistet werden können. Sie haben
das bereits getan.
Die Angebote der Baufinanziers sind so vielfältig, daß der
künftige Hausbesitzer nicht mit der Zeit geizen sollte, die
Offerten gründlich zu prüfen. Dabei gilt es, je nach Interessenlage, der einen oder anderen Finanzierungsart – Bankhypothek, Versicherungshypothek oder Bauspardarlehen –
den Vorrang einzuräumen.
Die seit Anfang 1987 geltenden Steuergesetze haben zweierlei bewirkt: Der Bau eines Zweifamilienhauses ist nur in
Ausnahmefällen interessant, weil die Möglichkeit entfällt,
das Finanzamt an den Zinszahlungen für die selbstgenutzte
Wohnung zu beteiligen. Gleichzeitig ist aber auch eine
Steuervorschrift entfallen, die vor 1987 gerade ältere Hausbesitzer traf. Sie mußten nämlich, waren die Hausschulden
erst einmal abgezahlt, einen Mietwert der eigenen Wohnung in Höhe von 1,4 Prozent des Einheitswertes als fiktive
Mieteinnahme versteuern.
Vor dem Hintergrund der jetzigen Steuergesetzgebung
gelten neue Spielregeln für Finanzierungspläne. Wer es
sich leisten kann, muß nunmehr möglichst viel Eigenkapital
einsetzen und die Baudarlehen so schnell wie möglich
tilgen. Wer so verfährt, zahlt seinem Geldgeber naturgemäß nur einen Bruchteil der Zinsen, die bei einer Langfristfinanzierung letztlich entrichtet werden müssen. Viele frühere Bauherrn und Hauskäufer hatten auch schon in der
Vergangenheit diese finanziellen Möglichkeiten, nutzten

sie aber nicht, weil ja das Finanzamt beim Zweifamilienhaus einen Teil der Zinszahlungen übernahm. Damit war es oft günstiger, das eigene Geld zurückzuhalten und es anderweitig Zinsen tragen zu lassen.

Weniger betuchten Eigenheimaspiranten ist der schnelle Weg mit viel eigenem Geld versperrt, sei es, daß sie nicht genügend Eigenkapital aufbringen, sei es, daß sie nicht in der Lage sind, hohe Tilgungsraten zu tragen. In diesem Fall bieten sich zwei Finanzierungsstrategien an. Die erste: Die künftigen Hauseigner nehmen eine über 30 oder mehr Jahre laufende Hypothek bei der Bank, Sparkasse oder Lebensversicherung auf und zahlen dem Finanzier letztlich eine Menge Zinsen. Nehmen sie eine Tilgungsstreckung in Kauf, um die anfänglichen Monatsraten noch weiter zu drücken, wird der gezahlte Endbetrag noch größer.

Die zweite Taktik ist mit Wartezeiten verbunden: sparen, ob mit einem Bausparvertrag oder über Wertpapierkauf, bis das Eigenkapital eine Höhe erreicht hat, die es erlaubt, so zu verfahren, wie es der wohlbetuchte Bauherr oder Käufer praktiziert. Ein solches Geduldspiel ist freilich nicht ungefährlich, denn niemand weiß, wie sich Zinsen, Baukosten oder Hauspreise in Zukunft entwickeln.

Wie gesagt, die Baufinanzierung ist eine hohe Kunst. Sie gehört aber durchaus nicht in den Bereich undurchschaubarer Magie. Um sie transparent zu machen, ist es zunächst nötig, zu wissen, wer Baugeld offeriert und wo die jeweiligen Vor- und Nachteile der einzelnen Anbieter liegen.

Die Eigenheiten der Bankhypothek

Wer seine Baukredite schnell abzahlt, spart Zinsen. Diese Binsenweisheit zu befolgen, ist freilich, wie wir bereits gesehen haben, nicht jedermanns Sache, denn die schnelle Tilgung der Schulden ist gleichbedeutend mit hohen Zah-

lungsraten. Für langfristige Baudarlehen sind, anders als
Bausparkassen, die Banken und Sparkassen, vor allem aber
die Hypothekenbanken zuständig.

Um mit ihnen erfolgreich ins Geschäft zu kommen, sollten
Sie als Kreditnehmer die Begriffsinhalte kennen, die für die
Hypothekenbanker tägliches Brot sind: Effektivzins, Nominalzins, Festzins, Annuität, Disagio oder Damnum, erst-
stelliger Beleihungsrahmen, Vorfälligkeitsentschädigung –
dem Laien, der sich anschickt, ein Haus zu bauen oder zu
kaufen, dürfte der Kopf schwirren von all diesen Finanzie-
rungsbegriffen. Sie brauchen sich Ihrer Verwirrung nicht
zu schämen: Schließlich benötigt man derlei Kenntnisse in
aller Regel nur einmal im Leben. Dann aber sind sie von
eminenter Bedeutung für den Geldbeutel.

Baudarlehen von Hypothekenbanken, aber auch von Sparkassen und Geschäftsbanken, werden in monatlichen, halb-
jährlichen, meist aber vierteljährlichen Beträgen verzinst
und getilgt. Die gleichbleibende Rate, die ein Schuldner zu
zahlen hat, heißt Annuität, das Darlehen Annuitätenhypothek.

Der Tilgungssatz, in aller Regel ein bis zwei Prozent der
Hypothekensumme, erhöht sich in dem Maß, wie durch die
fortschreitende Tilgung und die damit einhergehende Zins-
ersparnis der Zinsanteil in der Annuitätsrate abnimmt.
Darum beträgt die Laufzeit eines mit einem Prozent zu
tilgenden Kredits nicht 100, sondern um die 30 Jahre.

Die exakte Laufzeit eines Baudarlehens hängt entscheidend
von der Intensität der Tilgung, aber auch von der Zinshöhe
ab. Je höher der Zins, um so schneller ist die Hypothek
zurückgezahlt. Die Annuität, die Summe von Zins und
Tilgung, bleibt über die gesamte Laufzeit hinweg zwar
gleich hoch, die Struktur des aufgenommenen Baudarlehens hingegen ändert sich ständig. Während die erste Rate,
die an die Bank überwiesen wird, praktisch nur Zinsen
enthält, besteht die letzte Rate aus der Rückzahlung (Tilgung) des Baudarlehens.

Die folgende Tabelle zeigt den Einfluß von Zins und Tilgung auf die Laufzeit:

Zinssatz in Prozent	Tabelle 4 bei einer Tilgung von ... Prozent					
	1	1,5	2	2,5	3	4
	Laufzeit in Jahren/Monaten					
5,0	36/3	29/9	25/3	22/3	19/9	16/6
5,5	34/6	28/3	24/3	21/6	19/3	16/–
6,0	32/9	27/3	23/6	20/9	18/6	15/6
6,5	31/3	26/–	22/6	20/–	18/–	15/–
7,0	30/–	25/–	21/9	19/3	17/6	14/9
7,5	29/–	24/3	21/–	18/9	17/–	14/3
8,0	27/9	23/6	20/6	18/3	16/6	14/–

Im Bereich zwischen fünf und acht Prozent Zinsen und einer Tilgung zwischen einem und vier Prozent beträgt die Laufzeit eines Baudarlehens also gut 36 Jahre oder nur 14 Jahre – mit entsprechender Auswirkung auf die Beträge, die an den Kreditgeber zurückfließen.

In der untenstehenden Tabelle können Sie rasch feststellen, wie hoch die monatliche Annuität (Zins und Tilgung) für eine Hypothek von 100 000 Mark ist. Die Übersicht zeigt den Schuldendienst in Abhängigkeit von Effektivzins und Gesamtdauer der Finanzierung.

Effektiv-zins in Prozent	Tab. 5 monatl. Belastung in DM für ein Darlehen von 100 000 DM bei einer Finanzierungsdauer von ... Jahren										
	20	21	22	23	24	25	26	27	28	29	30
6,0	707	689	674	659	646	634	624	614	605	597	589
6,5	734	717	702	688	675	663	653	644	635	627	620
7,0	762	745	730	716	704	693	683	674	665	658	651
7,5	790	774	759	746	734	723	713	704	696	689	682
8,0	819	803	788	775	763	753	744	735	727	720	714
8,5	848	832	818	805	794	784	775	766	759	752	746
9,0	877	861	848	835	825	815	806	798	791	785	779

Hypothekenkonditionen werden mit Ausnahme variabler Zinsen für eine bestimmte Zeit zugesagt: von zwei Jahren aufwärts bis zur vollen Laufzeit, also bis zur letzten Rate. Nach Ablauf der vereinbarten Zeit wird ein neuer Zinssatz festgelegt, der sich nach der aktuellen Marktlage richtet. Der Ablauf der Zinsbindung kann Auswirkungen auf die Annuität haben; denn die monatliche Rate

○ bleibt entweder gleich, weil sich der Zinssatz nicht ändert
○ wird dem veränderten Zinssatz angepaßt, steigt also bei gestiegenen und vermindert sich bei gesunkenen Zinsen oder
○ bleibt gleich, obwohl sich der Zinssatz ändert

Welche Auswirkungen hat das auf die Laufzeit des Baudarlehens? Im ersten Fall – Zinssatz und Annuität bleiben gleich – ändert sich nichts. Im zweiten Fall – bei angepaßter Annuität also – verlängert sich die Laufzeit der Hypothek, wenn der Zinssatz herabgesetzt wird, und umgekehrt wird die Laufzeit kürzer, wenn der Zinssatz steigt. Im dritten Fall, wenn nämlich die Annuität gleich bleibt, obwohl sich der Zinssatz ändert, muß eine Vereinbarung zwischen Bank und Kunden vorausgehen. Bei gestiegenem Zins wird dabei die höhere Belastung mit einem Agio umgangen. Dieses Aufgeld wird buchmäßig auf die restliche Kreditsumme aufgeschlagen und zuerst getilgt. Weil nebenher auch der Tilgungsanteil als Folge des höheren Zinses gesunken ist, ergibt sich insgesamt eine Verlängerung der Laufzeit und damit eine höhere Rückzahlungssumme. Bleibt die Annuität gleich, obwohl die Zinsen gesunken sind, wächst naturgemäß der Tilgungsanteil, die Laufzeit des Baudarlehens verkürzt sich.

Die 23 deutschen Hypothekenbanken, deren Anschriften und Fernanschlußnummern den Seiten 113 ff. zu entnehmen sind, sind per Gesetz gehalten, bestimmte Kreditgrenzen einzuhalten. Wer mehr Kredit haben will, bekommt das

Geld – vorausgesetzt, seine Einkommensverhältnisse erscheinen dem Geldgeber solide genug – in Form eines sogenannten Ib-Darlehens, das im Rang nach der ersten, der sogenannten Ia-Hypothek steht. Weil schwächer abgesichert, ist dieser Kredit auch ein wenig teurer. In der letzten Zeit wird allerdings zwischen diesen beiden Hypothekenarten kaum mehr unterschieden. Wer etwa 80 Prozent des Beleihungswerts finanziert haben möchte und der strengen Prüfung des Kreditgebers standhält, bekommt ein Angebot als Paket. Konkretes Beispiel: Eine Hypothekenbank verlangt für die Finanzierung von 60 Prozent des Beleihungswerts – das entspricht rund 50 Prozent der »angemessenen« Baukosten oder des Kaufpreises – 7,06 Prozent Zinsen. Das war die Kondition für eine Ia-Hypothek, wie sie im Spätsommer 1988 gültig war.

Wer aber 80 Prozent der Gesamtkosten bzw. des Kaufpreises finanziert haben möchte, mußte unter gleichen Bedingungen schon 7,22 Prozent bezahlen – Ergebnis einer Mischkalkulation.

Der Zinssatz läßt sich freilich nach unten drücken, wenn ein Disagio oder Damnum in Anspruch genommen wird. Dies ist die Differenz zwischen dem Nominalwert eines Baudarlehens und dem Auszahlungskurs, der zwischen 99 und 90 Prozent liegt. Der Vorteil eines Disagios ist rein steuerlicher Natur. Der Abschlag zählt nämlich zu den Finanzierungskosten, die vor Einzug ins neu gebaute oder gekaufte Haus voll vom zu versteuernden Einkommen abgesetzt werden können und somit die Steuerlast mindern.

Wer ein Disagio in Anspruch nimmt, zahlt zwar weniger Nominalzins, muß aber den Abschlag durch ein höheres Darlehen ausgleichen. Die Annuitätsrate vermindert sich gegenüber einem hundertprozentig ausgezahlten Kredit, aber die Laufzeit wächst gleichzeitig, und damit auch die Summe der Zinszahlungen.

Beispiel: Ein Bauherr nimmt eine Hypothek von 300 000 Mark auf, die er mit 7,5 Prozent verzinst und mit einem

Prozent tilgt. Nach 29 Jahren sind seine Schulden vollständig abgezahlt. Läßt er sich das Darlehen aber zu 90 Prozent auszahlen, muß er 333 333 Mark aufnehmen und zahlt dafür nur sechs Prozent Zinsen. Weil dieser Kredit aber erst nach 32 Jahren und neun Monaten getilgt ist, zahlt er an die Bank insgesamt 754 166 Mark. Der Kreditnehmer, der das Darlehen ohne Disagio in Anspruch nimmt, kommt auf nur 739 500 Mark. Gleichwohl kann ein hohes Disagio lohnen, wie ab Seite 61 ausgeführt.

Wie sehr eine schnelle Tilgung auf die letztlich gezahlte Zinssumme durchschlägt, mag ein weiteres Beispiel verdeutlichen. Wenn der Kreditnehmer statt einem Prozent vier Prozent tilgt, sind seine Schulden in gut 14 Jahren abgetragen. In dieser Zeit überweist er der Bank insgesamt nur gut 491 625 Mark – fast 250 000 Mark weniger als bei einem Prozent Tilgung. Aber: Während der langen Laufzeit beträgt die jährliche Annuität 25 500 Mark, bei hoher Tilgung von vier Prozent aber gleich 34 500 Mark. An der Differenz von immerhin 750 Mark im Monat dürfte so manches Bau- oder Kaufvorhaben scheitern.

Wenn schon extrem lange Laufzeiten nicht zu vermeiden sind, sollte der künftige Bauherr – zumal in günstigen Zinssituationen – danach streben, den Geldgeber langfristig (mindestens zehn Jahre) an die gegebenen Zusagen zu binden. Einige Hypothekenbanken bieten Zinsen über die gesamte Laufzeit der Darlehen an, also je nach Zins- und Tilgungssatz über rund 30 Jahre. Solche Kredite sind zwar teurer als Darlehen mit kürzeren Festschreibungsfristen, haben aber einen unschätzbaren Vorteil: Der Hausherr hat für alle Zeiten seine Ruhe, er braucht nicht nervös zu werden, wenn die Zinsen wieder steigen. Seine monatliche Belastung bleibt gleich hoch, bis das Haus vollständig ihm gehört.

Die gegenwärtig niedrigen Zinsen schließen weitgehend auch eine andere Gefahr aus: die Vorfälligkeitsentschädigung, eine Gebühr für entgangenen Gewinn der Bank. Will ein Kreditnehmer, etwa wenn die Zinsen gefallen sind, sein teuer aufgenommenes Darlehen vor Ablauf der Zinsfestschreibungsfrist kündigen, darf die Hypothekenbank eine solche Entschädigung verlangen. Die Höhe der Vorfälligkeitsentschädigung ist unterschiedlich, jedoch sind mehrere Prozent der Darlehenssumme durchaus keine Ausnahme. Ein *Capital*-Leser teilte der Redaktion mit, eine westfälische Bank habe den unglaublichen Satz von mehr als acht Prozent verlangt – und letztlich auch bekommen. Es stand so im Vertrag.

Wann sich für Sie ein hohes Disagio auszahlt

Das Disagio, auch Damnum genannt, gilt gemeinhin als Instrument, das die Steuerlast des Bauherrn oder Immobilienkäufers senkt, denn diese Differenz zwischen dem Nominalbetrag eines Baudarlehens und seinem Auszahlungskurs darf dem Finanzamt steuermindernd in Rechnung gestellt werden. Dieser Sonderausgabenabzug ist bei eigengenutzten Einfamilienhäusern oder Eigentumswohnungen allerdings nur dann möglich, wenn das Disagio vor Beginn der erstmaligen Nutzung durch den Eigentümer geleistet wird. Kreditnehmer sollten deshalb mit dem Darlehensgeber schon früh darüber sprechen, wie zu verfahren sei, damit dieser Forderung der Finanzbehörden Genüge getan wird. Bei vermieteten Objekten entfällt die Einschränkung, das Damnum vor Beginn der Nutzung zu leisten.
Vordergründig spricht alles dafür, bei Bau oder Kauf stets ein (möglichst hohes) Disagio in Anspruch zu nehmen. Doch gemach: Es zahlt sich aus, auszuloten, ob es auch Nachteile gibt. Um es vorwegzunehmen: Es gibt sie, und das nicht zu knapp. Deshalb lohnt es sich, mit spitzem Bleistift zu rechnen, anstatt nur auf die anfänglichen Steuervorteile zu starren.
Fangen wir einmal ganz von vorn an. Ein Baudarlehen kann

zu einem Auszahlungskurs von 100 oder darunter vereinbart werden. Die Untergrenze wird vom Finanzamt gezogen: Die meisten Ämter lassen einen Abschlag von acht Prozent gelten, vereinzelt werden auch zehn Prozent zugebilligt. In Zeiten hoher Zinsen sind die Finanzämter eher bereit, dem Darlehensnehmer ein hohes Disagio zuzugestehen.

Wer also beispielsweise ein Damnum von acht Prozent wählt und einen Kredit von 100 000 Mark aufnimmt, bekommt nur 92 000 Mark auf die Hand. Zurückzahlen muß er im Laufe der Jahre freilich den Nominalbetrag, also 100 000 Mark. Der Vorteil: Mit der Höhe des Disagios vermindert sich auch der Zinssatz auf den Baukredit. Wenn Sie also ein hohes Disagio vereinbaren und damit auf einen Teil des Kredits verzichten, profitieren Sie von einem niedrigen Zins. Der Zinssatz sinkt, je größer das Disagio ausfällt.

Aber: In der Tabelle über die Abhängigkeit der Laufzeit eines Baudarlehens von der Zins-(und Tilgungs-)höhe auf Seite 57 konnten Sie leicht feststellen, daß sich die Laufzeit verlängert, wenn sich der Zins ermäßigt. Es bleibt also zunächst festzuhalten: Ein Disagio, das, wie wir gesehen haben, den Zins drückt, verlängert die Laufzeit (wenn keine Sonderzahlungen geleistet werden). Damit aber werden die Gesamtkosten des Darlehens in die Höhe getrieben. Und das, obwohl der Zins in Wahrheit gar nicht niedriger ist als bei einer Auszahlung des Darlehens zu hundert Prozent. Denn Sie müssen berücksichtigen, daß Ihnen bei einem Disagio weniger Geld zur Verfügung steht, Sie also die Differenz zwischen Nominalbetrag und Auszahlungsbetrag irgendwie anders finanzieren müssen. Selbst wenn Sie das Finanzloch mit eigenen Mitteln stopfen, müssen Sie für das Eigenkapital den gleichen Zins ansetzen, den Sie für das Fremdgeld entrichten. Wenn Sie sich klarmachen, daß Sie die geringeren Zinsen auf einen ebenfalls geringeren Kredit zahlen, wird der Zusammenhang deutlich: Letztlich kommt der gleiche Zinssatz heraus wie bei einer Auszahlung des

Darlehens zu hundert Prozent. Halten wir also als zweiten Punkt fest: Das Disagio ist kein Geschenk Ihrer Bank, sondern Bestandteil des Zinses, den Sie für ein Baudarlehen zahlen.

Je länger die Laufzeit eines Baukredits ist, in der die Zinsen festgeschrieben werden, um so günstiger verteilt sich das Damnum auf die Jahre. Wenn Sie zum Beispiel einen Abschlag von fünf Prozent auf einen Kredit von 100 000 Mark vereinbaren, dann bekommen Sie 95 000 Mark ausgezahlt, das Damnum beträgt also 5000 Mark. Ist der Zins auf fünf Jahre festgeschrieben, verteilt sich das Disagio mit je einem Prozent oder je 1000 Mark auf die einzelnen Jahre. Danach muß in aller Regel mit dem Kreditgeber ein neues Damnum vereinbart werden. Wenn sich das gleiche Disagio von 5000 Mark auf zehn Jahre verteilt, kostet Sie das rein rechnerisch nur die Hälfte. Am günstigsten ist es also, sich auf eine möglichst lange Periode festzulegen, am besten bis zur völligen Rückzahlung des Kredits, auch wenn dieser teurer ist als ein Kurzläufer. Aus dem Umkehrschluß läßt sich eine Warnung ableiten: Nehmen Sie niemals ein Disagio in Anspruch, wenn Sie, aus welchen Gründen auch immer, variable Zinsen vereinbaren. Solche Zinsen kann das geldgebende Institut rein theoretisch von heute auf morgen erhöhen. Im Extremfall müßten Sie das gesamte Disagio auf nur einen Tag verteilen, es wäre also praktisch nichts wert.

Der Abschlag vom Nominalbetrag Ihres Baudarlehens mindert die Summe, die Ihnen als Fremdkapital zu Bau oder Kauf fehlt. Um diese Differenz auszugleichen, können Sie natürlich diesen Nominalbetrag erhöhen und zum Beispiel statt der benötigten 100 000 Mark einen Kredit von 105 000 Mark mit einem Disagio von fünf Prozent aufnehmen. Sie bekämen dann 99 750 Mark, also praktisch die benötigte Summe, ausgezahlt, der Nominalzins wäre in diesem Fall um rund 0,75 Prozent niedriger, der Effektivzins (siehe nächstes Kapitel) gleich und die Laufzeit um fast fünf

Monate länger als bei einem mit hundert Prozent ausgezahlten Kredit.

Um die Lücke zwischen benötigter und ausgezahlter
Summe zu schließen, wird häufig das Instrument der Tilgungsstreckung eingesetzt. Trotz Disagio wird bei einem
solchen Tilgungsstreckungsdarlehen die Kreditsumme zu
hundert Prozent ausgezahlt. Der Betrag in Höhe des Disagios wird nunmehr als erster getilgt. Erst wenn diese
Zusatzschuld abgetragen ist, setzt die Tilgung des Haupt-
darlehens ein. Weil ein Tilgungsstreckungsdarlehen in aller
Regel teurer ist als ein normaler Baukredit, zahlt der Hypo-
thekenschuldner nicht nur mehr, sondern auch länger ab.
Er wird doppelt zur Kasse gebeten. Tilgungsstreckungsdarlehen werden von den Kreditinstituten oft auch vorgeschla-
gen, wenn Bauherrn oder Immobilienkäufer sich finanziell
übernommen haben und mit ihren Ratenzahlungen in
Rückstand geraten sind. Solche Darlehen helfen zwar aus
einer vorübergehenden Klemme, doch sollte nicht übersehen werden, daß sie letztlich die Gesamtkosten des Kredits in die Höhe treiben.

Wer Haus oder Eigentumswohnung vermietet, dem stellt
sich die Frage, ob er aus steuerlichen Gründen ein Disagio in
Anspruch nehmen soll oder nicht. Denn bei vermieteten
Objekten sind die Zinsen als Werbungskosten abzugsfähig,
im günstigsten Fall zahlt also das Finanzamt dem Hausherrn mehr als die Hälfte der Belastung. Bei eigengenutzten
Objekten ist die Rechnung schwieriger. Hier gilt es abzuwägen, was mehr bringt: die Steuerentlastung zu Beginn der
Eigennutzug oder eine verkürzte Rückzahlung, wenn nämlich auf das Disagio verzichtet wird. Mit Hilfe der Tabellen
auf den Seiten 34 und 57 ist eine überschlägige Rechnung
möglich. Sind Sie unsicher, hilft Ihnen Ihr Steuerberater
weiter. Als Faustregel sei angemerkt: In aller Regel lohnt
die Inanspruchnahme eines hohen Disagios, wenn sich der
Bauherr oder Immobilienkäufer einen Spitzensteuersatz
von 40 Prozent oder mehr ausrechnen kann.

Lassen Sie sich nicht vom Effektivzins blenden

Lange haben sich Verbraucherschutz und Fachjournalisten
dafür stark gemacht. Im September 1985 war es dann
soweit: Die Anbieter von Krediten – Banken, Versicherungen und Bausparkassen – müssen seither ihren Kunden
sagen, wieviel Zinsen ihre Kredite wirklich kosten. In der
Preisabgabenverordnung schränkte der Staat die Zahlen-
spielereien stark ein, derer sich die Kreditgeber bis dahin
gern bedienten, um die wahren Werte zu verschleiern und
ihre Darlehen unvergleichbar zu machen.
Seit 1985 gilt der Effektivzins als gemeinsamer Nenner. Es
ist der vom Kreditgeber verlangte Nominalzins, der durch
eine Reihe von anderen Aufwendungen angereichert wird.
Zwar müssen die Anbieter diesen »effektiven Jahreszins«
ohne Aufforderung nennen, doch ist es für Sie als potentiellen Kreditnehmer interessant zu erfahren, was alles zum
Nominalzins zugerechnet werden muß, ehe er vergleichbar
wird. Interessant ist freilich auch, welche Kosten *nicht* im
Effektivzins enthalten sein müssen: Dabei nämlich hat der
Gesetzgeber den Kreditinstituten reichlich Manövrier-, ja
Manipuliermasse gelassen.
Zunächst jedoch zu den Faktoren, die den effektiven Jahres-
zins bilden. Es sind dies unter anderen:

○ das Disagio
○ eine Bearbeitungsgebühr
○ eventuelle Vermittlungsprovisionen
○ die Art der Zinsverrechnung und
○ die Art der Tilgungsverrechnung

Wird das Disagio nicht auf die volle Laufzeit des Darlehens
verteilt, sondern – wie in den allermeisten Fällen – auf fünf,
zehn oder 15 Jahre, dann spricht der Fachmann vom »anfänglichen, effektiven Jahreszins«.
Die Bearbeitungsgebühr von einem halben bis zu zwei

Prozent der Kreditsumme ist aus den Baudarlehen der
Sparkassen, Hypothekenbanken und Bausparkassen nicht
wegzudenken. Sie wird meist wie das Disagio von der
Kreditsumme abgezogen. Ob ein Geldgeber dabei kräftig
zulangt oder eher moderat handelt, läßt sich leicht feststellen: Wird das Bearbeitungsentgelt nur einmal erhoben,
kann es auf die gesamte Laufzeit des Kredits verteilt werden
– die moderate Form. Gelegentlich verlangt aber das eine
oder andere Institut eine neuerliche Bearbeitungsgebühr,
wenn nach Ablauf der Zinsbindung neue Konditionen vereinbart werden müssen. Wenn Ihnen solch ein Angebot
unterkommt, versuchen Sie es unter Hinweis auf andere
Institute abzuwenden. Fruchtet Ihr Einwand nichts, sollten
Sie zu einem anderen Finanzier wechseln.
Der Effektivzins wird erheblich von der Zins- und Tilgungsverrechnung der Institute beeinflußt. In der Baufinanzierung werden die Raten meist vierteljährlich, gelegentlich
auch monatlich oder halbjährlich an die Institute überwiesen. Bis vor kurzem war es üblich, die eingegangenen
Tilgungsraten erst am Jahresende zu verrechnen.
Neuerdings sind viele Hypothekenbanken von derlei Ter-
minmanipulationen abgekommen und verbuchen die Geld-
eingänge, zumindest bei neu abgeschlossenen Verträgen,
korrekt. Für diese Neukunden hat sich freilich nichts geändert: Sie zahlen dafür höhere Nominalzinsen.
Gang und gäbe ist die kundenunfreundliche Wertstellungs-
praxis noch bei den meisten Bausparkassen. Allerdings
wackelt die Verteidigungsposition der Kassen bereits beträchtlich. Selbst die eigenen Reihen sind nicht fest geschlossen: Das Beamtenheimstättenwerk, das seine Sparer
in letzter Zeit durch lange Wartezeiten in der Ansparphase
strapaziert, entschädigt sie – zum Teil wenigstens – in der
Tilgungsphase durch monatliche Verrechnung der einge-
henden Raten.
Mitte November 1988 hat sich der Bundesgerichtshof auf
die Seite der Kreditnehmer geschlagen und festgestellt, daß

die Kunden der Banken, Sparkassen und Bausparkassen
über diese Zusammenhänge im unklaren gelassen worden
seien und alle Verträge, die vor dem 1. April 1977 geschlossen wurden, dem Tag als ein Gesetz über Allgemeine
Geschäftsbedingungen in Kraft trat, anfechtbar seien.

Gleichwohl sind die Darlehen regelmäßig zu bedienen – bei
den Bausparkassen monatlich. Bei Verzug werfen die Computer automatisch Mahnschreiben aus. Ganz pfiffige Sparer
umgehen die Mahnung allerdings mit einem Trick: Ganz
am Anfang der Tilgungsphase, zum Beispiel im tilgungsfreien Monat, der der Auszahlung des Darlehens folgt,
werden auf einen Schlag zwei oder drei Monatsraten eingezahlt. Damit schaffen sich diese Bauherrn ein Polster. Alle
anderen Tilgungsraten werden dann zu vierteljährlichen
Raten zusammengefaßt und am Quartalsende gezahlt. Das
Polster verhindert in diesem Fall die automatische Mahnung durch die Bausparkasse. Durch diese Einzahlungs-
technik sinkt der Effektivzins des Darlehens, und die Kasse
verliert einiges von ihrem Wertstellungsgewinn.

Die Bausparkassen langen aber nicht nur bei Tilgungsverrechnung zu, sondern auch in der Sparphase. Auch hier
liegen die brav überwiesenen Monatsraten bei den meisten
Kassen einige Zeit herum, bevor sie für den Sparer Zinsen
bringen. Die meisten privaten Bausparkassen lassen die Verzinsung der Sparbeiträge zum Beginn des folgenden Quartals
anfangen, die meisten öffentlichen Bausparkassen warten
den Beginn des nächsten oder übernächsten Monats ab.

Die Bausparer, denen durch diese Praxis im Verlauf eines
Vertragslebens viel Geld verlorengeht, können aber auch
hier gegensteuern und ihre Verluste begrenzen. Das ein-
fachste Mittel: Die monatlichen Raten werden zunächst auf
ein Sparbuch gezahlt und von dort zum optimalen Einzah-
lungstermin an die Bausparkasse weitergeleitet. Bei den
meisten privaten Kassen heißt das Einzahlung zum Quartalsende, bei den meisten öffentlichen Kassen Einzahlung
zum 14. eines jeden Monats.

Ganz abgesehen von dieser Zahlungstaktik gibt es für neue
Bausparverträge immer noch die Möglichkeit, direkt zu
einer Kasse zu gehen, die die Guthaben taggenau verzinst.
Es trifft sich gut, wenn diese Kasse – wie im Fall der Debeka
in Koblenz – auch noch annehmbare Wartezeiten zu bieten
hat.
Wer den Angaben der Finanzierungsanbieter mißtraut,
kann den Effektivzins mit einer einfachen Formel nachrech-
nen. Allerdings: Exakte Werte kommen dabei nicht heraus.
Eher ist diese Formel geeignet, Annäherungswerte zu berechnen, wenn gerade keine Tabelle zur Hand ist. Die
Formel lautet:

$$\frac{Z \times 100}{A} + \frac{(100-A) \times 100}{L \times A} = E$$

dabei bedeutet:
Z = Nominalzins
A = Auszahlungskurs
L = Laufzeit in Jahren
E = Effektivzins

Einfacher freilich ist es, in einer Tabelle nachzuschlagen.
Die auf den Seiten 69 bis 71 in der Übersicht genannten
Effektivzinsen berücksichtigen, daß viele Kreditgeber
– durch das genannte BGH-Urteil dazu ermutigt – dazu
übergegangen sind, Zinsen und Tilgungsraten nicht erst am
Jahresende zu verrechnen, wie bis 1986 üblich, sondern
direkt nach der Zins- und Tilgungszahlung – in unserem
Fall vierteljährlich. Den Tabellen liegt eine Tilgung von
einem Prozent zugrunde. Für Experten: Die Berechnung
der Zinsen erfolgt aus Kapitalsaldo am Vierteljahresanfang
für drei Monate; Belastung der Zinsen am Vierteljahre-
sende. Die Zahlung der Annuität erfolgt jeweils am Viertel-
jahresende.
Wertstellungsgewinne der geschilderten Art, also die ver-
schleppte Buchung zuungunsten der Kunden gehen immer-

Tabelle 6a – **Effektivzinsen – Festzins für fünf Jahre**

Auszahl.-kurs in %	Nominalzinssatz in %							
	4,5	5,0	5,5	6,0	6,5	7,0	7,5	8,0
90,00	7,18	7,75	8,33	8,91	9,49	10,08	10,67	11,26
90,25	7,11	7,68	8,26	8,84	9,42	10,00	10,59	11,18
90,50	7,05	7,61	8,19	8,76	9,34	9,93	10,51	11,10
90,75	6,98	7,55	8,12	8,69	9,27	9,85	10,44	11,03
91,00	6,91	7,48	8,05	8,62	9,20	9,78	10,36	10,95
91,25	6,84	7,41	7,98	8,55	9,12	9,70	10,29	10,87
91,50	6,77	7,34	7,91	8,48	9,05	9,63	10,21	10,79
91,75	6,71	7,27	7,84	8,41	8,98	9,55	10,13	10,72
92,00	6,64	7,20	7,77	8,33	8,91	9,48	10,06	10,64
92,25	6,57	7,13	7,70	8,26	8,83	9,41	9,99	10,57
92,50	6,51	7,06	7,63	8,19	8,76	9,33	9,91	10,49
92,75	6,44	7,00	7,56	8,12	8,69	9,26	9,84	10,41
93,00	6,37	6,93	7,49	8,05	8,62	9,19	9,76	10,34
93,25	6,31	6,86	7,42	7,98	8,55	9,12	9,69	10,26
93,50	6,24	6,80	7,35	7,91	8,48	9,05	9,62	10,19
93,75	6,18	6,73	7,29	7,85	8,41	8,97	9,54	10,12
94,00	6,11	6,66	7,22	7,78	8,34	8,90	9,47	10,04
94,25	6,05	6,60	7,15	7,71	8,27	8,83	9,40	9,97
94,50	5,98	6,53	7,08	7,64	8,20	8,76	9,33	9,90
94,75	5,92	6,46	7,02	7,57	8,13	8,69	9,25	9,82
95,00	5,85	6,40	6,95	7,50	8,06	8,62	9,18	9,75
95,25	5,79	6,33	6,88	7,44	7,99	8,55	9,11	9,68
95,50	5,72	6,27	6,82	7,37	7,92	8,48	9,04	9,60
95,75	5,66	6,20	6,75	7,30	7,85	8,41	8,97	9,53
96,00	5,60	6,14	6,69	7,23	7,79	8,34	8,90	9,46
96,25	5,53	6,08	6,62	7,17	7,72	8,27	8,83	9,39
96,50	5,47	6,01	6,55	7,10	7,65	8,20	8,76	9,32
96,75	5,41	5,95	6,49	7,04	7,58	8,13	8,69	9,25
97,00	5,35	5,88	6,42	6,97	7,52	8,07	8,62	9,18
97,25	5,28	5,82	6,36	6,90	7,45	8,00	8,55	9,11
97,50	5,22	5,76	6,30	6,84	7,38	7,93	8,48	9,04
97,75	5,16	5,69	6,23	6,77	7,32	7,86	8,41	8,97
98,00	5,10	5,63	6,17	6,71	7,25	7,80	8,34	8,90
98,25	5,04	5,57	6,10	6,64	7,18	7,73	8,28	8,83
98,50	4,97	5,51	6,04	6,58	7,12	7,66	8,21	8,76
98,75	4,91	5,44	5,98	6,51	7,05	7,60	8,14	8,69
99,00	4,85	5,38	5,91	6,45	6,99	7,53	8,07	8,62
99,25	4,79	5,32	5,85	6,39	6,92	7,46	8,01	8,55
99,50	4,73	5,26	5,79	6,32	6,86	7,40	7,94	8,48
99,75	4,67	5,20	5,73	6,26	6,79	7,33	7,87	8,42
100,00	4,61	5,14	5,66	6,20	6,73	7,27	7,81	8,35

Tabelle 6b – Effektivzinsen – Festzins für zehn Jahre

Auszahl.-kurs in %	Nominalzinssatz in %							
	4,5	5,0	5,5	6,0	6,5	7,0	7,5	8,0
90,00	6,08	6,65	7,23	7,81	8,39	8,97	9,56	10,15
90,25	6,04	6,61	7,19	7,76	8,34	8,93	9,51	10,11
90,50	6,00	6,57	7,14	7,72	8,30	8,88	9,47	10,06
90,75	5,97	6,53	7,10	7,68	8,25	8,84	9,42	10,01
91,00	5,93	6,49	7,06	7,63	8,21	8,79	9,37	9,96
91,25	5,89	6,45	7,02	7,59	8,17	8,74	9,33	9,91
91,50	5,85	6,41	6,98	7,55	8,12	8,70	9,28	9,87
91,75	5,81	6,37	6,94	7,51	8,08	8,65	9,23	9,82
92,00	5,77	6,33	6,90	7,46	8,04	8,61	9,19	9,77
92,25	5,73	6,29	6,86	7,42	7,99	8,57	9,14	9,72
92,50	5,70	6,25	6,82	7,38	7,95	8,52	9,10	9,68
92,75	5,66	6,21	6,78	7,34	7,91	8,48	9,05	9,63
93,00	5,62	6,18	6,73	7,30	7,86	8,43	9,01	9,58
93,25	5,58	6,14	6,69	7,26	7,82	8,39	8,96	9,54
93,50	5,54	6,10	6,65	7,22	7,78	8,35	8,92	9,49
93,75	5,51	6,06	6,62	7,17	7,74	8,30	8,87	9,45
94,00	5,47	6,02	6,58	7,13	7,69	8,26	8,83	9,40
94,25	5,43	5,98	6,54	7,09	7,65	8,22	8,78	9,35
94,50	5,40	5,94	6,50	7,05	7,61	8,17	8,74	9,31
94,75	5,36	5,91	6,46	7,01	7,57	8,13	8,70	9,26
95,00	5,32	5,87	6,42	6,97	7,53	8,09	8,65	9,22
95,25	5,29	5,83	6,38	6,93	7,49	8,05	8,61	9,17
95,50	5,25	5,79	6,34	6,89	7,45	8,00	8,56	9,13
95,75	5,21	5,76	6,30	6,85	7,40	7,96	8,52	9,08
96,00	5,18	5,72	6,26	6,81	7,36	7,92	8,48	9,04
96,25	5,14	5,68	6,23	6,77	7,32	7,88	8,43	8,99
96,50	5,10	5,64	6,19	6,73	7,28	7,84	8,39	8,95
96,75	5,07	5,61	6,15	6,69	7,24	7,79	8,35	8,91
97,00	5,03	5,57	6,11	6,66	7,20	7,75	8,31	8,86
97,25	5,00	5,53	6,07	6,62	7,16	7,71	8,26	8,82
97,50	4,96	5,50	6,04	6,58	7,12	7,67	8,22	8,78
97,75	4,93	5,46	6,00	6,54	7,08	7,63	8,18	8,73
98,00	4,89	5,42	5,96	6,50	7,04	7,59	8,14	8,69
98,25	4,85	5,39	5,92	6,46	7,00	7,55	8,10	8,65
98,50	4,82	5,35	5,89	6,42	6,96	7,51	8,05	8,60
98,75	4,78	5,32	5,85	6,39	6,93	7,47	8,01	8,56
99,00	4,75	5,28	5,81	6,35	6,89	7,43	7,97	8,52
99,25	4,71	5,24	5,78	6,31	6,85	7,39	7,93	8,48
99,50	4,68	5,21	5,74	6,27	6,81	7,35	7,89	8,43
99,75	4,65	5,17	5,70	6,23	6,77	7,31	7,85	8,39
100,00	4,61	5,14	5,67	6,20	6,73	7,27	7,81	8,35

Tab. 6c – **Effektivzinsen – Festzins für volle Laufzeit**

Auszahl.-kurs in %	Nominalzinssatz in %							
	4,5	5,0	5,5	6,0	6,5	7,0	7,5	8,0
90,00	5,44	6,04	6,64	7,24	7,84	8,45	9,06	9,67
90,25	5,42	6,01	6,61	7,21	7,81	8,42	9,03	9,64
90,50	5,40	5,99	6,58	7,18	7,78	8,39	8,99	9,60
90,75	5,38	5,97	6,56	7,15	7,75	8,35	8,96	9,57
91,00	5,36	5,94	6,53	7,13	7,72	8,32	8,93	9,53
91,25	5,33	5,92	6,51	7,10	7,69	8,29	8,89	9,50
91,50	5,31	5,89	6,48	7,07	7,66	8,26	8,86	9,46
91,75	5,29	5,87	6,46	7,04	7,63	8,23	8,83	9,43
92,00	5,27	5,85	6,43	7,02	7,61	8,20	8,79	9,39
92,25	5,25	5,82	6,41	6,99	7,58	8,17	8,76	9,36
92,50	5,22	5,80	6,38	6,96	7,55	8,14	8,73	9,32
92,75	5,20	5,78	6,36	6,94	7,52	8,11	8,70	9,29
93,00	5,18	5,75	6,33	6,91	7,49	8,08	8,67	9,26
93,25	5,16	5,73	6,31	6,88	7,46	8,05	8,63	9,22
93,50	5,14	5,71	6,28	6,86	7,43	8,02	8,60	9,19
93,75	5,12	5,69	6,26	6,83	7,41	7,99	8,57	9,16
94,00	5,10	5,66	6,23	6,80	7,38	7,96	8,54	9,12
94,25	5,08	5,64	6,21	6,78	7,35	7,93	8,51	9,09
94,50	5,06	5,62	6,18	6,75	7,32	7,90	8,48	9,06
94,75	5,04	5,60	6,16	6,73	7,30	7,87	8,44	9,02
95,00	5,01	5,57	6,14	6,70	7,27	7,84	8,41	8,99
95,25	4,99	5,55	6,11	6,67	7,24	7,81	8,38	8,96
95,50	4,97	5,53	6,09	6,65	7,21	7,78	8,35	8,93
95,75	4,95	5,51	6,06	6,62	7,19	7,75	8,32	8,89
96,00	4,93	5,49	6,04	6,60	7,16	7,72	8,29	8,86
96,25	4,91	5,46	6,02	6,57	7,13	7,70	8,26	8,83
96,50	4,89	5,44	5,99	6,55	7,11	7,67	8,23	8,80
96,75	4,87	5,42	5,97	6,52	7,08	7,64	8,20	8,77
97,00	4,85	5,40	5,95	6,50	7,05	7,61	8,17	8,73
97,25	4,83	5,38	5,92	6,47	7,03	7,58	8,14	8,70
97,50	4,81	5,36	5,90	6,45	7,00	7,55	8,11	8,67
97,75	4,79	5,33	5,88	6,42	6,97	7,53	8,08	8,64
98,00	4,77	5,31	5,86	6,40	6,95	7,50	8,05	8,61
98,25	4,75	5,29	5,83	6,38	6,92	7,47	8,02	8,58
98,50	4,73	5,27	5,81	6,35	6,90	7,44	8,00	8,55
98,75	4,72	5,25	5,79	6,33	6,87	7,42	7,97	8,52
99,00	4,70	5,23	5,77	6,30	6,85	7,39	7,94	8,49
99,25	4,68	5,21	5,74	6,28	6,82	7,36	7,91	8,46
99,50	4,66	5,19	5,72	6,26	6,79	7,34	7,88	8,43
99,75	4,64	5,17	5,70	6,23	6,77	7,31	7,85	8,40
100,00	4,62	5,15	5,68	6,21	6,74	7,28	7,82	8,37

hin in den effektiven Jahreszins ein. Versteckt hingegen
werden andere Kosten. Obwohl bei der Berechnung des
Effektivzinses jede einzelne Mark berücksichtigt werden
müßte, die der Kunde bezahlt, bleiben bei der Kalkulation
nach der Preisangabenverordnung viele wichtige Kostenbe-
standteile eines Kredits außen vor. In die vom Gesetzgeber
verschonten Konto- und Schätzgebühren, in Bereitstellungszinsen und Teilzahlungs-Zinsaufschläge wird soviel
wie möglich reingepackt.

Auf die Restschuld kommt es an

Negative Überraschungen bei der Suche nach der richtigen
Geldquelle lassen sich aber vermeiden. Je konkreter der
Kreditsuchende die Finanziers befragt, um so eher findet er
das günstigste Angebot. Eine einfache Methode hilft, solchen Spielereien mit dem Effektivzins zu entgehen. Tatsächlich vergleichbar sind nämlich alle Finanzierungsangebote nur über die sogenannte Restschuld. Denn keine Bank
schafft es, die Kosten über das Ende der Zinsbindung hinaus
in irgendwelchen Gebühren zu verstecken. Bei verschiedenen Angeboten mit gleicher Monatsbelastung ist das mit
der kleinsten Restschuld das günstigste.
Daraus folgt für Kreditinteressenten: Lassen Sie sich stets
die Restschuld nach Ablauf der Zinsbindungsfrist nennen.
Für die Kreditinstitute sind diese Angaben leicht zu erstellen. Ein Knopfdruck genügt, und der Computer druckt die
entsprechenden Zahlenreihen aus. Allerdings: Die Geldgeber sind nicht verpflichtet, die Höhe der Restschuld am
Ende der Laufzeit zu nennen. Wer sich weigert, gerät
freilich in den Verdacht, kein redliches Angebot abzugeben.
Im übrigen: Wundern Sie sich nicht, wenn die Restschuld
Ihres Baudarlehens selbst nach vielen Jahren noch überra-
schend hoch ist. Das hängt damit zusammen, daß zu Beginn
der Laufzeit ein hoher Kreditbetrag zu verzinsen ist. Mit

ständig geringer werdender Zinslast beschleunigt sich die
Tilgung, die letzte Rate enthält praktisch keine Zinskompo-
nente mehr. Die nachstehende Tabelle zeigt die Restschuld
eines Darlehens von 100000 Mark nach zehn Jahren.

Hypothekenzins in Prozent	Restschuld in Mark bei	
	einem Prozent Tilgung	zwei Prozent Tilgung
4	87994	75988
4,5	87712	75424
5	87422	74844
5,5	87125	74249
6	86819	73638
6,5	86506	73011
7	86184	72367
7,5	85853	71706
8	85513	71027
8,5	85165	70330
9	84806	69515

Erst nach 20 Jahren ist rund ein Drittel des mit einem
Prozent getilgten Baudarlehens zurückgezahlt, die Hälfte
des Baukredits ist vom Schuldner abgetragen, wenn er etwa
24 Jahre lang die Raten an seinen Geldgeber überwiesen
hat.

Licht und Schatten des Bauspardarlehns

Für Generationen von Bauherrn und Immobilienkäufern
gehörte ein Darlehen von der Bausparkasse zum unver-
zichtbaren, wenn nicht gar tragenden Bestandteil ihrer
Finanzierung. Und auch heute noch gilt der Abschluß eines

Bausparvertrags im Bewußtsein der breiten Öffentlichkeit gemeinhin als der erste Schritt zum eigenen Heim. In ihrer jährlich mit hohem Millionenaufwand betriebenen Werbung erfahren die Bausparkassen kostenlose Hilfe von Oscar Schneider, dem Bonner Minister für Raumordnung, Bauwesen und Städtebau. Als »Hauptstraße der Baufinanzierung« feiert der Bundesrepublik oberster Bauherr das Bausparen.

Zweifellos ist der Bausparkredit eine der kräftigen Säulen der Baufinanzierung. Ebenso zweifelsfrei ist, daß mit den seit Januar 1987 geltenden Steuergesetzen das Ansparen von Eigenkapital Vorrang vor hoher Verschuldung hat, denn Schuldzinsen sind zumindest beim Zweifamilienhaus hinfort nur begrenzt absetzbar. Wichtig ist auch, daß künftig niemand mehr das Wohnen in den eigenen vier Wänden versteuern muß, was das eigene Haus als Alterssicherung noch attraktiver als bisher macht.

Bis Ende 1986 unterlag nämlich das selbstgenutzte Eigenheim der Einkommensteuer, wenn einem Wert von 1,4 Prozent des Einheitswerts keine Zinszahlungen in entsprechender Höhe mehr gegenüberstanden. Das hat sich jetzt zugunsten der Altbesitzer geändert.

Das Bausparen sammelt noch weitere Pluspunkte: Wer als Junggeselle 24 000 Mark und als Ehepaar 48 000 Mark im Jahr versteuert – ab 1990 gelten höhere Einkommensgrenzen –, hat Anspruch auf geldwerte Staatsprämien. Allerdings sind diese Wohltaten des Staates mit den Jahren immer geringer geworden, und die Zahl der Anspruchsberechtigten ist bei steigenden Löhnen und Gehältern auf nur noch wenige Privilegierte zusammengeschrumpft.

Ein weiterer Pluspunkt des Bausparens sollte nicht verschwiegen werden: Die Bausparkassen finanzieren bis zu 80 Prozent der Baukosten oder des Kaufpreises und begnügen sich dabei mit der letzten Rangstelle im Grundbuch.

Das alles sind gute Argumente für planmäßiges Ansparen des Eigenkapitals auf einem Bausparkonto.

Eine Relativierung dieser Vorteile ist freilich angebracht. Nach jahrzehntelangem, durch großzügige staatliche Subventionen gefördertem Wachstum zeigen sich immer deutlicher die natürlichen Grenzen eines in sich geschlossenen Finanzierungssystems, bei dem nominal billige Baudarlehen nur erhält, wer zuvor über lange Zeit Sparfleiß und Zinsverzicht geübt hat. Der Geldzufluß in diese kollektiven Finanzierungstöpfe vermag schon seit geraumer Zeit kaum mehr mit den gewachsenen Finanzierungsverpflichtungen aus noch nicht zugeteilten Verträgen Schritt zu halten, auch wenn in den letzten Monaten des Jahres 1988 eine leichte Entspannung zu registrieren war. Gleichwohl sehen sich die meisten Institute gezwungen, ihren Kunden lange Geduldsproben zuzumuten, bis Guthaben und Bauspardarlehen endlich ausgezahlt werden. Von der Verlängerung der Wartezeiten sind zumindest all die Bausparer betroffen, die nicht genügend Langmut aufbringen können, mehrere Jahre lang regelmäßig ihre Spargroschen an die Kassen zu überweisen. Für all jene, die das Geld schon vorher für ein konkretes Bauvorhaben benötigen, wird die Crux des Systems schlagartig deutlich. Im Gegensatz zu den Hypotheken von Banken und Sparkassen steht das Bauspardarlehen den Bauherrn oder Käufern nicht dann zur Verfügung, wenn sie es benötigen, sondern meist erst, wenn die Kassen aufgrund ihrer Liquidität in der Lage sind, es auszuzahlen.

Damit Sie die Vor- und Nachteile eines Bauspardarlehens richtig werten, wollen wir Ihnen das System etwas näher erläutern. Der ursprüngliche Zweck eines Bausparvertrags war es, ein unkündbares, nachrangig zu sicherndes Baudarlehen zu bekommen. Heute kann das Bausparen aber zusätzlich auch eine interessante Variante der Vermögensbildung sein.

Gehen wir aber der Reihe nach vor: Zweifellos ist das Bausparen die konsequenteste Methode, sich das Eigenkapital zusammenzusparen, das zum Bauen oder zum Immobilienkauf unbedingt nötig ist; denn an das eingezahlte Geld kommt der Sparer nicht so ohne weiteres wieder heran, es sei denn, er löst den Vertrag auf und verzichtet auf die steuerlichen Vorteile oder die Prämienvergünstigungen (siehe Seite 77). Aber selbst diese Aussage gilt nur unter Vorbehalt. Das BHW hat es vorgemacht, andere Kassen haben es nachvollzogen: Es gibt Bauspartarife, bei denen der Kunde in einem bestimmten Rahmen Teile des Kontoguthabens abheben und darüber frei verfügen kann. Diese Aufweichung des ursprünglich klaren Konzepts zeigt deutlich, unter welchen finanziellen Druck die einzelnen Bausparkassen geraten sind. Sie brauchen das Geld neuer Kunden dringend, um die langen Wartezeiten nicht noch weiter ausufern zu lassen.

Vereinfacht ausgedrückt gibt es drei Angebote der Bausparkassen: den Standard-, den Schnell- und den Langzeittarif. Beim Standardtarif kostet die Abschlußgebühr ein Prozent der Bausparsumme, bei den Sondertarifen ist es mehr, meist 1,6 Prozent. Diese Abschlußgebühr bekommt der Kunde allerdings wieder erstattet, wenn er später das Bauspardarlehen nicht in Anspruch nimmt und sich sein eingezahltes Kapital einschließlich der aufgelaufenen Zinsen und eventuellen Prämien auszahlen läßt. Zu empfehlen ist dies allerdings nur, wenn die Bindungsfrist von sieben Jahren abgelaufen ist. Denn erst nach dieser Zeit kann der Sparer über sein Bausparguthaben frei verfügen, ohne die ihm zugeflossenen Prämien, Zulagen oder Steuervorteile einzubüßen. Das freilich ist bei den meisten Kassen reine Theorie, denn zwischen Vertragsabschluß und Zuteilung liegen beim Standardtarif längere Wartefristen.

Auf die vereinbarte Bausparsumme hat der Sparer in aller Regel 40 Prozent anzusparen, bei manchen Tarifen – so bei den Schnell- und Langzeittarifen – sind 50 Prozent als Mindestsparsumme vorgeschrieben. Diese Mindestsummen können sofort eingezahlt werden oder in gleichen oder

ungleichen monatlichen, vierteljährlichen oder gar halb-
jährlichen Raten. Wer den üblichen Regelsparbeitrag von
vier Promille der Bausparsumme monatlich einzahlt,
braucht, unter Berücksichtigung der Zinsen, rund siebeneinhalb Jahre, um 40 Prozent Mindestsparsumme zu erreichen.

Wann Bausparen als Geldanlage lohnt

Die Sparguthaben werden, je nach Tarif, mit 2,5 Prozent,
drei Prozent oder bis zu 4,5 Prozent pro Jahr verzinst. Die
niedrigen Zinsen von 2,5 und drei Prozent gehören zum
Standardtarif. Sie können selbst unter Anlagegesichts-
punkten interessant sein, wenn nämlich Anspruch auf
Wohnungsbauprämie besteht und der Sparer als Arbeitnehmer Sparzulagen bekommt. Die bis einschließlich 1988
zu erzielenden Renditen von bis zu 15 Prozent sind freilich
jetzt nicht mehr möglich.
Für Renditenjäger gilt es, ab 1990 eine neue Rechnung
aufzumachen. Zwei Formen der Förderung sind zu unterscheiden: eine Sparzulage auf die Leistungen nach
dem Vermögensbildungsgesetz und eine Wohnungsbauprämie.
Ab 1990 wurde der begünstigte Höchstbetrag für Einzahlungen auf einen Bausparvertrag nach dem Vermögensbildungsgesetz von 624 Mark auf 936 Mark angehoben. Dazu
zahlt der Staat eine Arbeitnehmer-Sparzulage von zehn
Prozent, im Jahr also 93,60 Mark. Sind beide Ehegatten
Arbeitnehmer, läßt sich der Vorteil zweimal nutzen.
Zahlt der Arbeitgeber weniger als 936 Mark im Jahr, kann
der Höchstbetrag aus der eigenen Tasche bis zur erlaubten
Grenze aufgestockt werden.
Gekürzt hat der Staat die Wohnungsbauprämie, die bis
Ende 1988 noch 14 Prozent betrug. Seit 1989 gibt es nur
noch zehn Prozent für Einzahlungen auf den Bausparver-

trag von jährlich bis zu 1600 Mark (Verheiratete) bzw. 800
Mark (Alleinstehende).

Für Wohnungsprämie und Sparzulage gelten ab 1990
höhere Einkommensgrenzen. Bis Ende 1989 bekam die
Vorteile des Staates nur zu spüren, wer als Alleinstehender
bis zu 24000 Mark und als Verheirateter 48000 Mark als
zu versteuerndes Einkommen vorzuweisen hatte. Hinzu
kamen aber 1800 Mark je Kind. Das Kindergeld gibt es
nicht mehr, doch wurden die Einkommensgrenzen ab 1990
auf 27000 Mark bzw. 54000 Mark angehoben. Zusammen
mit den durch die Steuerreform erhöhten Freibeträgen
darf der berechtigte Bausparer freilich brutto mehr verdienen, als dies die Obergrenzen signalisieren. Aus 54000
Mark brutto werden mit zwei Kindern leicht 70000 Mark
brutto.

Wer jährlich 936 Mark auf das Bausparkonto überweisen
läßt, kann nach sieben Jahren bei einem Zinssatz von vier
Prozent einschließlich der Sparzulage einen Spargewinn
von 1700 Mark verbuchen. Wer zu viel verdient, dem
drängt sich eine andere Möglichkeit auf: der Rückgriff auf
junge oder ältere Verwandte, die innerhalb der Einkommensgrenzen verdienen. Dann läßt sich aus dem Bausparkonto immer noch ein Vorteil ziehen. Denn Übertragungen
von Verträgen auf Verwandte sind prämien- und steuerfrei.
Eine andere Möglichkeit, die tristen Zinsen ein wenig auf-
zubessern ist, die Bausparbeiträge als beschränkt abzugsfä-
hige Sonderausgaben steuerlich geltend zu machen. Allerdings: Nur die wenigsten dürften in ihren Sonderausgaben,
die nach oben begrenzt sind, nicht an die Grenzen gestoßen
sein.

Hohe Tilgungsraten belasten Ihre Liquidität

Es liegt am System: Je mehr Sie über das Mindestsoll von
40 oder 50 Prozent hinaus ansparen (beachten Sie dabei
auch Ihre Zinsgutschriften), um so weniger Bauspardarlehen haben Sie zu erwarten. Denn Darlehen und Sparguthaben zusammen dürfen nicht höher sein als die Bausparsumme. Wenn Sie also das geforderte Ansparguthaben
erreicht haben, stoppen Sie weitere Zahlungen und schließen Sie lieber einen weiteren Bausparvertrag ab.
Im Regelfall ist es so, daß das Bauspardarlehen noch nicht
zur Verfügung steht, wenn es der Bauherr oder der Käufer
einer Immobilie benötigt. Zu den seltenen Fällen dürfte
gehören, daß ein Sparer die Zuteilung aufschieben muß,
weil er sein Guthaben und das Darlehen nicht für eine
»wohnungswirtschaftliche Maßnahme«, aus welchen
Gründen auch immer, einsetzen kann. In solch einem Fall
bleibt das Geld stehen, und der Sparer muß den Antrag auf
Zuteilung dann stellen, wenn er das Geld braucht.
Ist die Auszahlung des Darlehens erfolgt, sind Zinsen und
Tilgung fällig. Bei den Standardtarifen betragen die Darlehenszinsen vier oder fünf Prozent, bei anderen bis zu sechs
Prozent. Diese Darlehenszinsen richten sich nach dem vor-
her vereinbarten Guthabenzins. Auch bei der Bausparhy-
pothek kann ein Disagio vereinbart werden. Dabei ist in
punkto Abzugsfähigkeit bei der Steuer zu beachten, was in
Kapitel 3 gesagt worden ist: Steuerwirksam ist das
Damnum nur, wenn es vor Einzug in das eigene Domizil
geleistet wird.
Wie die Bankhypothek ist auch das Bauspardarlehen eine
Tilgungshypothek, das heißt, es werden bis zur totalen
Rückzahlung gleichbleibende Raten fällig. Die Raten sind
monatlich zu entrichten. Ein entscheidender Nachteil des
Bauspardarlehens liegt in der hohen Tilgung von rund
sieben Prozent im Jahr. Beim Normaltarif muß der Dar-
lehensnehmer sechs Promille der Bausparsumme – also

nicht der Darlehenssumme – monatlich an die Kasse überweisen. Das bedeutet, daß der Kredit in rund elf Jahren
zurückgezahlt ist. Sondertarife sehen sogar eine noch
schnellere Tilgung von sechs bis sieben Jahren vor. Wer
eine so kurzfristige Rückzahlung akzeptiert, kann allerdings damit rechnen, das Darlehen früher zugeteilt zu
bekommen als jemand, der den Standardtarif gewählt hat.
Andersherum geht es auch: Weil die Bausparkassen ge-
merkt haben, daß die schnelle Tilgung mit hohen monatlichen Rückzahlungsraten im Gefolge so manchen Bauherrn oder Immobilienkäufer abgeschreckt hat, haben sie
Tarife geschaffen, bei denen bei steigenden Raten eine
Tilgung bis zu 16 Jahren möglich ist.
Bevor die Darlehenssumme und das Sparguthaben ausgezahlt werden, berechnen die Bausparkassen noch eine Dar-
lehensgebühr von meist zwei Prozent. Gemeinsam mit
einer Abschlußgebühr und der späteren Verrechnung der
Zinszahlungen steigt der Effektivzins leicht um ein bis
1,5 Prozent über den Nominalzins. Wird ein Disagio vereinbart, ist der Zuschlag noch höher. Auch bei Schnellspar-
tarifen erhöht sich der Effektivzins gegenüber dem Zins für
Standardtarife. Schließlich muß der Darlehensnehmer auch
noch eine sogenannte Restschutzversicherung abschließen;
das ist eine Risikolebensversicherung, deren Gebühren dem
Darlehenskonto belastet werden. Weil dieser Versiche-
rungsschutz nicht in den Effektivzins hineingerechnet wird,
sollten künftige Bauherrn oder Immobilienkäufer wissen,
daß durch die Restschutzversicherung sich das Darlehen um
ein weiteres Prozent pro Jahr verteuert.

Wann es Geld gibt, steht in den Sternen

Neben der raschen Rückzahlung der Darlehen und damit
der sehr hohen, für viele Bauherrn oder Immobilienkäufer
nicht tragbaren monatlichen Raten, ist die Zuteilung der

Darlehen die große Crux der Bausparbranche. Diese Kassen können nur so viel wieder ausleihen, wie sie von ihren Kunden an Raten zurückbekommen und was als Neuzugang an Verträgen gebucht wird. Im Lauf der letzten Jahre sind die Zuteilungsfristen immer länger geworden, die Bausparkunden müssen sich in Geduld üben, ehe sie ihr Darlehen bekommen. Die Zuteilung fließt aus der Zuteilungsmasse, die sich ständig durch neue Bausparbeiträge, durch Zinsen, Prämiengutschriften und Tilgungen verändert. Deshalb legt sich auch keine Kasse fest. Wann der Kunde über ein Darlehen verfügen kann, steht somit in den Sternen.

Allerdings lohnt auch dabei Beharrlichkeit. Bevor Sie einen Bausparvertrag abschließen, sollten Sie sich bei vergleichbaren oder ähnlichen Tarifen über die Zuteilungsfristen aus der jüngsten Vergangenheit informieren. Sie werden dabei feststellen, daß die zeitlichen Unterschiede bis zu zwei Jahren und mehr betragen. Diese Zeitspanne ist gleichbedeutend mit sehr viel Geld, wenn der Bausparvertrag mit teuren Darlehen zwischenfinanziert werden muß.

Wie lang sind nun gegenwärtig die Wartezeiten? Beim Standardtarif beträgt der Regelsparbetrag vier Promille, also 400 Mark im Monat auf 100000 Mark Bausparvertragssumme. Das Guthaben trägt drei Prozent Zinsen im Jahr. Wenn nach etwa siebeneinhalb Jahren das Ansparsoll von 40 Prozent geleistet ist, müssen Sie je nach Kasse noch ein halbes bis zu zwei Jahren warten, bevor Sie über das Darlehen verfügen können.

Bei Schnelltarifen geht es tatsächlich schneller: Wer zwölf Promille pro Monat, also für eine Bausparsumme von 100000 Mark gleich 1200 Mark monatlich, überweist und mit einem Guthabenzins von drei Prozent zufrieden ist, hat das Soll nach gut dreieinhalb Jahren erfüllt. Auch mit der Zuteilung geht es wesentlich schneller. Der Pferdefuß: Das Bauspardarlehen muß innerhalb von sechs Jahren abgetragen sein. Wer es noch eiliger hat, kann den Sparbetrag in einer Summe bei der Bausparkasse einzahlen. Auch wenn die Kasse nur 40 Prozent als Sparleistung erwartet, ist es günstiger, gleich 50 Prozent einzuzahlen, dann geht es mit der Zuteilung recht rasch. Einige Bausparkassen können mit Zuteilungszeiten von knapp drei Jahren ab Vertragsabschluß dienen, bei anderen dauert es allerdings fünf bis sechs Jahre. Diese Termine wird zwar keine Kasse garantieren, doch läßt sich aus den Zuteilungsfristen der jüngsten Vergangenheit auf die nähere Zukunft schließen.

Bausparverträge gibt es, wie nur angedeutet werden konnte, in vielen Varianten. Allen gemeinsam ist aber: Je schneller der Bausparer sein Ziel, nämlich die Zuteilung erreichen will, um so mehr muß er berappen – entweder mit einer hohen Ansparsumme oder in Form höherer Zinsen. Gemeinsam ist allen Tarifen auch die Abhängigkeit zwischen Haben- und Sollzins, also dem Anlage- und dem Darlehenszins. Je niedriger nämlich der Sparzins, um so günstiger ist auch der Zins für das Darlehen.

Der Bausparvertrag als Baustein der Immobilienfinanzierung ist trotz der optisch niedrigen Zinsen für viele Bauherrn und Immobilienkäufer indiskutabel. Wer zum Beispiel bei einer Bausparsumme von 100 000 Mark und einem Bauspardarlehen von 60 000 Mark allein 600 Mark im Monat aufwenden muß, um Zins und Tilgung zu bezahlen, leistet eine Annuitätsrate von zwölf Prozent. Noch schlimmer ist dran, wer mehr als 40 Prozent angespart hat. Er zahlt beispielsweise bei 55 000 Mark Darlehen schon 13 Prozent Annuität. Diese extrem hohen Belastungen lassen bei vielen Kapitalnehmern die Frage aufkommen, ob sie sich ein Bauspardarlehen überhaupt noch leisten können. Da hilft auch der Hinweis wenig, daß der Bauherr oder der Immobilienkäufer bei der sehr raschen Rückzahlung im Endeffekt wesentlich weniger an den Kreditgeber zahlt als etwa bei einer mit einem Prozent zu tilgenden Hypothek. In solchen Fällen verhilft die rund dreißigjährige Laufzeit eines Baudarlehens von Anfang an zu einer erträglichen Monatsbela-

stung. Durch eine mehrjährige Tilgungsaussetzung in der
Startphase kann diese Monatsrate noch weiter gemildert
werden. Sparkassen, Geschäfts- und Hypothekenbanken,
in zunehmendem Maß aber auch Lebensversicherungen
(siehe auch Seite 91), erklären sich heute bereit, auf diese
Weise 80 Prozent der Gesamtkosten eines Objekts mit einer
Hypothek zu finanzieren – vorausgesetzt, der Bauherr oder
Immobilienkäufer erscheint ihnen solvent genug.

Die Bausparkassen wissen um diese entscheidende Schwä-
che ihres Systems. Mit der Vorfinanzierung und mehreren
hintereinandergeschalteten Bausparverträgen wollen sie
die Kunden von den Schaltern der Banken wieder weglok-
ken. Das vermeintliche Nonplusultra entpuppt sich schnell
als gewöhnliche Offerte. Das Prinzip: Mehrere Bausparverträge werden einfach hintereinandergeschaltet und lösen
nach und nach einen Vorfinanzierungskredit ab. Angespart
und getilgt werden diese Verträge einer nach dem anderen,
wie auch mit dem Regelsparbeitrag. Ist der erste Bausparvertrag angespart und das Darlehen ausgezahlt, beginnt die
Sparphase des zweiten Vertrags, und da das Darlehen den
teuren Vorfinanzierunskredit teilweise ablöst, sind die An-
sparraten des zweiten Vertrags – jedenfalls in der Theorie –
auch zu verkraften. In der Praxis ist es allerdings ein wenig
anders: Fragezeichen sind hauptsächlich – wie bei allen
Bausparfinanzierungen – hinter die Wartezeiten zu setzen.
Selbst bei den Standardtarifen wird das erste Darlehen im
günstigsten Fall nach etwa 80 Monaten, im ungünstigsten
erst nach rund 110 Monaten ausgezahlt. (Die meisten
Bausparkassen zahlen heute zwischen dem 90. und dem
98. Monat aus.)

Auch was die Gesamtlaufzeit einer solchen Finanzierung
betrifft, können sich die Bausparkassen kaum rühmen.
Werden zwei Bausparverträge hintereinander geschaltet,
dauert es gut 27 Jahre, bis Haus oder Wohnung bezahlt
sind. Werden drei Bausparverträge hintereinandergeschaltet, verlängert sich die Aktion auf etwa 35 Jahre, und bei

vier Verträgen kommen Bauherr oder Käufer auf die un-
übersichtliche Zeit von rund 43 Jahren. Ein Risiko bilden
auch die Zinsen des Vorfinanzierungskredits, deren Laufzeit sich nicht immer mit dem Zeitraum bis zur Auszahlung
des ersten Bauspardarlehens deckt. Ganz schlimm kann es
für den Bauherrn kommen, wenn variable Zinsen vereinbart werden. Er sollte bedenken: Jeder Prozentpunkt mehr
kostet auf 100 000 Mark Kredit gerechnet im Monat fast
80 Mark. Entgehen kann man solchen unangenehmen
Überraschungen, wenn man die Zinsen für mindestens
zehn Jahre fest vereinbart.

Im März 1987 hat *Capital* den Zahlungsplan eines Angebots
mit zwei hintereinandergeschalteten Bausparverträgen erarbeitet und den Daten einer damals aktuellen Hypotheken-
finanzierung gegenübergestellt. Dabei wurden die Gesamtkosten und die Gesamtlaufzeit einer Baufinanzierung ver-
glichen.

Das Ergebnis zeigte: Zwar liegen die Gesamtkosten bei dem
Bausparkassenangebot unter denen der Bankfinanzierung –
erst recht bei hohen Zinsen. Die Risiken freilich lassen sich
nicht in Mark und Pfennig ausdrücken.

Mit Zwischenkrediten, die ein wenig zinsgünstiger als normale Bankdarlehen sind, versuchen die Bausparkassen den
wachsenden Ärger ihrer Kundschaft wegen der langen
Wartezeiten zu mildern. Diesen Zwischenkredit erhalten die
Bausparer, wenn der späteren Gewährung des Baudarlehens
nichts im Weg steht. Der Zins einer solchen Zwischenfinanzierung kann fest oder variabel vereinbart werden. Die notwendige Eintragung der Grundschuld im Grundbuch ist dann
ebenfalls kein Problem. Bei Bauspardarlehen bis zu 15 000
Mark verzichtet die Bausparkasse in aller Regel auf eine
Eintragung im Grundbuch. Sie begnügt sich mit einer Nega-
tiverklärung, in der sich der Bausparer verpflichtet, seinen
Grundbesitz nicht zusätzlich zu belasten oder zu verkaufen.
Alle Kassen, die Zwischenkredit anbieten, verlangen, daß
40 Prozent der Bausparsumme angespart sind. Sie machen

aber Unterschiede in der Zinshöhe; wo die Bewertungszahl hoch ist, wird es billiger. Wer den Zwischenkredit in Anspruch nimmt, sollte sich von seiner Kasse eine feste Zinszusage bis zur vermutlichen Zuteilung des Darlehens geben lassen.

Der im Vergleich zu Bankkrediten niedrigere Zins kann nicht einen entscheidenden Nachteil der Zwischenfinanzierung von Bauspardarlehen aus der Welt schaffen: Während das sehr knapp verzinsliche Guthaben des Bausparers bei der Kasse so gut wie nichts bringt, muß er die Zinsen auf die gesamte Bausparsumme, also auch auf sein eigenes eingezahltes Geld zahlen. Erst bei der Ablösung der Zwischenfinanzierung durch die Bausparmittel vermindert sich die Zinsbelastung. Weil aber nun die Tilgung hinzutritt, dürfte in den meisten Fällen die Gesamtbelastung eher noch etwas höher werden.

Während bei der Zwischenfinanzierung nur das künftige Darlehen vorfinanziert wird, sind Banken, aber auch die Sparkassen oft bereit, das Geld für die gesamte Bausparsumme, also einschließlich des Ansparguthabens, zu finanzieren. Wer noch keinen Bausparvertrag abgeschlossen hat oder erst wenige Mark auf seinem Konto weiß, kann eine Konstruktion aus Vor- und Zwischenfinanzierung wählen. In diesem Fall bekommt der künftige Hausherr nur einen Teil des Kredits, denn die notwendige Ansparsumme steht zunächst der Bausparkasse zur Verfügung. Wer zum Beispiel einen Bausparvertrag über 100 000 Mark abschließt, bekommt nur 60 000 Mark oder gar nur 50 000 Mark ausgezahlt, die Differenz geht an die Kasse. Gleichwohl zahlt der Kreditnehmer Zinsen auf die vollen 100 000 Mark.

Nach der Zuteilung löst das Bauspardarlehen den Kredit ab. Wegen der hohen Tilgung dürfte sich aber der Gesamtaufwand – wie auch bei der Zwischenfinanzierung – nicht verringern.

Eine dritte Variante der Vorfinanzierung ist das Bankvorausdarlehen. Dabei bekommt der Bausparer die gesamte Darlehenssumme ausgezahlt und muß parallel zu den Zinsen die regelmäßigen Beiträge an die Kasse zahlen, bis das Ansparsoll erfüllt ist. Das dauert und ist teuer. Allerdings kann in der Ansparphase der Sparer die geminderten staatlichen Hilfen nutzen und auch seine vermögenswirksamen Leistungen – bis zu 936 Mark im Jahr – einbringen, wenn er die Voraussetzungen erfüllt.

Seit dem Jahre 1987 konnten die Oberen der Bausparkassen aufatmen. Was Regierung und Koalition zur Sparförderung und Baufinanzierung seinerzeit beschlossen hatten, trieb den Kassen die Kunden wieder in die Arme. Diese Bauförderung begünstigt nämlich das Einfamilienhaus, die Familie mit Kindern und eine auf Eigenkapital gebaute Finanzierung. Und diese Rolle des Eigenkapitals ist den Bausparkassen wie auf den Leib geschneidert. Folge: Nach vielen Jahren mit ständigen Zunahmen der Wartezeiten, die so manchen Bauwilligen schier verzweifeln ließen, haben sich die Zuteilungsfristen stabilisiert, freilich immer noch auf einem recht hohen Niveau.

Seit Anfang 1989 sind das Konten- und Versicherungssparen bei der Vermögensbildung aus der staatlichen Förderung geflogen. Von den klassischen Sparformen des »kleinen Mannes« blieb nur noch das Bausparen übrig.

So sehr sich die Verträge der einzelnen Kassen ähneln, die Unterschiede sind groß. Wer sich heute für eine Gesellschaft entscheiden will, muß zunächst den Zweck seiner Sparüberlegungen abwägen. Wer genau weiß, daß er eines nicht allzu fernen Tages unter die Hausbauer gehen wird, kann, so hat *Capital* im Oktober-Heft 1987 nachgewiesen, bei einer 100000-Mark-Finanzierung mit der Wahl des richtigen Tarifs mehr als 14000 Mark sparen.

Für potentielle Bauherrn oder Käufer bleibt das Problem der langen Wartezeiten das wichtigste, denn es geht ihm über teure Zwischenkredite direkt auf das Portemonnaie. *Capital* hat die privaten und öffentlichen Kassen durchleuchtet und

ist zu folgendem Ergebnis gekommen: Bei den Standard-
verträgen der Bausparkassen gibt es große Qualitätsunter-
schiede. Diese werden aber erst deutlich, wenn Baugeld
benötigt wird. Eine zu lange Zwischenfinanzierung zehrt
die Vorteile der Bausparfinanzierung auf.

Wählen Sie: Sie finanzieren Ihr 100 000-Mark-Projekt bei
der Debeka, zahlen 187 Monate lang 600 Mark und haben
am Ende gut 112 000 Mark in diese Finanzierung gesteckt.
Oder sie schließen den Bausparvertrag bei Schwäbisch Hall
ab, warten nach dem Ansparen 22 Monate auf die Zuteilung, zahlen Zwischenkreditzinsen und haben am Ende
122 000 für den 100 000-Mark-Kredit gezahlt.

Das sind die Ergebnisse der Musterrechnungen, die die
Bausparkassen und *Capital* im Herbst 1987 angestellt haben. In der Tendenz hat sich in der Zwischenzeit nicht viel
geändert. Durchleuchtet wurde bei den einzelnen Gesellschaften das Schicksal eines fast schon klassischen Bausparvertrags: 100 000 Mark Bausparsumme in einem Standardtarif mit 40 Prozent Mindestsparguthaben, drei Prozent
Guthabenzins, fünf Prozent Darlehenszins und einem Prozent Abschlußgebühr. Auf diesen Vertrag sollten – so die
Annahme in den Modellrechnungen – seit 1982 monatlich
600 Mark eingezahlt worden sein. Sechs Jahre nach der
ersten Einzahlung soll der Sparer die 100 000 Mark benötigen. Ist der Vertrag zugeteilt, werden Guthaben und Darlehen ausgezahlt.

Der Bausparer beginnt sofort mit 600 Mark monatlich zu
tilgen. Ist der Vertrag noch nicht zugeteilt, wird die benötigte Summe zwischenfinanziert, der Tilgungsprozeß beginnt entsprechend später.

Soweit das Modell. Die Tabelle auf Seite 88/89 zeigt die
Ergebnisse der Berechnungen: Das Guthaben, das sich nach
sechs Jahren auf dem Konto des Bausparers angesammelt
hat, die gegebenenfalls notwendige Laufzeit des Zwischenkredits, die Kosten dieses Zwischenkredits, den Nettodarle-
hensanspruch, der bei der Zuteilung erworben wurde, sowie

Tabelle 7a – Die Standardtarife der Bausparkassen*

Bausparkasse	Tarif	Guthaben nach sechs Jahren in DM	Zwischenkredit		Netto-darlehens-anspruch in % der Bauspar-summe	Anzahl Tilgungs-raten à 600 DM	Gesamt-kosten der Finanzie-rung in DM	Gesamt-laufzeit[1] in Monaten
			Laufzeit in Monaten	Kosten in DM				
Private Kassen								
Aachener Bausparkasse	T	45832	15	6563	52,5	112	117222	199
AHW-Volksfürsorge	A3	45217	6	2700	53,5	115	**115001**	193
Alte Leipziger	F	46049	16	8000	52,1	111	118097	199
Badenia	TII	45832	4	1750	53,7	117	**115196**	193
BHW	3	45966	36	18000	50,8	132[2]	127600	240
Colonia	LA	45850	16	8333	52,3	112	118733	200
DBS	II	45930	18	9000	52,0	113	120146	203
Debeka	–	46281	0	0	53,7	115	**112320**	187
Deutscher Ring	A	45838	7	3354	53,4	115	115879	194
Heimstatt	L	45846	22	11000	51,6	107	180489	201
Iduna	T2	45848	17	8500	52,2	112	119070	201
Leonberger	T1	45904	20	10420	51,8	110	120008	202
Mainzer	B	45911	22	11924	51,5	109	120929	203
mh Bausparkasse	–	45952	0	0	54,0	115	**113278**	187
Schwäbisch Hall	U	45977	22	12650	51,5	110	122073	204
Wüstenrot	2	45605	22	11000	51,5	131[3]	123147	225

Tabelle 7b – Die Standardtarife der Bausparkassen*

Bausparkasse	Tarif	Guthaben nach sechs Jahren in DM	Zwischenkredit Laufzeit in Monaten	Zwischenkredit Kosten in DM	Netto-darlehens-anspruch in % der Bauspar-summe	Anzahl Tilgungs-raten à 600 DM	Gesamt-kosten der Finanzie-rung in DM	Gesamt-laufzeit[1] in Monaten
Öffentliche Kassen								
Badische LBS	T1	45126	13	6771	52,5	113	117869	198
Bayerische LBS	A	45990	9	4125	53,0	113	115713	194
LBS Berlin	1	45991	7	4167	53,2	114	115985	193
LBS Bremen	1	45248	6	2625	54,0	116	115425	194
ÖBS Hamburg	T10	45985	11	4630	52,8	113	115708	196
LBS Hann./Braunschweig	T1	45998	9	3825	53,0	113	**115283**	194
LBS Hessen	A	46027	12	5292	52,6	113	116373	197
LBS Düsseldorf/Münster	1	45742	10	4551	52,9	113	116130	195
LBS Rheinland-Pfalz	1	45130	9	4313	52,9	113	115599	194
LBS Saarbrücken	1	45908	12	5250	52,7	113	116763	197
LBS Schleswig-Holstein	1	46031	12	5750	52,6	112	116528	196
LBS Württemberg	1	46091	12	5250	52,5	112	115989	196

[1] ohne Restrate und tilgungsfreien Monat.
[2] 132 Raten à 500 DM, da eine Tilgung mit sechs Promille tariflich nicht vorgesehen ist.
[3] 131 Raten à 526 DM, da eine Tilgung mit sechs Promille tariflich nicht vorgesehen ist.
* Stand Oktober 1987.

die Zahl der Tilgungsraten. Die vorletzte Spalte der Tabelle ist die Endabrechnung. Hier wurde addiert, was an Zahlungen geleistet wurde. Eine Risikoversicherung ist dabei nicht berücksichtigt. In der letzten Spalte steht, wie lange die Gesamtfinanzierung gedauert hat.

»Die Zuteilung ist das zentrale Thema beim Bausparen«, klärt das Beamtenheimstättenwerk in einer Broschüre auf. Nur wenige Bausparkassen sehen dabei gut aus. Sie kommen im Musterfall ohne Zwischenfinanzierung klar. Deshalb bleiben hier die Gesamtkosten niedrig, und deshalb erwirbt der Sparer auch einen relativ hohen Darlehensanspruch. Ansonsten zeigt sich, daß selbst in den 40-Prozent-Tarifen knapp 50 Prozent angespart sein müssen, bevor die Darlehen gewährt werden. Durch die Zuteilung verlieren auch die BHW-Sparer das Rennen um eine günstige Finanzierung. Sie warten im Alttarif 3 36 Monate auf die Zuteilung. Allein das kostet 18 000 Mark.

Mit der Tilgung darf sich der Sparer beim BHW dafür etwas länger Zeit lassen. Tilgungsraten von sechs Promille, so wie sie im Modell unterstellt wurden, sind in Hameln nicht vorgesehen. Ähnliches gilt auch für Wüstenrot. Das schont zwar die Liquidität, läßt aber die ohnehin hohen Gesamtkosten zusätzlich steigen. Da hilft es auch wenig, wenn das BHW den Wartenden mit einem Umstieg in den Tarif »Dispo 2000« Linderung verspricht. Steigt der Bauherr nach der Ansparzeit um, zahlt er zunächst einmal 3030 Mark. Dann wartet er 21 Monate auf die Zuteilung, um danach mit der Tilgung in 600-Mark-Raten zu beginnen.

Die Versicherungshypothek als Alternative

Neben Banken und Bausparkassen bieten auch die Lebensversicherungen Bauherrn und Immobilienkäufern ihre Dienste an. Sie werben dabei mit sehr attraktiven Zinsen, die nicht selten bis zu einem Prozentpunkt von den Offerten der Geschäfts- und Hypothekenbanken nach unten abweichen.

Was also liegt näher, als die Angebote der übrigen Finanziers sofort zu vergessen und mit fliegenden Fahnen zur Assekuranz überzuwechseln. Das freilich wäre voreilig gehandelt, denn, wer sich Geld vom Versicherer leihen will, um damit das selbstbewohnte Domizil zu finanzieren, liegt meist schief. Die folgenden Ausführungen werden dies untermauern. Trotz der relativ niedrigen Zinsen ist die Versicherungshypothek fast nur interessant für Bauherrn oder Immobilienkäufer, die Wohnung oder Haus vermieten wollen. Für sie besteht die besondere Attraktivität einer solchen Hypothek in den über die gesamte Laufzeit gleichbleibenden Zinsen, weil solche Darlehen nicht laufend getilgt werden und diese Zinsen die Steuerverpflichtungen des Bauherrn oder Immobilienkäufers mindern.

Erinnern wir uns: Die Rate des Annuitätendarlehens enthält anfangs einen hohen Zins- und einen niedrigen Tilgungsanteil. Am Ende der Laufzeit besteht die abzuzahlende Summe praktisch nur noch aus der – steuerlich nicht absetzbaren – Tilgung. Wer also das Finanzamt über die gesamte Rückzahlungsperiode an den Zinszahlungen beteiligen will, und das kann jeder, der vermietet, hat Interesse an gleichbleibenden Zinszahlungen. Diese Voraussetzung erfüllt die Versicherungshypothek. Unter Umständen interesssant kann sie auch für denjenigen sein, der sein steuerliches Sonderausgabenkontingent nicht ausgeschöpft hat, also die Prämien für die Lebensversicherung steuermindernd geltend machen kann. Diese Fälle aber sind sel-

ten; in der Praxis sind die nach oben begrenzten Vorsorgeaufwendungen durch Versicherungsbeiträge in aller Regel
ausgeschöpft.

Zum Annuitätendarlehen einer Bank oder Sparkasse besteht ein grundsätzlicher Unterschied: Es gibt keine Tilgung. Der Versicherer gibt das Baugeld und schließt mit
dem Kreditnehmer gleichzeitig eine kapitalbildende Lebensversicherung ab. Der künftige Bauherr oder Immobilienkäufer zahlt die vereinbarten Zinsen und Beiträge. Getilgt wird, im Gegensatz zum Annuitätendarlehen, während der Laufzeit des Kredits nicht. Die Zinshöhe bleibt
über die vereinbarte Laufzeit gleich. Am Ende wird die
Hypothek auf einen Schlag aus der Versicherungsleistung
getilgt. Diese Auszahlung ist einschließlich der verdienten
Überschüsse weitgehend steuerfrei.

Achten Sie auf die Überschüsse

Diese Überschüsse sind es, welche die Qualität einer Versicherungshypothek entscheidend beeinflussen, so wichtig
die Hypothekenkonditionen auch · sein mögen. Bei der
Überschußbeteiligung geht es um die Verzinsung des vom
Versicherten Monat für Monat geleisteten Obolus, einer
Art Dividende. Ist diese bei einem Assekuranzunternehmen hoch, ist die Hypothek früher abgezahlt als bei
einem anderen Versicherer, der weniger gute Ergebnisse
mit den Lebensversicherungsprämien seiner Kunden er-
zielt.

Jede Mark, die ein Versicherer hier mehr erwirtschaftet als
seine Konkurrenten, bringt dem Kreditnehmer eine Mark.
Jede Mark, die der Versicherer bei den Kreditkonditionen
preiswerter als die Konkurrenz ist, schlägt sich beim
Schuldner je nach Steuersatz nur mit 70 bis 44 Pfennig
nieder. Auf die Überschußbeteiligung kommt es an und
weniger auf den günstigen Kreditzins. Nach *Capital*-Unter-

lagen waren in vergangenen Vergleichen an hervorragender Stelle die folgenden Versicherungen plaziert:

○ Cosmos, Beethovenstraße 1, 6600 Saarbrücken
○ DEVK, Deutsche Eisenbahnversicherung, Theodor-Heuss-Ring 19–21, 5000 Köln 1
○ Europa, Piusstraße 137, 5000 Köln 41
○ Hannoversche, Aegidientorplatz 2 A, 3000 Hannover
○ HUK-Coburg, Bahnhofsplatz, 8630 Coburg
○ Neue Leben, Alstertor 14, 2000 Hamburg 1
○ Öff. Braunschweig, Obergstraße 5, 3300 Braunschweig
○ Provinzial Hannover, Schiffgraben 4, 3000 Hannover
○ Provinzial Kiel, Sophienblatt 3, 2300 Kiel 1
○ Universa, Sulzbacher Straße 1–7, 8500 Nürnberg
○ Vereinigte Post, Lindenspürstraße 32, 7000 Stuttgart 1

Die Zeitschrift *Test* ortete zusätzlich als besonders leistungsstark noch die

○ Debeka, Ferdinand-Sauerbruch-Straße 18,
5400 Koblenz
○ Provinzial Düsseldorf, Friedrichstraße 62–82,
4000 Düsseldorf 1
○ Stuttgarter Lebensversicherung, Olgastraße 80,
7000 Stuttgart 1
○ Westfälische Provinzial Leben, Bröderichweg 58,
4400 Münster

Bei diesen Gesellschaften habe der Versicherte, so die Verbraucherschutzzeitschrift, mehr als das 2,1fache der eingezahlten Beträge nach 25 Jahren ausbezahlt bekommen.
Um auszuloten, bei welchem Unternehmen das Geld zum Bau oder Kauf aufgenommen werden sollte, darf der Haus- oder Wohnungsaspirant keine Mühen scheuen. Um Zinshöhe und Überschußbeteiligung auf einen Nenner zu brin-

gen, muß er den Versicherern einen Termin vorgeben, an dem er das Darlehen endgültig abgezahlt haben will, also etwa in 20, 25 oder 30 Jahren. Danach addiert er die Hypothekenzinsen, das Disagio und die Beiträge zur Lebensversicherung. Wenn kürzere Zinsbindungsfristen vereinbart sind, muß das Disagio mehrfach berücksichtigt werden. Die Beispielrechnungen auf den Seiten 98 und 99 machen das Verfahren deutlich.

Die Summe aus Zinsen, Disagien und Beiträgen ergibt die effektive Jahresbelastung. Ein Vergleich der Angebote wird somit möglich.

Das gilt freilich nur für die geschilderte Form einer Hypothekenvergabe. Die meisten Lebensversicherer verwirren ihre Kunden aber mit mehreren Varianten dieser Baufinanzierung. Die traditionelle Form einer Kombination von Lebensversicherung und Hypothek sieht eine sogenannte gemischte Kapitalversicherung auf den Todes- oder Erlebensfall vor, die in gleicher Höhe und mit derselben Laufzeit wie die Hypothek abgeschlossen wird. Die monatliche Belastung des Bauherrn ist bei dieser Art der Finanzierung sehr hoch. Sie sollte nur dann in Erwägung gezogen werden, wenn der aufgelaufene Überschuß weitgehend steuerfrei kassiert werden soll, um einer anderen Verwendung als der Darlehenstilgung zugeführt zu werden.

Um die laufende Belastung des Kreditnehmers in Grenzen zu halten, hat sich die Assekuranz eine Kombination aus Hypothek und dynamischer Lebensversicherung einfallen lassen. Die anfängliche Versicherungssumme liegt dabei deutlich, nämlich bis zu einem Drittel, unter der Darlehenssumme. Dadurch werden die Versicherungsbeiträge, die ein Bauherr in spe zu zahlen hat, kräftig vermindert. Wenn etwa zwischen Kreditnehmer und Versicherungsgesellschaft ein Drittel der Hypothekensumme als Versicherungssumme ausgehandelt wird, zahlt der Kreditnehmer gemessen an der Darlehenssumme nicht mehr als ein Prozent – somit so viel wie bei einer normalen Annuitätenhypothek von der Hypothekenbank oder Sparkasse. Mit der Zeit paßt sich bei dieser Finanzierungsart die auszuzahlende Summe aus der Lebensversicherung dem Baudarlehen an. Nach Ablauf der vereinbarten Frist ist die Hypothek zurückgezahlt.

In einer weiteren Hypothekenvariante wird der Vertrag auf ein Endalter des Versicherten von 85 Jahren abgeschlossen. Die Versicherungssumme entspricht dann zwar exakt der Darlehenssumme, die erwirtschafteten Überschüsse werden dabei aber zur Verkürzung der Hypothekenlaufzeit verwendet. Folge: Die Lebensversicherung endet zum gleichen Zeitpunkt wie der Darlehensvertrag – lange vor dem 85. Geburtstag des Kreditnehmers.

Alle diese Hypotheken können aber in der Regel nicht den Finanzbedarf des Kreditsuchenden voll decken, denn die Lebensversicherer sind nicht nur gehalten, ihr Darlehen an vorderster Stelle im Grundbuch zu sichern, sondern sind auch an Beleihungsgrenzen gebunden. Diese Hürde läßt sich allerdings nehmen, wenn ein solventer Bürge, etwa eine Bank, die Verpflichtungen des künftigen Haus- oder Wohnungseigners absichert. In aller Regel verteuert dies einen Kredit aber kräftig.

Mit einem Trick läßt sich die Abzahlungsrate entscheidend vermindern: Nicht der Immobilieninteressent selbst, sondern eines seiner Kinder schließt den mit der Hypothek gekoppelten Lebensversicherungsvertrag ab. Damit läßt sich in der Tat die Prämienzahlung deutlich senken, denn je jünger ein Kunde der Lebensassekuranz ist, um so niedriger ist die Prämie. Wer diesen Trick aber anwendet, verzichtet auf einen entscheidenden Vorteil, den diese Art von Finanzierung bietet: Stirbt er vorzeitig, steht die Familie mit ihren Schulden allein da. Schließt er hingegen selbst ab und segnet das Zeitliche, ist die Familie aus jedem Obligo. Die Hypothekenschulden nimmt der Lebensversicherer auf seine Kappe. Vertretbar ist die Masche mit den Kindern nur, wenn genügend Vermögen vorhanden ist, um im

Todesfall des Hausherrn die Schulden bequem auch ohne zusätzliche Absicherung abzahlen zu können.

Eine weitere Variante in der bunten Palette der Finanzierungsangebote des Lebensversicherers ist die Zusammenarbeit mit einer Bank, die das Geld mit einem klassischen Annuitätendarlehen zur Verfügung stellt. Dabei wird ein Versicherungvertrag abgeschlossen, in den das vorhandene Eigenkapital eingezahlt und somit die Police unmittelbar beliehen wird.

Danach gewährt der Lebensversicherer Jahr für Jahr ein Policendarlehen (siehe auch Seite 101), mit dem Zinsen und Tilgung für den Bankkredit gezahlt werden. Die Gesamtschuld, also Bank- plus Policendarlehen, bleibt unverändert, am Ende wird das Policendarlehen aus der Versicherungsleistung getilgt.

Diese Lösung erfordert allerdings recht viel Eigenkapital und birgt zudem ein Risiko: Der Zins für das Policendarlehen wird meist nur für ein Jahr festgeschrieben. Das jährliche Policendarlehen darf aber nicht höher sein als Zins und Tilgung des Bankkredits zusammengenommen, sonst spielt das Finanzamt nicht mit. Wegen der unterschiedlichen Ein- und Auszahlungstermine zieht dieses Finanzierungsmodell zudem kurzzeitig viel Liquidität ab.

Mit der Vergabe von normalen Tilgungsdarlehen sind einige wenige Lebensversicherer – etwa die Allianz oder die Cosmos – in direkte Konkurrenz zu den Hypothekenbanken und Sparkassen getreten. Cosmos zum Beispiel finanziert zusammen mit seinen »Bankpartnern« bis zu 90 Prozent der »angemessenen Gestehungskosten«.

Derlei Angebote der Versicherungsunternehmen sind deshalb auch eher die Ausnahme. Die Regel ist die Kombination aus Hypothek und dynamischer Lebensversicherung, wie sie durch die folgenden Beispielrechnungen verdeutlicht ist. Die Berechnungen basieren auf Konditionen des Marktführers, der Allianz-Lebensversicherung, und gehen von folgenden Prämissen aus:

○ Es wird ein Haus im Wert von mehr als 300 000 Mark (einschließlich des halben Grundstückswertes) gebaut oder gekauft.

○ Die Steuern werden nach den Splittingtabellen von 1989 berechnet.

○ Die Prämien haben keine steuermindernden Auswirkungen, weil die Höchstbeträge für Vorsorgeaufwendungen bereits ausgeschöpft sind.

○ Nach jeweils zehn Jahren wird ein neues Disagio fällig, wobei die Anfangskonditionen auch für die Folgejahre angenommen wurden.

○ Der 30jährige Kreditnehmer schließt über eine Versicherungssumme von 44 000 Mark ab, was nach 30 Jahren Laufzeit eine sogenannte Ablaufleistung von 100 953 Mark ergibt.

○ Der 45jährige bucht eine Versicherungssumme von 58 000 Mark und hat damit nach 20 Jahren fast auf den Pfennig genau die 100 000 Mark zur Tilgung des Baudarlehens zusammen.

Am Beispiel eines 30jährigen und eines 45jährigen Kreditkunden wird deutlich, wie die Liquiditätsbelastung unter Berücksichtigung von Steuervorteilen ist. Dabei wurde für 1989 die Splittingtabelle 1988, für die Jahre 1990 und die folgenden die neue Splittingtabelle 1990 verwendet. Der 30jährige schließt eine Versicherung in Höhe von 47 000 Mark ab; Laufzeit 30 Jahre. Der 45jährige schließt eine Versicherung in Höhe von 61 000 Mark ab; Laufzeit 20 Jahre.

So rechnet ein 30jähriger

In dieser Beispielrechnung nimmt ein 30 Jahre alter Familienvater mit zwei Kindern (zu versteuerndes Einkommen 60 000 Mark) 100 000 Mark Hypothek von der Lebensversicherung auf. Bei einem Kurs von 92 Prozent, das heißt, ihm werden 92 000 Mark ausgezahlt, belaufen sich die Zinsen auf 5,9 Prozent von 100 000 Mark. Diese zahlt er vierteljährlich im voraus ohne Tilgung. Die Zinsen sind je auf zehn Jahre festgeschrieben, nach Ablauf der Festschreibungszeit wird erneut ein Disagio von acht Prozent fällig. In den 30 Jahren Laufzeit zahlt er dem Geldgeber im Jahresdurchschnitt 7927 Mark; seine Steuerersparnis abgezogen, bleiben 6545 Mark (siehe Tabelle 8).

Tabelle 8						
Jahre	Zins plus Disagio	Versicherungsbeitrag	Bruttoaufwand	zu versteuerndes Einkommen	Steuervorteil und Baukindergeld*	Nettoaufwand
Beträge in DM						
1989	13 900,00	1 227,20	15 127,20	37 000,00	7 314,00	7 813,20
1990−96	5 900,00	1 227,20	7 127,20	45 000,00	4 880,00	2 247,20
1997−98	5 900,00	1 227,20	7 127,20	60 000,00	−	7 127,20
1999	13 900,00	1 227,20	15 127,20	60 000,00	−	15 127,20
2000−08	5 900,00	1 227,20	7 127,20	60 000,00	−	7 127,20
2009	13 900,00	1 227,20	15 127,20	60 000,00	−	15 127,20
2010−18	5 900,00	1 227,20	7 127,20	60 000,00	−	7 127,20
Summen	201 000,00	36 816,00	237 816,00	−	41 474,00	196 342,00

* ohne Kirchensteuer

So rechnet ein 45jähriger

Die Beispielrechnung für einen 45jährigen Familienvater, ebenfalls zwei Kinder, geht von einem zu versteuernden Einkommen von 80 000 Mark aus. Ihm bietet die Lebensversicherung die gleichen Konditionen wie dem 30jährigen, allerdings ist die Laufzeit des Baudarlehens auf 20 Jahre begrenzt. Wegen der kürzeren Laufzeit hat er in der Summe zwar weniger, mit 9485 Mark im Jahresdurchschnitt aber 1558 Mark mehr pro Jahr an die Versicherung zu zahlen. Weil sein Einkommen höher ist, schlägt der

Steuervorteil stärker durch: Sein Nettoaufwand ist mit 7178 Mark im Jahresdurchschnitt nur um 633 Mark höher (siehe Tabelle 9).

Tabelle 9

Jahre	Zins plus Disagio	Versicherungsbeitrag	Bruttoaufwand	zu versteuerndes Einkommen	Steuervorteil und Baukindergeld*	Nettoaufwand
			Beträge in DM			
1989	13900,00	2784,90	16684,90	57000,00	8794,00	7890,90
1990–96	5900,00	2784,90	8684,90	65000,00	5334,00	3350,90
1997–98	5900,00	2784,90	8684,90	80000,00	–	8684,90
1999	13900,00	2784,90	16684,90	80000,00	–	16684,90
2000–08	5900,00	2784,90	8684,90	80000,00	–	8684,90
Summen	134000,00	55698,00	189698,00	–	46132,00	143566,00

* ohne Kirchensteuer

Klare Antworten erfordern klare Fragen

Wenn Sie sich nach dem Studium des Vorausgegangenen für ein Hypothekendarlehen der Assekuranz erwärmen können, dann sollten Sie – am besten schriftlich – bei mehreren Gesellschaften die Bedingungen erfragen. Damit Sie sich aber nicht doch letztlich in einem Wirrwarr von unterschiedlichen Konditionen verheddern, geben Sie der Gesellschaft folgendes vor:

○ die Höhe des Disagios
○ die tatsächlich benötigte Kreditsumme, also den Betrag, der nach Abzug des Damnums und einer eventuellen Bearbeitungsgebühr übrigbleibt
○ die Dauer der Zinsbindung

Das von Ihnen erwünschte Angebot des Versicherers sollte folgende Informationen enthalten:

○ Auszahlungsbetrag nach Abzug aller Kosten
○ Nominalbetrag des Darlehens
○ Nominalzins je Jahr
○ Zinsbindungsfrist in Jahren (mehr als zehn Jahre sind nicht möglich)
○ Anzahl und Termin der Zinszahlungen im Jahr
○ Höhe der Zinszahlungen pro Termin
○ anfänglicher effektiver Jahreszins
○ Schätzkosten
○ Kontoführungsgebühren
○ Bereitstellungszinsen und die Angabe, ab welchem Monat diese Zinsen zahlbar sind

Diese Fragen kann jede Versicherung klar beantworten, nicht aber, welche Überschüsse Sie in den kommenden Jahren erwartet. Dabei kann nur aus der Vergangenheit in die Zukunft projiziert werden. Fest steht: Die Überschüsse aller Gesellschaften sind in den vergangenen Jahren sehr stark gestiegen – bei der einen Versicherung über-, bei der anderen unterdurchschnittlich. Das kräftige Wachstum der Überschüsse hat das Bundesaufsichtsamt für das Versicherungswesen in Berlin veranlaßt, die Assekuranzfirmen aufzufordern, ihre Versicherten am Geldsegen teilhaben zu lassen.

Seit 1987 bieten die Gesellschaften deshalb neue Tarife in der Lebensversicherung an, wobei der »garantierte Rechnungszins« von drei auf 3,5 Prozent erhöht wurde, unter gleichzeitiger Einführung neuer Sterbetafeln – getrennt für Männer und Frauen.

Dieser erhöhte Rechnungszins hat – bei gleichem Versicherungsbeitrag – zur Folge, daß sich die garantierte Versicherungssumme erhöht oder daß bei gleicher Versicherungssumme niedrigere Beiträge fällig werden. Gleichzeitig aber werden dadurch die Überschüsse kleiner.

Pumpen Sie Ihre Witwe an

Neben der Versicherungshypothek bietet die Assekuranz eine weitere Darlehensform an, die ebenfalls mit dem Vorzug niedriger Zinsen ausgestattet ist: das Policendarlehen. Wenn es um die Überbrückung eines finanziellen Engpasses geht, bietet sich dieser Kredit als besonders preiswerte Form an. Zugang dazu hat jeder, der über eine Kapitallebensversicherung verfügt. Diese Darlehen sind in aller Regel um etwa drei Prozentpunkte billiger als Ratenkredite von der Bank. Die Preiswürdigkeit ist leicht erklärt: Die Versicherer gehen keinerlei Risiko ein, denn sie beleihen das bereits eingezahlte, also eigene Geld ihrer Kunden. Basis für die Höhe eines Policendarlehens ist folgerichtig die bereits angesparte Summe. Von diesem sogenannten Deckungskapital ziehen die Darlehensgeber zunächst 15 Prozent ab. Das ist dann der »Rückkaufwert« der Lebensversicherung. Gemessen an diesem Rückkaufwert werden danach höchstens 95 Prozent ausgeliehen.

Der Kunde kann den Kredit zurückzahlen, wie und wann er will: Nach wenigen Wochen schon oder gar nicht. Im letzten Fall wird das Darlehen dann mit der bei Fälligkeit ausgezahlten Versicherungssumme verrechnet. Wer eine solche Kürzung seiner Altersversorgung in Kauf nehmen will, kann also durchaus das Policendarlehen als Bestandteil seiner Baufinanzierung ins Kalkül ziehen. Er sollte dabei aber bedenken, daß er damit »seine Witwe anpumpt«, wie es in der Versicherungsbranche ein wenig makaber heißt. In aller Regel bietet sich das Policendarlehen eher zur Überbrückung an, etwa, wenn in absehbarer Zeit zusätzliches, eigenes Geld winkt, etwa durch Verkäufe oder eine Erbschaft.

Wann Ihr Baukredit ausgezahlt wird

Wenn Sie einen Kredit mit einem Disagio von beispielsweise fünf Prozent vereinbaren, wissen Sie genau, daß
Ihnen der Finanzier nur 95 Prozent der Darlehenssumme
auszahlt. In Wahrheit vermindert sich der Betrag, den Sie
auf die Hand bekommen, noch weiter, nämlich um die
Bearbeitungsgebühr. Sie beträgt je nach Institut 0,5 bis
zwei Prozent. Dazu kommen Bereitstellungszinsen, die
ebenfalls in unterschiedlicher Höhe und zu unterschiedlichen Terminen verlangt werden. Meist ist es ein Viertel-
prozent für jeden Monat, in dem der bewilligte, aber noch
nicht abberufene Kredit beim Geldgeber ruht. Diese Vier-
telprozente können sich je nach Höhe des Kredits zu durchaus nennenswerten Beträgen summieren.

Wer seinen Darlehensantrag zu früh stellt, wird fast unwei-
gerlich mit dem Problem der Bereitstellungszinsen kon-
frontiert. Die Geldgeber, zumal Hypothekenbanken, haben
für ihre Forderung gute Argumente zur Hand. Sie müssen
sich nämlich die vergebenen Kredite refinanzieren, etwa
durch Ausgabe von Pfandbriefen, die sie selbst ja auch mit
Zinsen bedienen müssen. Deshalb kann kein Kreditsuchen-
der verlangen, daß die Mittel für ihn gratis bereitgehalten
werden.

Trotzdem sollte er verhandeln, ob der Geldgeber nicht
wenigstens ein oder zwei Monate stillhält, ehe er Bereitstellungszinsen berechnet. Bei Geschäftsbanken oder Sparkassen läßt sich sogar auf einen völligen Verzicht solcher
Zinsberechnung drängen, denn diese Institute haben, im
Gegensatz zu den Hypothekenbanken, durchaus die Möglichkeit, die bereitgehaltenen Mittel für sich arbeiten zu
lassen. Trotzdem: Bevor Sie den Darlehensantrag unterschreiben, erfragen Sie, wie lange es in Ihrem Fall voraussichtlich dauern wird, ehe Ihrem Antrag auf Kredit entspro-
chen wird. Die Institute haben ihre Erfahrungswerte, welchen Zeitraum sie brauchen, um alle Fakten zur Belei-

hungsprüfung und Bonitätsbeurteilung zusammenzuhaben. Wenn Sie diesen Zeitraum kennen, können Sie Ihren Darlehensantrag zum richtigen Zeitpunkt stellen. Nicht allerdings, wenn Sie bauen. Dann werden Sie selbst mit dem besten Timing kaum um die Bereitstellungszinsen kommen. Denn die Finanziers zahlen das Darlehen nach Baufortschritt aus. Gegen diese Praxis ist nichts einzuwenden, denn schließlich dient den Banken allein Ihr wachsendes Haus als Sicherheit. Für die Teilauszahlung des Kredits genügt oft schon die Bestätigung des Architekten oder des Bauträgers, welche Teile des Hauses fertiggestellt sind. Gelegentlich überprüft das geldgebende Institut mit eigenen Experten den Baufortschritt. Ausgezahlt wird das Baudarlehen meist wie folgt:

○ 40 bis 50 Prozent der Kreditsumme, wenn der Rohbau fertiggestellt ist
○ 25 bis 30 Prozent des Darlehens, wenn die Innenarbeiten am Haus abgeschlossen sind
○ den Rest, wenn das Haus bewohnbar ist

Wenn die eigenen Mittel zur Vorfinanzierung dieser Teile nicht reichen, muß der künftige Hausherr auf das bereits bekannte Instrument der Zwischenfinanzierung ausweichen. Neben Bereitstellungszinsen werden dann noch Kreditzinsen fällig.
Zum Trost: Die Zinsen für die eigentliche Hypothek zahlen Sie nur nach Auszahlungsfortschritt.

Welcher Finanzier für Sie der richtige ist

Um die letzten Feinheiten der Baufinanzierung zu schildern, würden mehrere Bücher dieser Art kaum ausreichen. Was Sie, verehrter Leser, bislang erfahren haben, reicht

indessen aus, um die Anbieter von Krediten mit ihren
speziellen Modalitäten kennengelernt zu haben. Es konkurrieren um Ihre Gunst:

○ die Hypotheken- und Geschäftsbanken sowie die Sparkassen
○ die Bausparkassen
○ die Versicherungsunternehmen

Wem Ihr Zuschlag gebührt, hängt von dem Ziel ab, das Sie
sich gesteckt haben. Sind Sie daran interessiert, Ihre monatlichen Abzahlungsraten möglichst niedrig zu halten, und
nehmen Sie dafür in Kauf, daß Sie am Ende – nach 30 Jahren
oder mehr – Ihrem Finanzier eine Menge Zinsen gezahlt
haben? Oder gehören Sie zur zweiten Gruppe, die es für
richtig hält, erst einmal fleißig zu sparen, um mit einem
dicken Eigenkapitalpolster an Bau oder Kauf heranzugehen
und damit letzten Endes dem Finanzier nur relativ wenig an
Zinsen gezahlt zu haben? Gehören Sie letztlich vielleicht zu
einer dritten Gruppe, die sich für ein Renditehaus interessiert, also auf möglichst hohe Mieteinnahmen bei möglichst
geringen Aufwendungen aus ist?
Wenn Sie zur ersten Gruppe gehören, empfiehlt sich für Sie
der direkte Weg zur Bank. Er ist zwar teurer, aber oft die
einzige Möglichkeit, rasch an die eigenen vier Wände zu
kommen. Mit dem Reiz des zur Zeit für Käufer noch
günstigen Immobilienmarkts verblassen schnell die Vorteile von Eigenkapital und Sparphase. Allein Banken und
Sparkassen haben die Möglichkeit, fehlende Beleihungsgrenzen durch Vertrauen in die Belastbarkeit ihres Schuldners zu überschreiten und eine Gesamtfinanzierung aus
einem Guß zügig auf die Beine zu stellen. Das können
Lebensversicherer und Bausparkassen nicht.
Ein weiterer grundsätzlicher Vorteil dieser Kreditgeber:
Das Geld steht schnell zur Verfügung. Sind die Konditionen
erst einmal ausgehandelt, kann der Bauherr die Mittel
abrufen.

Entscheidend für den knapp kalkulierenden Schnellkäufer ist die monatliche Belastung. Sie muß zumindest am Anfang relativ niedrig sein und sollte in den folgenden Jahren keinen zu großen Schwankungen unterliegen. Ein richtig ausgehandelter Bankkredit schützt weitgehend vor unangenehmen Überraschungen. *Capital* hat im Frühjahr 1987 ein gutes Angebot einer Hypothekenbank durchgerechnet. Dabei zeigte sich: Zwar sind die Gesamtkosten dieser Finanzierung höher als die der Bausparfinanzierung, die Anfangsbelastung hält sich aber im Vergleich zum Bausparangebot in deutlich engeren Grenzen. Und das zählt. Diese Offerte hat im Vergleich zum Bausparangebot auch dann Bestand, wenn sich die Zinsen nicht allzu heftig nach oben bewegen. Unterstellt wurde bei diesem ersten Beispiel eine Hypothek von 320000 Mark mit 7,3 Prozent Zins und hundert Prozent Auszahlung. Die Tilgung wurde mit dem üblichen einen Prozent angenommen. Weitere Prämisse: nach zehn Jahren Zinserhöhung auf 8,3 Prozent. Dabei ergaben sich folgende Werte: Nach Steuern belaufen sich die Gesamtkosten einer solchen Finanzierung auf 825000 Mark. Die anfängliche Monatsbelastung beträgt 1800 Mark, die durchschnittliche Monatsbelastung über 28,5 Jahre Laufzeit beträgt 2374 Mark.

Nicht viel weniger Gesamtaufwand, nämlich 822000 Mark, erforderte die Finanzierung mit einem Versicherungsunternehmen, wobei eine Gesellschaft gewählt wurde, die bekannt ist für gute Gewinnbeteiligungen ihrer Versicherten. Die anfängliche Monatsbelastung beläuft sich bei der Versicherungshypothek aber auf 1843 Mark, die durchschnittliche Monatsbelastung auf 2537 Mark. Die Laufzeit beträgt 27 Jahre. Bei dieser Finanzierung mit – wie gesagt – einem guten Versicherer, werden die erforderlichen 320000 Mark wie folgt aufgebracht:

Ia-Hypothek über 158300 Mark zu 6,25 Prozent Zins und einer Auszahlung von 94,75 Prozent, dazu eine Ib-

Hypothek mit 6,75 Prozent Zins und ebenfalls 94,75 Prozent Auszahlung, schließlich 100 000-Mark-Bankhypothek, zu hundert Prozent ausgezahlt und zum Zinssatz von 8,25 Prozent. Nach zehn Jahren, so wird unterstellt, gibt es eine Zinserhöhung um ein Prozent.

Wie nicht anders zu erwarten, bleiben die Gesamtkosten bei einer vergleichbaren Finanzierung mit Bausparmitteln weit darunter: Nur 748 000 Mark nach Steuern muß der Kreditnehmer für seine 320 000 Mark letztlich zahlen – fast 80 000 Mark weniger als der Kunde der Bank. Auch die durchschnittliche Monatsbelastung bleibt mit 2187 Mark unter den Werten von Bank- und Versicherungshypothek. Aber: Mit einer Anfangsbelastung von 1968 Mark im Monat ist diese Finanzierungsart – trotz hohen Hypothekenanteils – für viele unerschwinglich. Angenommen wurden bei dieser Berechnung folgende Werte: 50 000 Mark Soforteinzahlung in den Vertrag einer Bausparkasse, die zu den Spitzenreitern in der Bundesrepublik zählt, also relativ schnell zuteilt. Die Zwischenfinanzierung, mit 6,5 Prozent Zins zu hundert Prozent ausgezahlt, wird ergänzt durch eine Bankhypothek über 239 000 Mark, die, voll ausgezahlt, 7,25 Prozent Zinsen kostet und nach zehn Jahren um ein Prozent angehoben wird. Die Gesamtlaufzeit einer solchen Finanzierung ist, wie bei der Hypothek, 28,5 Jahre.
Fazit: Von den drei Möglichkeiten einer Sofortfinanzierung ist zwar die Bankhypothek letzten Endes die teuerste, was die Monatsbelastung betrifft aber die günstigste. Dabei wurden zum Vergleich nicht nur eine ausschüttungsfreudige Lebensversicherung herangezogen, sondern auch eine zuteilungsfreudige Bausparkasse. Andernfalls wäre der Unterschied in den Belastungen weit krasser ausgefallen.
Für den potentiellen Bauherrn oder Immobilienkäufer, der erst einmal fleißig spart und mit einem größeren Eigenkapitalpolster seine Pläne zu verwirklichen gedenkt, ist naturgemäß eine andere Strategie anzuraten: der, wie *Capital* es

formulierte, »Geduldsweg«. Unterstellt wurden wieder gleiche Bedingungen für ein Darlehen von der Bausparkasse, der Bank und vom Versicherer, nämlich eine Ansparzeit von fünf Jahren und die Einbeziehung der Mietzahlungen in die Gesamtkosten innerhalb dieser Fünfjahresphase. Danach ergeben sich bei den derzeitigen Konditionen der Kreditanbieter bei der Baufinanzierung mit Bankhypothek Gesamtkosten – stets nach Verrechnung der Steuervorteile – von 566 000 Mark. Angenommen wurde dabei, daß der Hausherr in spe sofort 50 000 Mark bei der Bausparkasse einzahlt und einen Bausparvertrag mit monatlich 800 Mark bedient. Finanziert wird nach fünf Jahren wie folgt: Das Bauspardarlehen einer schnell zuteilenden Kasse von 148 000 Mark ist mit 4,5 Prozent zu verzinsen. Ein Bankkredit von 114 000 Mark, ebenso wie das Bauspardarlehen mit hundert Prozent ausgezahlt, kostet acht Prozent Zinsen. Bei einer Tilgung von 1,5 Prozent sind sämtliche Kredite nach 24 Jahren zurückgezahlt. In der Ansparphase beträgt die Monatsbelastung des Sparers 1800 Mark. Dieser Betrag erhöht sich nach fünf Jahren auf 2000 Mark monatlich. Im Durchschnitt der Gesamtlaufzeit von 29 Jahren (Anspar- plus Rückzahlungsphase) sinkt die Belastung auf 1600 Mark monatlich.

Mehr Gesamtaufwand, nämlich 668 000 Mark, erfordert die Finanzierung mit der Hypothek selbst eines ausschüttungsfreudigen Versicherers. Dabei wurde unterstellt, daß der Sparer auch hier 50 000 Mark und dazu 530 Mark monatlich zu einem Zinssatz von sechs Prozent anlegt und gleichzeitig einen Versicherungsvertrag mit einer Anfangssumme von 116 000 Mark abschließt; die Prämie dafür kostet ihn monatlich 270 Mark. Das alles zahlt er in der fünfjährigen Ansparphase. Die Finanzierung geht dann wie folgt vor sich: Die Ia-Hypothek über 158 300 Mark mit 7,25 Prozent Zins und 94,75 Prozent Auszahlung wird ergänzt durch eine Ib-Hypothek über 73 900 Mark zu 7,75 Prozent Zins und ebenfalls 94,75 Prozent Auszahlung. Dazu tritt eine

Bankhypothek über 46 000 Mark, die, voll ausgezahlt, acht Prozent Zinsen kostet. Getilgt wird mit 1,5 Prozent, was eine Gesamtlaufzeit, also einschließlich der Ansparphase, von 29 Jahren zur Folge hat. Wie bei der Bausparfinanzierung beträgt die anfängliche Monatsbelastung 1800 Mark, sinkt nach fünf Jahren erheblich auf 1630 Mark, erreicht aber im Durchschnitt der Gesamtlaufzeit mit 1920 Mark einen weit höheren Wert als die der Bausparfinanzierung.

Die Rechnung mit einer Bankhypothek sieht in der Ansparphase eine Anlage von 50 000 Mark sowie monatlich 800 Mark zu sechs Prozent Zinsen vor. Nach fünf Jahren finanziert ein Bankdarlehen von 247 400 Mark, voll ausgezahlt, mit acht Prozent Zinsen und 1,5 Prozent Tilgung, den Bau oder Kauf. Bis zur letzten Rate nach 29 Jahren – wiederum einschließlich der Ansparphase – hat der Immobilieneigner dann 680 000 Mark an die Bank überwiesen. Seine vergleichbare Monatsbelastung ist zu Anfang natürlich mit 1800 Mark den beiden anderen Finanzierungen gleichgestellt, nach fünf Jahren sinkt aber der Überweisungsbetrag an die Bank auf 1521 Mark. Aber: Im Durchschnitt der ebenfalls 29 Jahre dauernden Rückzahlungsphase müssen monatlich 1957 Mark gezahlt werden.

Völlig andere Überlegungen anstellen muß, wer ein Renditehaus bauen oder kaufen will. Um es vorweg zu sagen: Bei vermieteten Immobilien ist eine Finanzierung mit der Lebensversicherung nicht zu schlagen. Daran wird sich so lange nichts ändern, wie die Politiker die weitgehende Steuerfreiheit der Überschüsse aus einer Lebensversicherung nicht abschaffen und die steuerliche Abzugsfähigkeit der Schuldzinsen beibehalten. Beide Privilegien sind der Schlüssel zum Finanzierungserfolg des Bauherrn oder Käufers einer vermieteten Immobilie.

Drei Möglichkeiten mit Versicherungs-, Bank- und Bausparkassendarlehen wurden durchgerechnet, um die These von der Unschlagbarkeit der Versicherungshypothek zu untermauern.

Bei der Bankhypothek wurden 320000 Mark Darlehen mit 7,3 Prozent Zins, Auszahlung hundert Prozent, Tilgung ein Prozent und eine Zinserhöhung nach zehn Jahren um ein Prozent angenommen. Diese 27 Jahre laufende Hypothek kostet den Geldanleger 731000 Mark Gesamtkosten nach Steuern. Bei einem Spitzensteuersatz von 30 Prozent kann er sich 139000 Mark Steuerersparnis gutschreiben. Seine durchschnittliche monatliche Belastung beträgt gut 2100 Mark.

Einen Hunderter weniger in der durchschnittlichen Monatsbelastung kann einkalkulieren, wer auf das Bauspardarlehen setzt: 1988 Mark. Bei 50000 Mark Soforteinzahlung in den Bausparvertrag einer schnell zuteilenden Kasse zahlt der Immobilienaspirant für die Zwischenfinanzierung von 131000 Mark Bausparsumme 6,5 Prozent Zins bei voller Auszahlung. Zusätzlich nimmt er eine Bankhypothek von 239000 Mark, die mit 7,25 Prozent Zins und einem Prozent Tilgung versehen ist, auf. Nach zehn Jahren, so die Annahme, wird der Zins auf 8,25 Prozent angehoben. Die Gesamtkosten eines solchen Geldanlegers summieren sich wegen der schnellen Tilgung des Bausparkredits auf 680000 Mark. Das sind immerhin gut 50000 Mark weniger als bei der reinen Bankhypothek. Aber er spart in den 28,5 Jahren bis zur völligen Rückzahlung auch erheblich weniger Steuern, nämlich nur 110000 Mark. Eine reine Bausparfinanzierung wäre – steuerlich gesehen – noch ungünstiger, denn schon nach rund elf Jahren entfiele der Zinsabzug vom Einkommen des Hausbesitzers, und die Mieteinnahmen müßten weitgehend versteuert werden.

Satte 208000 Mark Steuerersparnis kann sich hingegen gutschreiben, wer mit der Versicherungshypothek baut oder kauft. Die Gesamtkosten einer Finanzierung, wie sie im folgenden beschrieben ist, addieren sich in 27 Jahren Laufzeit zu 656000 Mark nach Steuern, also noch einmal deutlich weniger als bei der Bausparkassenlösung. Allerdings ist, trotz hoher Steuerentlastung, die durchschnittliche monatliche Belastung mit 2025 Mark ein wenig höher als beim Bausparvertrag, dafür niedriger als bei der Bankhypothek. Um diese Werte zu erreichen, wurde wie folgt finanziert: Wieder zwei Hypotheken, beide mit 94,75 Prozent ausgezahlt, davon die Ia-Hypothek mit 158 300 Mark zu 6,25 Prozent verzinst und die Ib-Hypothek über 73 900 Mark mit 6,75 Prozent verzinst. Zusätzlich dazu eine Bankfinanzierung über 100 000 Mark, voll ausgezahlt, zu 8,25 Prozent Zins bei einem Prozent Tilgung. Nach zehn Jahren, so wurde auch hier angenommen, steigt der Hypothekenzins für alle drei Darlehen um ein Prozent.

Zusammenfassend läßt sich sagen: Wenn Sie daran interessiert sind, Ihre monatlichen Raten möglichst niedrig zu halten, wählen Sie am besten die Bankhypothek, eventuell zusammen mit einem zuteilungsreifen Bauspardarlehen. Wenn Sie sich hingegen zuerst ein Eigenkapitalpolster schaffen wollen, sind Sie mit einer Kombination aus Bankhypothek und Bauspardarlehen gut bedient. Wenn Sie sich aber als Geldanleger eine Renditeimmobilie zulegen wollen, sollten Sie in jedem Fall zuerst die Offerten der Lebensversicherer prüfen.

So verhandeln Sie mit dem Geldgeber

Wenn Sie bis hierher aufmerksam gelesen haben, sind Sie auf den Besuch bei den Geldgebern bestens vorbereitet. Schriftlich haben Sie sich schon vorher mehrere Angebote ins Haus kommen lassen und bereits die Spreu vom Weizen getrennt. Wenn unter den guten Offerten ein Angebot Ihrer Hausbank ist, sollten Sie die Baukreditabteilung dieses Instituts zuerst aufsuchen. Wo man schon bekannt ist, läßt sich leichter verhandeln. Doch scheuen Sie sich nicht, notfalls die Bank zu wechseln, wenn Ihnen die Konditionen letztlich nicht zusagen.

Bevor Sie einen Kreditvertrag unterschreiben, müssen Sie mit dem Kreditsachbearbeiter verschiedene Fragen klären. Wichtig für Sie zu wissen ist, wie hoch Ihre monatliche oder vierteljährliche Belastung bis zur allerletzten Rate – also unter Umständen in mehr als 30 Jahren – ist. Auf welchen Betrag sich die Gesamtbelastung des Darlehens addiert, ist eine weitere Frage. Und schließlich sollten Sie erfahren, wie hoch die Restschuld des Darlehens nach Ablauf der Zinsbindungsfrist ist. Seriöse Anbieter liefern diese Zahlen, die schnell vom Computer abgefragt werden können, ohne Zögern. Nicht immer seriös, das zeigt die Praxis, sind sogenannte Baufinanzierungsberater. Einen solchen klangvollen Titel kann sich jeder zulegen. Oft steckt dahinter ein Kreditvermittler mit einseitigen Provisionsinteressen oder gar ein Bauträger oder Immobilienverkäufer, der seine Objekte an den Mann bringen will.

Sie wissen, daß der Effektivzins manipuliert werden kann, wenn durch das Auslassen von Bearbeitungsgebühren die effektiven Zinsen künstlich niedrig gehalten werden. Fragen Sie also nachdrücklich nach dieser Aufwandsposition. Wer mehr als zwei Prozent Bearbeitungsgebühr verlangt, kann nicht mehr zu den seriösen Kreditanbietern gezählt werden.

Seien Sie auch mißtrauisch, wenn Ihnen mit Hilfe eines hohen Disagios extrem niedrige Zinsen angeboten werden. Sie kennen inzwischen die Vor-, aber auch die Nachteile des Damnums. In diesem Zusammenhang sollten Sie auch an die Zukunft denken. Wenn Sie nicht gerade die Zinskonditionen für die gesamte Laufzeit der Hypotheken festschreiben – das ist, wie wir wissen teurer –, dann bedenken Sie, daß auch die Belastungen nach dem Ende der Zinsbindung tragbar sein müssen. Die jüngste Vergangenheit sollte Ihnen zu denken geben: 1978 waren die Zinsen so niedrig, wie nur einmal vorher nach dem Zweiten Weltkrieg. Fünf Jahre später – nach Ablauf vieler Zinsbindungsfristen – lagen Sie um vier Prozentpunkte höher. Damit verteuerte sich zum Beispiel ein 300 000-Mark-Kredit von monatlich 1500 Mark auf 2500 Mark. Den Zusatztausender pro Monat haben viele Bauherrn nicht verkraftet und mußten ihr Eigentum aufgeben. Rechnen Sie aber nicht nur mit höheren Zinsen, sondern bleiben Sie auch bei den erwarteten Einkommenssteigerungen auf dem Boden. Mehr als zwei Prozent Gehaltserhöhungen pro Jahr sollten Sie nicht einkalkulieren.

Bauen Sie deshalb Ihre Hausfinanzierung nicht auf zwei Einkommen in der Familie. Das Risiko, einen von zwei Arbeitsplätzen innerhalb der sehr langen Zeitspanne von bis zu 30 Jahren und mehr aufgeben zu müssen, ist unkalkulierbar. Und wenn es Ihre Mittel irgendwie erlauben, versuchen Sie, Ihre Hausschulden getilgt zu haben, wenn Sie sich in den Ruhestand begeben. Denn das mietfreie Wohnen im eigenen Domizil wird angesichts ungewisser Renten für die Altersversorgung immer wichtiger.

Und letztlich, wenn Sie dem Kreditsachbearbeiter gegenübersitzen, denken Sie immer daran, daß Sie der Kunde sind. Im scharfen Wettbewerb der Geldgeber untereinander sind Sie dann automatisch der sprichwörtliche König.

Die deutschen Hypothekenbanken

Dreiundzwanzig Hypothekenbanken bieten hierzulande ihre Dienste an. Wer sich eine solide Übersicht verschaffen will, kann die aktuellen Konditionen der einzelnen Institute schriftlich oder telefonisch abfragen. Die Anschriften und die Telefon- sowie die Telefaxnummern sind unten angeführt. Es geht freilich auch noch einfacher: Die meisten Hypothekenbanken sind mit wesentlichen Teilen ihres Kapitals an eine Großbank gebunden, wo die aktuellen Konditionen ebenfalls abgefragt werden können. Deshalb werden in der folgenden Adressenliste auch die Großaktionäre genannt. Ihre Niederlassungen sind in den meisten größeren Orten der Bundesrepublik zu finden.

Allgemeine Hypothekenbank AG
Bockenheimer Landstraße 25
6000 Frankfurt/M. 1
Postfach 170162
Telefon: 069/71790, Telefax: 069/7179100
Großaktionäre: Beteiligungsgesellschaft für Gemeinwirtschaft, Deutsche Beamtenversicherung, Beamtenheimstättenwerk und Volksfürsorge Versicherung

Bayerische Handelsbank AG
Von-der-Tann-Straße 2
8000 München 22
Postfach 220170
Telefon: 089/23041, Telefax: 089/2304304
Großaktionär: Bayerische Vereinsbank

Bayerische Hypotheken- und Wechsel-Bank AG
Hypothekenabteilung
Kardinal-Faulhaber-Str. 10
8000 München 2
Postfach 200527
Telefon: 089/23661, Telefax: 089/2366-2880

Bayerische Vereinsbank AG
Hypothekenabteilung
Am Tucherpark 16
8000 München 1
Postfach 1
Telefon: 089/38841,
Telefax: 089/3884-3401

BfG Hypothekenbank AG
Theaterplatz 2
6000 Frankfurt/M. 1
Postfach 11 02 53
Telefon: 069/2 58 56 02

Braunschweig-Hannoversche Hypothekenbank AG
Landschaftsstraße 8
3000 Hannover 1
Postfach 9 29
Telefon: 05 11/1 21 10,
Telefax: 05 11/1 21 13 84
Großaktionär: Berliner Bank

Deutsche Centralbodenkredit-AG
Berlin und Köln
Kaiser-Wilhelm-Ring 27–29
5000 Köln 1
Postfach 19 03 49
Telefon: 02 21/5 72 11, Telefax: 02 21/57 21 - 5 05
Großaktionär: Deutsche Bank

Deutsche Genossenschafts-Hypothekenbank AG
Rosenstraße 2
2000 Hamburg 1
Postfach 10 14 46
Telefon: 0 40/30 10 30, Telefax: 0 40/3 01 03 - 175
Großaktionär: Deutsche Genossenschaftsbank

Deutsche Hypothekenbank (Actien-Gesellschaft)
Georgsplatz 8,
3000 Hannover 1
Telefon: 05 11/1 24 51, Telefax: 05 11/12 45 - 2 20
Großaktionär: Berliner Handels- und Frankfurter Bank

Deutsche Hypothekenbank
Frankfurt-Bremen AG
Taunusanlage 9
6000 Frankfurt/M. 16
Postfach 16 02 65
Telefon: 069/2 54 81, Telefax: 069/25 48 - 1 13
Domshof 18–20
2800 Bremen 1
Postfach 10 63 47
Telefon: 04 21/3 63 91, Telefax: 04 21/3 63 93 13
Großaktionär: Dresdner Bank

Frankfurter Hypothekenbank AG
Junghofstraße 5–7
6000 Frankfurt/M. 1
Postfach 10 08 48
Telefon: 069/29 89 80, Telefax: 069/28 84 69
Großaktionär: Deutsche Bank

Hypothekenbank in Essen AG
Huyssenallee 58–64
4300 Essen 1
Postfach 10 18 61
Telefon: 02 01/8 10 7 30, Telefax: 02 01/8 10 73 48

Hypothekenbank in Hamburg AG
Hohe Bleichen 17
2000 Hamburg 36
Postfach 30 24 60
Telefon: 040/3 59 10, Telefax: 040/3 59 10 - 2 09
Großaktionär: Dresdner Bank

Lübecker Hypothekenbank AG
Schwartauer Allee 107–109
2400 Lübeck 1
Postfach 2054
Telefon: 0451/45060, Telefax: 0451/4506370
Großaktionäre: Handelsbank in Lübeck, Deutsche Bank

Münchener Hypothekenbank eG
Nußbaumstraße 12
8000 München 15
Postfach 151440
Telefon: 089/53870, Telefax: 089/536814

Norddeutsche Hypotheken- und Wechselbank AG
Domstraße 9
2000 Hamburg 1
Postfach 104828
Telefon: 040/30861, Telefax: 040/3086-308
Großaktionär: Dresdner Bank

Pfälzische Hypothekenbank AG
An der Rheinschanze 1
6700 Ludwigshafen 1
Postfach 211047
Telefon: 0621/59971,
Telefax: 0621/5997-295
Großaktionär: Dresdner Bank

RHEINHYP
Rheinische Hypothekenbank AG
Taunustor 3
6000 Frankfurt/M. 1
Postfach 160655
Telefon: 069/23821,
Telefax: 069/2382202
Großaktionär: Commerzbank

Rheinisch-Westfälische Boden-Credit-Bank AG
Oppenheimstraße 11
5000 Köln 1
Postfach 10 15 45
Telefon: 02 21/7 74 70, Telefax: 02 21/7 74 71 77
Großaktionär: Colonia Versicherung

Süddeutsche Bodencreditbank AG
Ottostraße 21
8000 München 2
Postfach 2 49 in München 1
Telefon: 0 89/5 11 20, Telefax: 0 89/51 12 - 3 65
Großaktionäre: Bayerische Vereinsbank,
Bayerische Landesbank

Vereinsbank in Nürnberg AG
Marienstraße 3
8500 Nürnberg 1
Postfach 42 49
Telefon: 09 11/2 02 71, Telefax: 09 11/2 027 36
Großaktionäre: Bayerische Vereinsbank, M. M. Warburg-
Brinckmann, Wirtz & Co.

Westfälische Hypothekenbank AG
Florianstraße 1
4600 Dortmund 1
Postfach 7 17
Telefon: 02 31/1 08 21, Telefax: 02 31/10 82 - 2 57
Großaktionäre: Westfalenbank, Bayerische Hypotheken-
und Wechsel-Bank

Württembergische Hypothekenbank AG
Büchsenstraße 26
7000 Stuttgart 1
Postfach 7 70
Telefon: 07 11/2 09 61, Telefax: 07 11/2 09 63 45
Großaktionär: Bayerische Hypotheken- und Wechsel-Bank

Alle diese Institute sind zusammengeschlossen im Verband Deutscher Hypothekenbanken e. V., Postfach 120640, 5300 Bonn 1, Telefon: 0228/372026, Telefax: 0228/374195.

Die deutschen Bausparkassen

Dreißig Bausparkassen buhlen in der Bundesrepublik Deutschland um die Gunst der Sparer – 17 gehören dem Verband der Privaten Bausparkassen an, 13 werden von der Bundesgeschäftsstelle Landesbausparkassen betreut.

Zu den privaten Bausparkassen gehören:

Aachener Bausparkasse AG
Theaterstraße 92–94
5100 Aachen
Postfach 7
Telefon: 0241/4360

AHW-Volksfürsorge Bausparkasse AG
Alte Heerstraße 14
3250 Hameln 1
Telefon: 05151/182022, Telefax: 183001

Alte Leipziger Bausparkasse AG
Alte Leipziger Platz 1
6370 Oberursel/Taunus 1
Postfach 1307
Telefon: 06171/660

Badenia Bausparkasse AG
Karlstraße 52–54
7500 Karlsruhe 1
Postfach 1569
Telefon: 0721/81981, Telefax: 819495

Bausparkasse Gemeinschaft der Freunde Wüstenrot
gemn. GmbH
Hohenzollernstraße 46
7140 Ludwigsburg
Postfach 2718
Telefon: 07141/161,
Telefax: 163637

Bausparkasse Mainz AG
Kantstraße 1
6500 Mainz
Postfach 1480
Telefon: 06131/3031,
Telefax: 303405

Bausparkasse Schwäbisch Hall AG
Crailsheimer Straße 52
7170 Schwäbisch Hall
Telefon: 0791/460, Telefax: 462628

BHW Bausparkasse GmbH
Lubahnstraße 2
3250 Hameln 1
Telefon: 05151/181, Telefax: 183438

Colonia Bausparkasse AG
Viktoriastraße 34–36
4600 Dortmund
Postfach 761
Telefon: 0231/54180, Telefax: 5418123

Debeka Bausparkase AG
Hohenzollernstraße 118–120
5400 Koblenz
Postfach 1749
Telefon: 0261/13010

DBS Deutsche Bausparkasse AG
Heinrichstraße 2
6100 Darmstadt
Postfach 4041
Telefon: 06151/28131

Deutsche Bank Bauspar AG
Bockenheimer Landstraße 42
6000 Frankfurt/M. 1
Telefon: 069/714060, Telefax:7140 6205

Deutscher Ring Bausparkasse AG
Ost-West-Straße 110
2000 Hamburg 11
Postfach 110620
Telefon: 040/380180, Telefax: 3599281

Heimstatt Bauspar-AG
Haydnstraße 6−8
8000 München 2
Postfach 151020
Telefon: 089/53820

Iduna Bausparkasse AG
Neue Rabenstraße 15−19
2000 Hamburg 36
Postfach 302761
Telefon: 040/441841,
Telefax: 441842958

Leonberger Bausparkasse AG
Lindenstraße 21
7250 Leonberg
Postfach 18
Telefon: 07152/170,
Telefax: 2012900

mh Bausparkasse AG
Wotanstraße 88
8000 München 19
Postfach 38 01 02
Telefon: 089/179 6-0, Telefax: 17 96 3 19

Zu den Landesbausparkassen gehören:

Badische Landesbausparkasse
Siegfried-Kühn-Straße 4
7500 Karlsruhe 1
Postfach 14 60
Telefon: 07 21/8 22 - 0

Bayerische Landesbausparkasse
Oskar-von Miller-Ring 3
8000 München 2
Postfach 20 05 03
Telefon: 089/21 71 - 02

Landesbausparkasse Berlin
Berliner Straße 148
1000 Berlin 31
Postfach 31 08 80
Telefon: 030/8 69 - 02

Landesbausparkasse Bremen
Am Brill 1–3
2800 Bremen
Postfach 10 78 80
Telefon: 04 21/179 - 0

Öffentliche Bausparkasse Hamburg
Pappelallee 41
2000 Hamburg 76
Postfach 76 08 45
Telefon: 040/20 21 - 0

Landesbausparkasse Hessen

Junghofstraße 13–15
6000 Frankfurt/M. 11
Postfach 11 08 33
Telefon: 0 69 / 1 32 - 02

Ständeplatz 23, 3500 Kassel
Postfach 10 23 80
Telefon: 05 61 / 70 61

Landes-Bausparkasse Hannover

Ihmeplatz 5
3000 Hannover 1
Postfach 2 63
Telefon: 05 11 / 1 03 - 0, Telefax: 1 03 95 02

Nord LB-Zentrum
3300 Braunschweig
Postfach 33 41
Telefon: 05 31 / 4 87 - 0

Markt
2900 Oldenburg
Postfach 26 69
Telefon: 04 41 / 2 37 - 02

Landes-Bausparkasse Rheinland-Pfalz

Am Brand 12, 6500 Mainz 1
Postfach 29 80
Telefon: 0 61 31 / 13 - 0

Landesbausparkasse Saarbrücken

Bahnhofstraße 111
6600 Saarbrücken 3
Postfach 2 18
Telefon: 06 81 / 30 06 - 01

Landesbausparkasse Schleswig-Holstein
Schloßgarten 14
2300 Kiel
Postfach 11 02
Telefon: 0431/900-06, Telefax: 9002892

Landes-Bausparkasse Münster/Düsseldorf

Himmelreichallee 40
4400 Münster
Postfach 61 40
Telefon: 0251/412-02, Telefax: 4125055

Neusser Straße 111
4000 Düsseldorf 1
Postfach 11 31
Telefon: 0211/3036-0

Landesbausparkasse Württemberg
Kronenstraße 25
7000 Stuttgart 1
Postfach 10 60 28
Telefon: 0711/2030-1, Telefax: 2030-9085

Der Verband der Privaten Bausparkassen hat seinen Sitz in

Dottendorfer Straße 82
5300 Bonn 1
Telefon: 0228/239041

Die Bundesgeschäftsstelle Landesbausparkassen ist zu
finden in

Simrockstraße 4
5300 Bonn 1
Telefon: 0228/2041, Telefax: 204-250

5 Entscheiden Sie sich: Bauen oder Kaufen

Die Deutschen, so haben wir eingangs festgestellt, wohnen am liebsten im eigenen Heim, präzise ausgedrückt: im eigenen Bungalow inmitten eines parkartigen Gartens, in der Nähe des Arbeitsplatzes, jedoch fern von jeglichem Lärm, trotzdem nahe von Schule und Supermarkt. Daß derlei Idealvorstellungen von der Lage des eigenen Domizils nur in den seltensten Fällen Wirklichkeit werden können, dafür sorgt schon allein das liebe Geld. So muß oft genug der potentielle Immobilienbesitzer von seinen Träumen Abschied nehmen und auf den Boden der Tatsachen zurückkehren.

Auf diesem Boden findet er allerdings ein vielfältiges Angebot, das sich zu prüfen lohnt:

○ das Haus aus zweiter Hand
○ das Haus vom Bauträger
○ die Eigentumswohnung
○ das Fertighaus
○ das Selbstbauhaus und schließlich
○ das Architektenhaus

Im vorherigen Kapitel haben Sie, verehrter Leser, das oberste Gebot des Immobilieninteressenten kennengelernt, nämlich, die eigene finanzielle Potenz richtig einzuschätzen, also nicht fragwürdigen Berechnungen selbsternannter Finanzierungsberater aufzusitzen. Wenn Sie jetzt die Vor- und Nachteile der zuvor genannten unterschiedlichen Angebote gegeneinander abwägen, werden Sie von selbst zu dem Schluß kommen, daß es vielleicht besser ist, den Kauf einer Eigentumswohnung oder eines älteren Eigenheims dem Bau eines Bungalows vorzuziehen.

Als Entscheidungshilfe mag Ihnen die folgende Charakteri-
sierung der verschiedenen Immobilieninteressen dienen.
Die Abrisse nennen nicht nur in kompakter Form die Vor-
und Nachteile der einzelnen Immobilienarten, sie leiten
auch in die folgenden Kapitel ein. Jedes Angebot, das auf
dem Markt ist, vom Altbau bis zum Architektenhaus, hat
seine Eigenheiten. In einem jeweils abgeschlossenen aus-
führlichen Teil wird der Käufer oder der Bauherr über seine
Rechte, seine Pflichten, seine Möglichkeiten, aber auch
über die Stolpersteine seines Vorhabens aufgeklärt. Wer
sich also beispielsweise auf den Kauf eines Reihenhauses
vom Bauträger festgelegt hat, sollte trotzdem die übrigen
Kapitel lesen. Es kann nicht schaden, im Immobilienge-
schäft weitestgehend informiert zu sein.

Der Käufer eines Altbaus ist ein kühler Rechner, der den
Preisunterschied zwischen gebrauchter Immobilie und
Neubau nutzt. Die Vorteile erschöpfen sich nicht im niedrigen Preis. Die fest vereinbarte Kaufsumme, gekoppelt mit
einem soliden Kostenvoranschlag für die Modernisierung
des Gebäudes, erlaubt eine genaue Kalkulation der künftigen finanziellen Belastungen. Aufwendungen für die Zwischenfinanzierung entstehen nicht. Der Kaufpreis kann in
üblichem Rahmen, der Modernisierungsaufwand mit besonders steuersparenden Sondersätzen abgeschrieben werden.
Altbauten werden oft in Stadtzentren oder wenigstens in
Citynähe angeboten. Einkaufsstätten, Schulen und Verkehrsverbindungen sind also vorhanden. Der Käufer kennt
von vornherein die Bevölkerungsstruktur in einem bestimmten Gebiet und kann abschätzen, ob ihm die neue
Nachbarschaft behagt.
Der Einwand, Altbaukäufer müßten sich mit den baulichen
Gegebenheiten abfinden, ist nur begrenzt richtig. Mit
Phantasie und der Hilfe eines versierten Architekten sind
aus unansehnlichen Bauten schon wahre Schmuckstücke

entstanden, die den Bewohnern auch jede Art von modernem Luxus bieten. Allerdings: Gerade beim Kauf eines Hauses ist die Mitwirkung eines Fachmanns unerläßlich, denn verborgene Mängel erkennt nur er. Das im Vergleich zum Kaufpreis recht geringe Honorar des Experten zahlt sich aus. Bei der Finanzierung kann es gelegentlich zu Schwierigkeiten kommen, dann nämlich, wenn über die Beleihungsgrenze Meinungsverschiedenheiten zwischen dem Kaufinteressenten und dem Geldgeber entstehen.

Der Käufer eines Bauträgerhauses sieht, was er kauft, denn Bauträgerfirmen bieten entweder bereits fertiggestellte Gebäude an oder zeigen dem Interessenten zumindest ein Musterhaus. Die meisten Offerten dieser Art sind Reihenhäuser, bei denen wegen der kleinen Parzellen die Grundstückskosten niedrig liegen und die späteren Anliegergebühren, die sich nach der Länge der Straßenfront berechnen, meist günstig sind. Der Grundstücksmangel im Einzugsgebiet der Großstädte läßt den Eigenheiminteressenten oft keine andere Wahl, als auf solche Offerten zurückzugreifen, wobei allerdings die reichlich angebotenen Gebrauchthäuser das Geschäft der Bauträger in den letzten Jahren arg zusammenschrumpfen ließen. Immerhin erlaubt der feste Preis die Kalkulation der späteren finanziellen Belastung und enthebt den Käufer nervenaufreibender Verhandlungen mit Architekt, Handwerkern und Behörden. Voraussetzung ist allerdings, der Käufer verzichtet auf wesentliche, meist teure Änderungen nach Vertragsabschluß.
Vor dem Erwerb ist äußerste Vorsicht bei der Vertragsgestaltung geboten. Vorauszahlungen, die tunlichst zu vermeiden sind, fließen mitunter in andere Kanäle, die Bauausführung entspricht nicht immer den ursprünglichen Angaben des Anbieters, und Reklamationen verpuffen nicht selten, weil der Bauträger jede Schuld auf die am Bau beteiligten Handwerker abzuwälzen sucht. Letztlich erlau-

ben Bauträgerhäuser kaum individuelle Gestaltung. Änderungswünsche kommen die Käufer meist teuer zu stehen.
Gute Lage und Ausstattung vorausgesetzt, erfreuen sich Bauträgerhäuser eines recht guten Wertzuwachses.

Der Käufer einer Eigentumswohnung erwirbt seine Immobilie zum Festpreis, seine monatlichen Aufwendungen sind von vornherein kalkulierbar. Er kauft relativ preiswert, und auch seine laufenden Aufwendungen sind niedrig, denn die geringen anteiligen Grundstückskosten schlagen wenig zu Buche; ebenso sind die Energiekosten günstiger als bei freistehenden Häusern. Eigentumswohnungen liegen meist verkehrsgünstig: Schulen, Einkaufsstätten und andere nützliche Einrichtungen sind in der Nähe, die Arbeitsstätte ist mit öffentlichen Verkehrsmitteln zu erreichen. Der Käufer kann dieselben Steuervorteile nutzen wie der Erwerber eines Eigenheims.
Allerdings: Dem Eigentümer einer Wohnung gehört im Grunde die Luft zwischen den Wänden – mehr nicht. Er darf nämlich kaum etwas verändern, Reparatur- und Bewirtschaftungskosten kann er nicht beeinflussen. Mit den Verwaltungsgremien, das zeigt die Praxis, gibt es immer wieder Ärger um die Einnahmen-Ausgaben-Rechnung und um Veränderungen bei den Gemeinschaftseinrichtungen.
Auch kann der Käufer sich seine Miteigentümer nicht aussuchen, an unangenehme Zeitgenossen ist er mitunter Jahre, wenn nicht gar ein Leben lang gekettet. Zudem muß er – anders als der Eigenheimbesitzer – stets Rücksicht auf die Nachbarn nehmen. Schwierigkeiten beim Wiederverkauf kann es geben, wenn Lage und Schnitt der Wohnung nicht optimal sind.

Der Bauherr eines Fertighauses will auf Nummer Sicher gehen. Er kann seine Baukosten einigermaßen genau im voraus kalkulieren, denn fast alle Anbieter offerieren inzwischen Festpreise für längere Zeiträume. Noch vor wenigen

Jahren mußte ein solcher Bauherr selbst für die Errichtung des Kellers sorgen, was terminliche und finanzielle Unsicherheiten mit sich brachte. Heute gehört der Keller – von wenigen Ausnahmen abgesehen – zum Standardangebot der Fertighaushersteller. Zur Sicherheit trägt auch bei, daß der Bauherr im voraus weiß, was er kauft, denn vor Vertragsabschluß können Musterhäuser besichtigt werden, wobei inzwischen die Branche auch gelernt hat, daß die Möglichkeit unterschiedlicher Grundrißgestaltungen ein kräftiges Verkaufsargument ist. Wegen der Variationsmöglichkeiten ist ein Fertighaus heute fast so frei gestaltbar wie ein vom Architekten entworfenes Gebäude. Der Vorteil gegenüber einem Bauträgerhaus liegt in der freien Wahl des Grundstücks, was den Bau freilich in den meisten Fällen verteuert, denn Miniareale, wie sie für Reihenhäuser ausreichen, sind für einzelstehende Gebäude in aller Regel nicht geeignet. Die große Attraktion der Fertighäuser ist die kurze Bauzeit. Wenn die behördlichen Genehmigungen vorliegen, die Finanzierung steht und der Keller ausgebaut ist, bleiben bis zum Einzug meist nur wenige Wochen. Ausbauarbeiten kann der Bauherr oft in eigener Regie ausführen. Nachteilig ist der niedrige Wiederverkaufspreis. Seien die Häuser noch so pfiffig gebaut – Kaufinteressenten bestehen beim Fertigbau meist auf Preisnachlässen.

Der Bauherr eines Selbstbau- oder Ausbauhauses muß handwerkliches Geschick und viel Fleiß mitbringen. Mit diesen Attributen ausgestattet, kann er konkurrenzlos preiswert bauen, denn die Kostenersparnis gegenüber einem von Handwerkern hochgezogenen Haus beträgt bis zu 40 Prozent. Allein beim Rohbau sind an die 50 Prozent zu sparen. Die mitgelieferten Pläne und Bauanleitungen sind meist gut verständlich, so daß auch der Laie damit umgehen kann. Gibt es in dieser Beziehung einmal Schwierigkeiten, schickt die Lieferfirma einen Fachmann zur Baustelle. Trotzdem ist ein solches Selbstbauhaus nicht jedermanns

Sache. Neben dem überdurchschnittlichen handwerklichen Geschick muß der Bauherr gut und gern 2000 Arbeitsstunden aufwenden; das bedeutet: Zwei Jahre und mehr gibt es für ihn und seine Familie keinen Urlaub und wohl auch kaum Freizeit.

Die eigene Arbeitsleistung des Bauherrn und seiner Helfer erkennen die Geldgeber als Eigenkapital an. Mit dieser Eigenleistung, die scherzhaft auch als »Muskelhypothek« bezeichnet wird, kann er ein größeres und komfortabler eingerichtetes Haus bauen.

Anders als die Finanziers, belohnt das Finanzamt den Fleiß des Hausbesitzers in spe nicht. Zwar zählen sämtliches Material und auch der Lohn für die nicht zu ersetzenden Handwerker zu den abschreibungsfähigen Herstellungskosten, doch die eigene Arbeitsleistung des Bauherrn und seiner Familie bleibt unberücksichtigt.

Der Bauherr eines Architektenhauses ist ein Individualist. Er will sich die Freiheit erhalten, bei Planung und Gestaltung eigene Vorstellungen und Wünsche zu verwirklichen, soweit sie seine finanziellen Möglichkeiten nicht überschreiten. Auch bei der Vergabe der einzelnen Arbeiten an Bauunternehmer und -handwerker behält er seinen Einfluß, denn er – nicht der Architekt – ist Vertragspartner der am Bau beteiligten Firmen.

Allerdings ist dieser Einfluß teuer erkauft, denn ein Bauherr muß sich selbst um viele Einzelheiten kümmern und laufend die Kosten kontrollieren. Das geht selten ohne Auseinandersetzungen mit dem Architekten ab, wenn dieser – nach Meinung des Bauherrn – zu locker mit dem Geld umgeht oder sich zu wenig um die Koordinierung von Handwerkerleistungen und den Baufortschritt kümmert. Mag die Kontrolle auch noch so streng sein – die Baukosten hat bislang kaum ein Bauherr vollständig in den Griff bekommen. Überschreitungen von fünf bis zehn Prozent sind die Regel, 20 und mehr Prozent keine Ausnahme.

Zudem ist die Bauzeit lang. Die von Architekten gern genannten neun bis zehn Monate vom ersten Spatenstich bis zum Einzugstermin bleiben meist Theorie.

Wer jedoch kostenbewußt plant, Handwerker erst nach exakter Ausschreibung beauftragt, nach Baubeginn keine Änderungen mehr vornimmt und die Kosten ständig kontrolliert, kann die Überschreitungen in Grenzen halten. Auch erspart ihm die Möglichkeit, einzelne Arbeiten – etwa Anstriche oder Holzverkleidungen – selbst auszuführen, so manchen Tausender.

Die Entscheidung, welches dieser Angebote Sie letztlich wählen, liegt ganz allein bei Ihnen. Falls Sie nach Lektüre der Vor- und Nachteile der einzelnen Immobilienarten immer noch nicht entschlossen sind, ob Sie lieber die Eigentumswohnung oder die Bauträgerofferte, lieber das Fertighaus oder den Architektenbau vorziehen, dann sollten Ihnen die folgenden Kapitel den endgültigen Entschluß erleichtern. Jetzt geht es in die Einzelheiten eines Geschäfts, das für die meisten Bauherrn oder Immobilienkäufer im wahrsten Sinne des Wortes einmalig ist. Vielleicht auch für Sie. Deshalb und der hohen Geldsummen wegen, die auf dem Spiel stehen, ist Detailkenntnis gefragt.

6 Wie Sie das optimale Haus aus zweiter Hand finden

Wenn Sie sich zum Kauf eines gebrauchten Hauses entschließen, haben Sie viele Möglichkeiten, die Suche nach dem richtigen Objekt erfolgreich zu beenden. Schon beim Kreditinstitut, wo Sie zunächst klären, welche Kreditsumme Ihren persönlichen Verhältnissen angemessen ist, kann es passieren, daß die Finanzexperten Sie auf Immobilien aufmerksam machen, die andere Kunden ihnen anbieten. Weitere Hinweise mögen Bekannte geben. Doch die breiteste Palette findet sich in Tageszeitungen.

In den Wochenendausgaben füllen einschlägige Annoncen mehrere Seiten. Einige Phantasie erfordert es allerdings, die bruchstückhaften Texte zu verstehen: REH steht dort etwa für Reihenendhaus. DHH für Doppelhaushälfte oder WWV für Warmwasserversorgung. Dies sind nur einige Beispiele für die zeilensparende Kürzelflut. Wer die Angebote überschauen und vergleichen will, wird die interessantesten Offerten Woche für Woche ausschneiden und aufkleben. Keinesfalls sollte der Interessent dabei die Maklerangebote ignorieren, auch wenn er bei einem eventuellen Kaufabschluß – und nur dann! – die Kurtage zahlen muß. So nennt man im Branchenjargon die Maklerprovision, die je nach Bundesland zwischen drei und sechs Prozent des Kaufpreises ausmacht. Wenig Sinn hat es übrigens, mit dem Makler gleich beim ersten Kontakt um die Vermittlungsgebühr zu feilschen. Sollte er wirklich einen Nachlaß gewähren, wird er dem knauserigen Kunden kaum seine Rosinen anbieten, die er leicht anderweitig zum vollen Satz vermitteln kann. Zum Handeln bleibt noch Zeit, wenn ein Abschluß unmittelbar bevorsteht. In der Zwischenzeit schickt der Makler regelmäßig seine neuesten Angebote, in der Regel noch bevor er sie inseriert.

Allerdings sollten Sie als Interessent keinem Makler einen Exklusivauftrag erteilen. Schließlich ist es unwahrscheinlich, daß gerade er das ideale Objekt anbieten kann. Und eine Kooperation zwischen Maklern kommt oft nur bei schwer verkäuflichen Objekten zustande. Dazu zählen etwa Häuser mit Macken oder sündhaft teure Villen mit parkähnlichen Grundstücken. Attraktive Objekte zu angemessenem Preis kann jeder Vermittler allein losschlagen, ohne die Kurtage mit seinem Kollegen teilen zu müssen.

Unbegründet scheint die Sorge, Makler wollten den Preis in die Höhe treiben, um dadurch ihre Provision zu steigern. Schließlich erhalten sie von zusätzlichen 10 000 Mark oft nur 300 Mark Kurtage. Für den Vermittler lohnt eher der zügige Abschluß zum niedrigeren Preis, als sich der Mühe zu unterziehen, noch einmal zu inserieren und zusätzliche Besichtigungsfahrten zu organisieren.

Auch die Auftraggeber der professionellen Vermittler auf der Verkäuferseite suchen in der Regel einen zügigen Abschluß. Mit solchen Verkäufern läßt sich viel eher über den Preis verhandeln als mit anderen, die vielleicht erst einmal den Markt testen wollen.

Mit welchem Typ von Verkäufer Sie es zu tun haben, finden Sie am zuverlässigsten im Gespräch bei einer Besichtigung des Objekts heraus. Solche Ortstermine dürfen Sie nie scheuen. Dabei sollten Sie jedoch nicht nur das Gebäude begutachten. Zumindest ebenso wichtig ist es, die Umgebung zu erkunden. Ein vergammeltes Gebäude läßt sich schließlich aufwerten, ein Wohnviertel ändert dagegen seinen Charakter kaum. Dabei gilt es nicht allein, an aktuelle Bedürfnisse zu denken. Mag eine Familie, die heute rundum motorisiert ist, wenig Interesse an nahegelegenen Bushaltestellen und Bahnhöfen, Kneipen und Einkaufszentren haben – in einigen Jahren denken die Hauseigner vielleicht ganz anders. Familien mit Kindern werden ohnehin darauf achten, daß sich Schulen mit gutem Ruf, Sportvereine oder Freizeittreffs für die Heranwachsenden bequem erreichen lassen.

Hat sich herausgestellt, in welchem Dorf oder Stadtteil Sie und Ihre Familie künftig leben möchten, sollten Sie die Suche nach der neuen Heimat »vor Ort« intensivieren: Mit Hilfe des Branchentelefonbuchs finden sich bislang unbekannte, ortsansässige Makler. Per Aushang im Supermarkt oder in Thekengesprächen läßt sich ebenfalls nach geeigneten Objekten fahnden. Sportler knüpfen im Verein rasch Kontakte, Kirchenmitglieder können beim Pfarrer vorsprechen. Und warum sollten Hauskäufer in spe nicht für eine Woche eine der Reklametafeln für einen selbstgemalten Anschlag mieten oder eine Wurfsendung gestalten lassen. Die Verteilung übernehmen Boten der Anzeigenblätter oft preiswert.

Wenn Sie mit so viel Umsicht und Phantasie nach den eigenen vier Wänden suchen, die fraglichen Objekte gründlich auf Baumängel abklopfen und den Notarvertrag sorgfältig prüfen, können Sie sicher sein: Sie werden schließlich das für Sie und Ihre Familie optimale Haus finden.

Versuchen Sie es mit Zwangsversteigerung

Eine besondere Spezies des Hauskaufs ist der Erwerb bei einer Zwangsversteigerung. Dabei ist schon so mancher Anwärter günstig an die eigenen vier Wände gekommen. Einfamilienhäuser für 80 Prozent und Eigentumswohnungen für nur 60 Prozent ihres Verkehrswerts wechselten in der jüngsten Vergangenheit dabei in aller Regel den Besitzer. Allerdings: Die Verkehrswerte zogen schon seit Anfang 1988 wieder an. Trotzdem: Schnäppchen gibt es immer noch.

Der ungeübte Laie sollte bei einigen Versteigerungen erst

einmal zuschauen, ehe er sich an den Geboten beteiligt. Zuvor aber gilt es, die Angebote zu sichten. Was zur Zwangsversteigerung ansteht, steht im amtlichen Teil der Tageszeitungen und wird überdies beim Amtsgericht am Schwarzen Brett bekanntgegeben.

Wer ein passendes Objekt ausgemacht hat, sollte zunächst den zuständigen Rechtspfleger einer Zwangsversteigerungsabteilung beim Amtsgericht aufsuchen. Die Pfleger sind an einem schnellen Umschlag der Immobilien interessiert und zeigen bereitwillig ihre Unterlagen vor: Beschreibungen, Pläne und vor allem die Bewertung der zur Versteigerung anstehenden Immobilie. Diese Wertangaben gehen freilich schon in den vom Rechtspfleger veröffentlichten Verkehrswert ein.

Die genaue Prüfung dieser Unterlagen ist schon deshalb besonders wichtig, weil das Gericht bei einer Zwangsversteigerung nicht für eventuelle Mängel haftet. Deshalb ist nach der Akteneinsicht unbedingt ein Ortstermin vonnöten. Oft genug sind die zur Zwangsversteigerung anstehenden Häuser oder Wohnungen nämlich stark verwahrlost – verständlich, wenn der Besitzer jedes Interesse an seinem Eigentum verloren hat. Oft auch darf der Interessent erst gar nicht Haus oder Wohnung betreten, denn der (Noch-)Eigentümer ist nicht verpflichtet, ihn einzulassen. Dann muß er sich mit dem Gerichtsgutachten begnügen.

Der vom Rechtspfleger genannte Verkehrswert braucht in der Versteigerung nicht erreicht zu werden. Bleibt das Meistgebot allerdings unter 70 Prozent des Verkehrswerts, kann der Gläubiger, der von dem geringen Meistgebot betroffen ist, den Zuschlag verhindern. Bleibt das Meistgebot unter der sogenannten Fünf-Zehntel-Grenze, hat der Eigentümer das gleiche Recht. Erst bei einem weiteren Versteigerungstermin dürfen diese 50 Prozent unterschritten werden.

Bei der Versteigerung selbst muß sich der Bieter mit größeren Mengen baren Geldes versehen oder mit einem von der Landeszentralbank bestätigten Scheck ausstatten. Er kann sich aber auch eine selbstschuldnerische Bürgschaft seiner Bank besorgen. Damit die Mitbieter nicht sehen, wie weit der Interessent zu gehen bereit ist, empfiehlt es sich, Geld oder Schecks zu stückeln. Rechtspfleger geben den guten Rat, sich des Instruments der Bankbürgschaft zu bedienen, weil dabei überdies das Verlustrisiko entfällt.

Die Ausstattung mit liquiden Mitteln ist nötig, weil Berechtigte im Zwangsversteigerungsverfahren vom Bieter Sicherheiten verlangen dürfen. Diese Sicherheitsleistung beträgt zehn Prozent des Angebots und ist sofort zu leisten, wenn es der Rechtspfleger für erforderlich erklärt. Ist der Bieter mit Liquidem nicht ausgestattet, wird sein Gebot als unwirksam zurückgewiesen. Der Zuschlag kann dann nicht erteilt werden.

Verlangt aber niemand Sicherheitsleistungen, so wird die Immobilie dem Meistbietenden zugeschlagen. Die Summe einschließlich Zinsen ist dann erst im sogenannten Verteilungstermin fällig, einige Wochen nach der eigentlichen Versteigerung. Per Zuschlag kann also auch Eigentümer werden, wer keinen Pfennig vorzeigt.

Der Kauf auf Rentenbasis kann besonderen Nutzen bringen

Ein Haus gegen Zahlung einer lebenslänglichen Rente zu kaufen, bedeutet Chance und Risiko zugleich: Der endgültige Kaufpreis steht erst fest, wenn die Zahlungen mit dem Tod des Verkäufers enden. Verstirbt der Empfänger der Rente relativ früh, dann ist der Käufer günstig an ein Haus gekommen. Wird der Verkäufer jedoch weit älter, als es der statistischen Wahrscheinlichkeit entspricht, dann wird das Objekt teuer. Ob ein solcher Handel im Vergleich zum

konventionellen Immobilienkauf lohnt, läßt sich somit
nicht generell sagen.

Als Rentenkäufer sollten Sie nicht allein auf die monatliche
Zahlung und die Gesamtbelastung achten. Wichtig sind vor
allem die Bezugsgrößen, auf denen diese basieren. So muß
der verrentete Betrag dem Verkehrswert des Hauses entsprechen – ein Sachverständiger hilft bei der Bewertung.
Der kalkulierte Zins sollte nicht über der üblichen Rendite
für eine langfristige Geldanlage liegen, wobei sich eine
Wertsicherungsklausel – von der zuständigen Landeszentralbank genehmigt – zinssenkend auswirken muß. Die
Rente sollte nach versicherungsmathematischen Grundsät-
zen berechnet werden. Wichtig ist, daß dabei nicht veraltete
Sterbetafeln, wie etwa die Allgemeine Deutsche Sterbetafel
von 1960/62, zugrunde gelegt werden. Sie weisen eine zu
niedrige Lebenserwartung aus, und daraus ergibt sich eine
zu hohe Rente.

Die Höhe der monatlichen Rente hängt in erster Linie vom
Wert des Hauses ab und davon, welche Verzinsung der
Verkäufer für die Stundung des Kaufpreises fordert. Bei der
Ermittlung der Rentenhöhe wird ferner unterstellt, daß der
Rentenempfänger so alt wird, wie es der durchschnittlichen
statistischen Lebenserwartung entspricht. Je älter folglich
der Rentenempfänger zu Beginn der Leistungen, desto
höher die Anfangsrente. Da Frauen eine höhere Lebenserwartung haben als Männer, lebenslängliche Renten an sie
folglich bei gleichem Alter zu Rentenbeginn länger zu
zahlen sind als an einen Mann, ist der Betrag entsprechend
niedriger. Bei einem Ehepaar ergibt sich wiederum ein
anderer Betrag.

Interessant ist der Kauf auf Rentenbasis für Steuersparer.
In Paragraph 10 e des Einkommensteuergesetzes heißt es,
daß »Renten und dauernde Lasten«, die auf besonderen
Verpflichtungen beruhen, Sonderausgaben sind. Daraus
folgt: Im Gegensatz zu Schuldzinsen aus Hypotheken können Sie Rentenzahlungen steuerlich geltend machen, und

zwar dürfen Sie den in den Rentenzahlungen enthaltenen Zins- oder Ertragsanteil von Ihrem sonstigen Einkommen abziehen. Dieser Anteil richtet sich nach dem Alter des Rentenberechtigten bei Beginn der Rentenzahlung. Der in Frage kommende Prozentsatz ist im Paragraphen 22 Nummer 1 a des Einkommensteuergesetzes genannt.

Wie Sie die Schwachstellen gebrauchter Häuser erkennen

Altbauten, so wissen erfahrene Architekten, zeigen ihre Mängel viel ehrlicher vor als Neubauten, die noch allerlei Pfusch unter dem frischen Verputz verstecken können. Der Aachener Architekt Heinz Schmitz, der sich seit vielen Jahren intensiv mit älteren Immobilien beschäftigt, zählt bundesweit zu den führenden Experten. Er nennt spezifische Macken verschiedener Baujahrgänge, wie sie auf den folgenden Seiten beschrieben sind.

Gestützt auf diese Information können Sie als angehender Gebrauchthauskäufer gezielt nach Schwachstellen fahnden. Schließlich wollen Sie nicht zu jeder Besichtigung einen altbauerfahrenen Experten mitnehmen, denn vereidigte Sachverständige, deren Adressen die regionale Industrie- und Handelskammer nennt, oder Architekten, die ebenfalls Gebäude beurteilen, verlangen pro Stunde rund 80 bis 100 Mark plus Spesen.

Zahlreiche Mängel kann der Laie ebensogut erkennen wie ein Bauprofi, etwa, wenn er Rost- und Kalkablagerungen in Wannen und WCs bemerkt. Dann hat sich wahrscheinlich eine noch dickere Schicht in den Rohren festgesetzt. Probleme kann auch die Elektroinstallation bringen, vor allem in Häusern, die vor 1960 gebaut wurden; es sei denn, der Eigentümer hätte mittlerweile ein komplett neues, dreiadriges Netz installieren lassen. Mehr als 20 Jahre alte Anlagen

bieten nach heutigen Komfortansprüchen nicht genug
Steckdosen. Die Kabel haben oft einen zu geringen Quer-
schnitt, insbesondere für die moderne Küche mit Elektro-
herd und zahlreichen strombetriebenen Geräten.

Zudem fehlt in allen vor 1960 gebauten Netzen das zusätzliche Erdungskabel zur Sicherheit. Darüber darf sich der
kritische Prüfer auch nicht durch moderne Schalter und
Steckdosen hinwegtäuschen lassen.

Noch schneller als das Stromsystem veraltet ein Heizkessel.
Alle vor 1975 installierten Feuerstätten entsprechen nicht
mehr dem heutigen Energiesparstandard. Erst ab Baujahr
1980 darf der Kaufinteressent erwarten, daß alle Heizungs-
rohre isoliert wurden. Die modernen Fußbodenheizungen
bringen dagegen vor allem bei der Möblierung, weniger
beim Heizen, Vorteile. Kunststoffheizschlangen im Boden
können auch erst ab etwa Baujahr 1982 als langfristig sicher
gelten. Ältere Kunststoffrohre drohen im Laufe der Jahre
undicht zu werden, wenn nicht dem Heizwasser eine Spe-
zialflüssigkeit zugesetzt wurde. Seit 1983 ist auch bekannt,
daß die Kunststoffrohre der Fußbodenheizung vermehrt
Sauerstoff produzieren, der leicht zum Durchrosten des
Heizkessels führen kann.

Weit schlimmeren Schaden als Heizwasser kann auslaufen-
des Heizöl anrichten. Deshalb sollten Öltanks aus Stahlblech durch eine Kunststoffinnenhülle gegen Rostfraß geschützt sein.

Einen weiteren Schwachpunkt der Heizanlage stellt vielfach
der Schornstein dar. Dem aus dem Dach ragenden Kaminkopf setzt die Witterung arg zu. Schäden im Innern des
Abzugssystems zeigen sich durch braune Flecken an den
angrenzenden Wänden im Obergeschoß: Sie entstehen,
wenn das Rauchgas im Kamin abkühlt und sich die dann
kondensierende Säure durch die Steine frißt. Eine Innen-
auskleidung – etwa aus Keramik oder Edelstahl – schützt
vor weiterer Zerstörung.

Flecken an Wänden und Decken entstehen auch durch

normale Feuchtigkeit. Fühlt sich die schadhafte Stelle trokken an, und wurde der Raum lange Zeit nicht renoviert, scheint der Schaden behoben. Bleibt die fragliche Stelle weiterhin feucht, sollten Sie als Kaufinteressent den Ursachen nachgehen.

Feuchtigkeit im obersten Stockwerk dringt oft durch das Dach ein. Knickstellen, vor allem der Giebel, gelten als besondere Gefahrenstellen, aber auch die Blecheinfassungen etwa dort, wo der Schornstein oder ähnliche Konstruktionen durch die Dacheindeckung stoßen.

Die Dachbalken sollten Sie als Kaufinteressent gleichfalls mit Argusaugen begutachten. Abbröckelndes oder verfärbtes Holz gilt als Alarmsignal. Überziehen strickartige Gebilde die Balken, könnte der gefürchtete Hausschwamm sein zerstörerisches Werk begonnen haben. Er gedeiht bei ständiger Wärme und Feuchtigkeit. In trockenem Holz frißt sich die Larve des Hausbockkäfers voran. Dieser Schädling verrät sich durch eine Vielzahl kleiner Löcher im Holz. Einen ersten Test, ob ein Balken durch Schädlinge oder Fäulnis morsch geworden ist, kann auch ein Laie vornehmen: Läßt sich ein spitzes Eisen mit der Hand fast mühelos ins Holz stechen, kann der Balken wohl kaum noch größere Lasten tragen.

Liegt das Gebälk offen, läßt sich eine Schadstelle auch mit relativ geringen Kosten austauschen. Dabei müssen die Zimmerleute keineswegs gleich den gesamten Balken ersetzen. Preiswerter und für die meisten Belastungen völlig ausreichend ist es, den morschen Abschnitt herauszusägen, ein tragfähiges Balkenstück einzufügen und mit aufgenagelten Bohlen wieder mit dem übrigen Tragwerk zu verbinden. Soll zum Beispiel an einem Dachsparren ein drei Meter langes Stück ersetzt werden, zahlt der Auftraggeber etwa 200 Mark plus Anfahrt. Bevor die Handwerker anrücken, muß jedoch in jedem Fall ein Experte die Ursache des Schadens und die geeignete Sanierungsmethode ermitteln. Expertenerfahrung ist auch vonnöten, um Feuchtigkeit im

Keller zu beurteilen. Sie macht sich durch Modergeruch, abfallenden Putz, aber auch durch Schäden an gelagerten Gegenständen bemerkbar. Haben Sie ernsthaftes Interesse an einem Gebäude, sollten Sie nicht zögern, auch vollgestopfte Gerümpelkeller räumen zu lassen, um Wände und Fußböden auf Feuchtigkeit zu untersuchen.

Wasser kann vom anliegenden Erdreich durch die Kellerwände dringen, aber auch in Kellerboden und Mauern durch Kapillarwirkung aufsteigen – im Extremfall bis ins erste Obergeschoß – oder bei hohem Salzgehalt der Wände aus der Luft aufgenommen werden. Wer einen feuchten Keller trockenlegen will, um ihn bewohnbar zu machen, muß tief in die Tasche greifen; je nach Verfahren zwischen 300 und 500 Mark pro Quadratmeter. Die Standfestigkeit des gesamten Gebäudes gefährdet Kellerfeuchtigkeit dagegen nur in den seltensten Fällen. Allerdings kann sie die Stahlträger oder Balken in der Erdgeschoßdecke angreifen und auf Dauer zerstören.

Diese Gefahr droht auch in den Obergeschossen von Häusern mit Holzbalkendecken, wie sie bis in die dreißiger Jahre üblich waren. Deshalb verdienen Wasserflecken oder auch nur Risse in den Decken solcher Gebäude besondere Aufmerksamkeit, denn es könnten die darunterliegenden Hölzer angefault sein. Auch bei der Untersuchung solcher Schäden ist Expertenrat von Nutzen.

Neben den Räumen unter dem Bad sollten vor allem diejenigen Stellen unter die Lupe genommen werden, an denen die Holzbalken oder Stahlträger in Außenwänden aufliegen. Durch undichte Fensterbänke, Außentüren und Balkonanschlüsse, insbesondere aber durch größere Risse in der Fassade, kann dorthin nämlich leicht Regen dringen. Solche längeren senkrecht oder diagonal den Mauerfugen folgenden Risse entstehen meist, wenn sich der Baugrund unterschiedlich stark senkt. Hat der Regen bereits die Rißränder ausgewaschen, oder wächst dort gar Moos, entstand der Schaden schon vor längerer Zeit. Offenbar beeinträchtigt er aber die Standfestigkeit des Gebäudes bisher nicht. Dennoch muß – erst recht bei frischen Rissen – ein Architekt oder Statiker Ursache und Folgen gewissenhaft untersuchen.

Der Putz reißt auch dort auf, wo Baumaterialien aufeinanderstoßen, die bei Temperaturschwankungen unterschiedlich reagieren – also etwa Mauerwerk mit dem Holz des Dachstuhls oder den Betondecken. Diese Schäden gelten als harmlos, wie auch feine Haarrisse im Verputz, die nur eine normale Alterserscheinung darstellen. Allerdings muß dafür gesorgt werden, daß kein Regen eindringt.

Im Innern sollte Ihr prüfender Blick senkrechten Rissen in Mauerecken gelten. Unter Umständen wurden die aufeinanderstoßenden Wände nicht fachgerecht miteinander verzahnt. Fallen Putzteile von der Wand ab, sieht dies zwar dramatisch aus, läßt sich jedoch meist mit normaler Alterung oder falscher Putzmischung erklären. Bevor er abplatzt, bildet der Putz unter dem Anstrich oder der Tapete Beulen, die sich hohl anhören, wenn Sie mit dem Finger daraufklopfen.

Durch Klopfen an der Wand läßt sich auch die Hellhörigkeit eines Hauses testen. Lassen Sie während der Besichtigung das Radio spielen. Schallschutzmängel können jedoch – wie fast alle übrigen Schwachstellen – auch nachträglich zumindest vermindert werden. Was solche Arbeiten überschlägig kosten, finden Sie ab Seite 157. In Stuttgart und München, vor allem aber in Berlin liegen diese Kosten um einige Prozentpunkte höher als die genannten, in ländlichen Gegenden abseits der Großstädte verlangen die Handwerker bundesweit bis zu einem Fünftel weniger.

Haben Sie mit Hilfe der Angaben auf den Seiten 146 bis 159 ermittelt, wieviel Sie in die Immobilie investieren müssen, können Sie mit dem Rechenschema auf Seite 146 abschätzen, ob der Kaufpreis angemessen ist.

Zum Rechengang müssen Sie noch wissen, wie hoch die Grundstückspreise in der jeweiligen Gegend liegen. Dies weiß der Gutachterausschuß für Grundstückswerte, der eine Geschäftsstelle bei der Stadt- und Kreisverwaltung unterhält.

Preisverhandlungen mit dem Verkäufer kann im Zweifelsfall ein Sachverständiger erleichtern, der zu diesem Zeitpunkt sinnvollerweise hinzugezogen werden sollte. Er nennt klipp und klar die Mängel und die Kosten ihrer Beseitigung.

Als Kaufinteressent sollten Sie in den Gesprächen mit dem Hauseigner und auch bei Kontakten mit dem Makler zu ermitteln suchen, warum das Haus überhaupt angeboten wird. Damit läßt sich abschätzen, ob der Verkäufer unter Zeitdruck steht. Besondere Verhandlungschancen bieten etwa auch Scheidungsfälle, wo sich keiner der bisherigen Partner mehr so recht mit dem gemeinsamen Eigentum befassen mag. Will eine größere Erbengemeinschaft Kasse machen, engagiert sich vielfach keiner der Miteigner, denn auf jeden entfiele ja von einem eventuellen Mehrerlös nur ein geringer Anteil. Auch Verkäufer, die aus beruflichen Gründen in eine andere Stadt ziehen wollen und dort vielleicht schon zusätzlich mit einer Immobilie belastet sind, werden eher mit dem Preis nachgeben als etwa ein Pensionär, der zwar generell zu einem seiner Kinder ziehen möchte, aber es im Grunde doch gar nicht so eilig hat, sein gewohntes Domizil aufzugeben.

Wann immer der Preis in einem fairen Verhältnis zur gebotenen Immobilie steht, sollten Sie sich jedoch darüber im klaren sein: Je länger Sie mit dem Käufer feilschen, um so sicherer kommt ihnen schließlich ein Mitbewerber zuvor.

So bestimmen Sie den Wert eines alten Hauses

Kein gebrauchtes Haus gleicht dem anderen. Mit einem einfachen Rechenschema, das auf den Gepflogenheiten der Immobiliensachverständigen basiert, kann aber auch der

Laie verschiedene unterschiedliche Objekte vergleichbar machen. Dabei werden zum Kaufpreis einschließlich Nebenkosten die Ausgaben für die Modernisierung addiert. Dann gilt es, den Wert des Grundstücks zu erfassen. Die Preise erfährt der Interessent kostenlos bei Stadt- oder Kreisverwaltung im Büro des Gutachtenausschusses für Grundstückswerte. Dieses Büro ermittelt anhand der Verkäufe im vorausgegangenen Kalenderjahr Richtpreise je Quadratmeter, detailliert für alle Ortsteile. Nach individueller Lage sind dann Zu- oder Abschläge üblich. Durchgangsverkehr etwa kann den Wert um ein Fünftel mindern, während eine besonders ruhige Lage oder eine schöne Aussicht den Preis hebt. Ein Zuschlag ist ferner fällig, wenn das Haus Garten und Terrasse gegenüber einer im Norden verlaufenden Straße abschirmt. Bei gleicher Bebauungsmöglichkeit sind kleine Grundstücke je Quadratmeter teurer als große.

Der auf diese Weise ermittelte Grundstückspreis wird im Rechenschema (Seite 146) vom Endpreis abgezogen, damit dessen Größe und Lage die Rechnung nicht beeinflußt. Die Division durch die Wohnfläche schließlich hilft, zwischen unterschiedlich geräumigen Häusern zu entscheiden.

Ein von Grund auf modernisierter Altbau muß sich im Quadratmeterpreis mit einem ebenso komfortablen Neubau vergleichen lassen. Dessen Kosten (ebenfalls ohne Grundstück) bei rationellem Grundriß und der bei Eigenheimen heute üblichen Größe und Ausstattung zeigen die folgenden Preisangaben für wichtige Ballungsräume. Liegen die Gesamtkosten des Altbaus nach einer Modernisierung höher, dann übersteigt der Kaufpreis den Substanzwert des Gebäudes. Dieser bildet jedoch nur die Obergrenze für den Marktwert eines Hauses. In weniger begehrten Lagen kommt der Käufer schon weit billiger zum Zug. Die gegenwärtigen Baukosten je Quadratmeter für gut ausgestattete Neubauten können überschlägig wie folgt angenommen werden:

O 2800 Mark im Einzugsgebiet von Bielefeld, Bremen, Dortmund, Essen, Hamburg, Hannover, Kassel, Kiel, Münster
O 3000 Mark im Einzugsgebiet von Düsseldorf, Freiburg, Köln, Ludwigshafen, Mannheim, Nürnberg, Ulm
O 3300 Mark im Einzugsgebiet von Frankfurt, München, Stuttgart, Wiesbaden, in Berlin noch mehr

Rechenschema für Käufer

Kaufpreis in Mark

plus Modernisierungskosten   +

ergibt Endkosten der Immobilie   =

minus Grundstückswert   −

ergibt Endkosten des Hauses   =

geteilt durch die Wohnfläche
ergibt Endpreis je Quadratmeter

Gebrauchte Häuser im Jahrgangstest

Weil jede Epoche nicht nur ihre architektonischen Eigenheiten, sondern auch ihre Schwachpunkte hat, werden im folgenden die typischen Mängel von acht Häusern aus vier Jahrzehnten genannt. Ein erstes Beispiel bietet ein um die Jahrhundertwende gebautes Fachwerkhaus.

So mancher großstadtmüde Immobilienkäufer sieht in einem rustikalen Fachwerkhaus die Erfüllung seiner Träume. Allerdings: Die meist kleinen Zimmer dieser Bauten werden nicht jedem modernen Wohnwunsch gerecht. Doch dank der klaren Tragwerkstruktur lassen sich die Zwischenwände in ein leichtes Balkenwerk auflösen. Dazu wird einfach die Ausfachung entfernt.

Für die Erhaltung der Zeugen althergebrachter Handwerkskunst sprechen aber auch finanzielle Gründe. Solche Bauten stehen meist unter Denkmalschutz, daher können selbst bei einem Einfamilienhaus alle durch die Denkmaleigenschaft entstehenden Kosten mit zehn Prozent pro Jahr abgesetzt werden. Über die Anerkennung entscheidet der zuständige Denkmalpfleger. Wer auf solche Hilfe setzt, sollte jedoch bereits vor dem Kauf mit dem zuständigen Konservator sprechen. Vielleicht kann dieser für bestimmte Arbeiten nicht nur Steuervorteile verschaffen, sondern sogar Zuschüsse gewähren.

Für die Haltbarkeit von Fachwerkhäusern gibt es stolze Beispiele. Doch deutlich nagt der Zahn der Zeit am Holztragwerk, wenn es abwechselnd Nässe und Trockenheit ausgesetzt ist. Das trifft fast immer auf die untere horizontale Balkenlage zu, die sogenannten Schwellen. Ferner sind die dort aufstehenden Pfosten betroffen – zumal wenn Erde mit all ihren organischen Stoffen und Spritzwasser dem Holz zusetzen. Generell gefährdet sind Ecken, die der Witterung ausgesetzt sind.

Ungehindert kann Erdfeuchtigkeit im Gebälk und den Ausfachungen aufsteigen, da entsprechende Sperrschichten fast immer fehlen. Die nur eine Balkenstärke dicken Ausfachungen – gleichgültig, ob aus Ziegeln oder Lehm – halten die Kälte nur schlecht ab. Da das Holz arbeitet, bleiben die Anschlußstellen zwischen den Balken und der Ausfachung zudem nie lange winddicht. Insgesamt kann nur eine Dämmung von innen helfen, die allerdings die alten Balken überdeckt. Die typischen kleinen Fenster zu ersetzen, er-

fordert viel teure Schreinerarbeit. Meist sind komplett neue
Elektro-, Sanitär- und Heizungsinstallationen nötig. Die
Modernisierungskosten je Quadratmeter Wohnfläche
schwanken je nach Zustand des Hauses und Auflagen des
Denkmalamts extrem zwischen 1600 bis 6000 Mark, in
Ausnahmefällen auch mehr.

Ähnlich wie beim Fachwerkhaus aus der Jahrhundertwende, wird angesichts seiner imponierenden Architektur
einem nostalgisch gesinnten Interessenten die Kaufent-
scheidung für ein schmuckes Haus aus der gleichen Epoche
leichtfallen. Auch das Innere dieser Gebäude präsentiert
sich großzügig: ein weitläufiges Entree, bei dem noch nicht
der Kostenrechner den Planerstift führte; ein Dachraum,
der noch Ausbaureserven bietet; hohe Räume mit stuckver-
zierten Decken. Breite Türen verbinden die Zimmer miteinander. Besonders weitsichtige Bauherrn ließen schon zu
dieser Zeit die Badezimmer so ausgedehnt gestalten, daß
heute modernem Badespaß nichts im Weg steht. Vor allem
in den zur Jahrhundertwende großbürgerlichen Wohnvier-
teln bieten solche Häuser neben der gestalterischen auch
eine gute Bauqualität.

Schon zu Kaisers Zeiten wurden Zentralheizungen einge-
baut. Ihre verzierten Heizkörper aus Gußeisen widerstehen
bis heute dem Zahn der Zeit. Wie für die Ewigkeit haben die
alten Baumeister die Wände bemessen. So halten die Fassaden gut die Kälte ab, und die Innenwände schlucken wirksam den Schall. Eine imponierende Fassade allein genügt
aber nicht. Gerade in einfacheren Stadtvierteln verdeckt
eine schicke Stuckfassade oft nur eine altgediente Miets-
kaserne.

Aus der Distanz beeindruckt die Architektur der Gebäude,
doch aus der Nähe erkennt selbst der Laie die Alterserschei-
nungen. Die Keller aus der Jahrhundertwende sind allein
bei günstiger Bodensituation trocken. Auch die Balkone
wurden meist nur mangelhaft abgedichtet. Wasser kann
hier ebenso leicht in die Fassade eindringen wie an schad-

haften Fensterbänken. Das gefährdet auch die Holzbalken
der Decken. Die Fußböden in den Bädern sind ebenfalls nur
mangelhaft vor Feuchtigkeit geschützt. Schadhafte Pfannen
und Abdeckbleche lassen das Dach undicht werden. Regen-
rinnen und -rohre sind oft korrodiert. In den Mansarden
zieht es bei Sturm, weil die heute übliche Abdeckfolie unter
dem Dachbelag ebenso fehlt wie eine Dämmung. Alters-
schwächen zeigen meist auch die Fensterrahmen sowie der
Verputz innen und außen.

Das Dach überholen und dämmen, die Fassade ausbessern
und streichen, die feuchten Kellerwände rundum seitlich
isolieren, die Sanitär- und Elektroinstallation erneuern,
erstmals eine Zentralheizung einbauen, danach anstreichen, tapezieren und Fliesen legen:

Das kostet insgesamt je Quadratmeter Wohnfläche rund
1200 Mark; bei großer Grundrißveränderung 100 bis
200 Mark mehr.

Häuser aus den dreißiger Jahren

Ganz anderen Charme entwickeln Häusern, die in den
dreißiger Jahren gebaut worden sind. Ein typischer Bau der
damaligen Zeit war das Siedlungshaus. Damals planten
gemeinnützige Träger in vielen Städten Siedlungen, in
denen sich die späteren Eigentümer gegenseitig beim Bau
halfen.

Heute zeichnen sich diese Viertel meist durch eine komplette Infrastruktur und gute Verkehrsverbindungen zur
nahen City aus. Für diese Siedlungen sprechen auch die oft
großzügig bemessenen Gärten. Denn sie sollten nicht nur
zur Zierde gereichen, sondern vor allem die Hauseigner mit
Obst und Gemüse versorgen.

Die Bauherrn mußten damals zwar aus Geldmangel mit der
Wohnfläche knausern. Da jedoch häufig mehrere Generationen ein Haus gemeinsam bewohnten, genügt der vor-

handene Raum auch den Wünschen heutiger Kleinfami-
lien.

Manche dieser Siedlungen bieten eine juristische Besonder-
heit. Die Liegenschaften stehen unter dem Schutz des
Reichsheimstättengesetzes. Dieses Gesetz resultierte aus
der wirtschaftlichen Not in der Weimarer Republik und
besagt, daß diese Häuser in keinem Fall zwangsversteigert
werden dürfen. Sie bleiben also in allen Wechselfällen des
Lebens der Familie erhalten – eine Regel, die sich mancher
Eigenheimbesitzer heutzutage für sein Domizil wünschen
dürfte.

Neben qualitativ ansprechenden Siedlungen gibt es aus
dieser Zeit jedoch auch Häuser, die deutlich den Notcharak-
ter der Baumaßnahme verraten. Das beginnt bei den dünnen Außenwänden, die manchmal gar in einer Art Fach-
werksystem errichtet wurden. Die Keller sind oft feucht,
manche Häuser haben nur einen Teilkeller. Für die Decken
wählten die Planer oft einfache Holzkonstruktionen, die
den Schall nur schlecht dämpfen. Holzstützen übernehmen
in manchen tragenden Wänden die Last. Die Mauern können dann dünn wie nichttragende Wände ausfallen.

An den Wänden sichtbar verlaufen oft die Installationen,
wobei sich die Bauherrn seinerzeit mit dem Allernötigsten
zufriedengaben. Sollte auch die Bausubstanz Schaden genommen haben, kann es billiger sein, abzureißen und neu
zu bauen, anstatt mühsam zu sanieren. Bei gut gepflegten
Objekten reicht es oft aus, rundum zu dämmen, das Dach zu
überholen und die Fenster sowie die gesamte Haustechnik
zu erneuern. Wird dann noch eine Kellerwand trockenge-
legt, zahlt der Eigner insgesamt mit Maler- und Fliesenarbeiten sowie Bodenbelägen je Quadratmeter Wohnfläche
rund 1300 Mark.

Billiger kommt ein Interessent davon, wenn er sich für den
Kauf einer Villa aus den dreißiger Jahren entscheidet.
Sachlich, aber ausgesprochen solide zeigen sich die reprä-
sentativen Eigenheime der zwanziger und dreißiger Jahre.

Ihr Grundriß kommt durchaus heutigen Wohnwünschen entgegen. Allerdings planten die Architekten seinerzeit statt des heute üblichen großen Wohnbereichs meist mehrere kleinere Räume ein – etwa ein Wohn- und daneben ein sogenanntes Herrenzimmer. Diese Gestaltung erlaubt eine variable Nutzung, zumal die Räume häufig durch breite Türen verbunden wurden.

Allerneuesten Wohnideen entspricht dagegen die geräumige Küche. Sie bietet genug Platz für den heute wieder beliebten Eßplatz unmittelbar am Herd. Auch die geräumigen Badezimmer in den Immobilienoldies kommen dem modernen Trend entgegen.

Viele dieser älteren Bauten wurden so konzipiert, daß sie sich problemlos in zwei Wohnungen unterteilen lassen. Das wird etwa dann gewünscht, wenn die Kinder das Elternhaus verlassen. Zudem kann der Eigentümer auch nach dem neuen Recht mit einem Zweifamilienhaus Steuern sparen.

Außer auf einen praktischen Grundriß achteten die Bauherrn seinerzeit auch auf die Bauqualität. Dicke Ziegelmauern halten wirkungsvoll die Kälte ab. Massive Innenwände dämpfen den Schall. Eine Zentralheizung gehört zum Standard.

Selbst an solchen gediegenen Eigenheimen wird aber deutlich, daß Architekten und Handwerker seit ihrem Bau doch manches dazugelernt haben. So erhielten die damals aufkommenden Betondecken noch keinen schwimmenden Estrich, der heute Laufgeräusche schluckt. Die Keller sind noch nicht ausreichend gegen Feuchtigkeit geschützt. Dem Dach fehlen die vor Wind und Flugschnee schützende Folie und die Dämmung. An einer solchen Villa, an der bislang nur stets das Nötigste repariert wurde, müssen sicherlich die Blechteile am Dach ausgetauscht werden. Fenster schließen in aller Regel nicht mehr dicht. Ebenso fehlt eine Wärmedämmung der Wohnräume gegenüber Dach und Keller.

Im Bad werden die meisten Hauskäufer die Sanitärobjekte

mitsamt den Wasserrohren austauschen und sich für rundum neue Fliesen entscheiden. Ebenso entspricht die Elektroinstallation nicht mehr den heutigen Komfort- und Sicherheitsanforderungen.

In einem solchen Haus die Elektro- und Sanitärinstallation komplett zu erneuern, den Heizkessel und die Fenster auszutauschen, den Keller partiell zu isolieren sowie zum Speicher und Keller hin zu dämmen, kostet mitsamt Malerarbeiten und Bodenbelägen je Quadratmeter Wohnfläche rund 700 Mark.

Häuser aus den fünfziger Jahren

In der Nierentisch-Ära der fünfziger Jahre herrschte – zumindest bis zur Jahrzehntmitte – noch Wohnungsnot. Wer damals sein eigenes Häuschen im Grünen errichtete oder vom Bauträger erwarb, hatte angesichts der damaligen Knappheit das große Los gezogen.

Die Neubausiedlungen, die seinerzeit an den Stadträndern entstanden, liegen heute, nach dem Bauboom der folgenden beiden Jahrzehnte, citynah. Da diese Viertel zudem eine gewachsene, umfassende Infrastruktur aufzuweisen haben, stehen Eigenheime aus den Anfangsjahren des Wirtschaftswunders bei Kaufinteressenten besonders hoch im Kurs.

Die bei solchen Häusern meist notwendige Modernisierung können die Käufer ganz nach ihren finanziellen Möglichkeiten zeitlich verteilen. Zudem bieten gerade Häuser aus den fünfziger Jahren häufig einen weiteren Vorteil für finanzschwache Hausinteressenten. Die Gebäude wurden vielfach auf Erbpachtgrundstücken errichtet, der Käufer muß also das Areal nicht miterwerben, sondern zahlt statt dessen Pacht. Doch vor dem Abschluß sollte er die Klausel des Erbpachtvertrags sorgfältig durchlesen. Zu prüfen bleibt, ob die Pacht steigen kann, wie lange die Pachtzeit reicht und welche Rechte der Pächter bei Pachtende besitzt.

In den fünfziger Jahren gaben sich viele Bauherrn noch bescheiden. Sie begnügten sich mit Linoleum- und PVC-Böden sowie schlichten Badezimmern. Für Wärme sorgten Öfen, wobei die Feuerstätte im Wohnzimmer manchmal die übrigen Räume über Luftschächte mitheizte. Sie verteilten dann zugleich mit der Wärme noch Geräusche und Gerüche im ganzen Haus. Doch derlei technischer Ausbau müßte nach 30 Jahren auch bei besserem Standard vielfach ausgetauscht werden.

Außen- und Innenwände fielen sehr dünn aus, so daß sie nur schlecht Schall schlucken und Kälte abhalten. Die Betondecken – ebenfalls sparsam bemessen – hatten noch keine Estrichauflage, die den Trittschall dämpft. Angebaute Häuser bekamen eine einfache gemeinsame Wand statt der seit den siebziger Jahren üblichen Doppelwand, zwischen deren beiden Elementen ein Luftspalt den Schallübergang verhindert.

Ein solches Haus rundum in Dämmstoff zu packen, moderne Fenster sowie Heizung einzubauen, das Dach zu überholen, die Elektro- und Sanitärinstallationen komplett zu erneuern und zum Nachbarn hin eine Schalldämmwand einzubauen, kostet mit Maler- und Fliesenarbeiten sowie mit neuen Bodenbelägen je Quadratmeter Wohnfläche rund 950 Mark.

Die gehobenen Eigenheime der fünfziger Jahre demonstrieren bereits das Wirtschaftswunder. Es durfte wieder etwas mehr sein, auch bei Wohnfläche und Bauqualität.

Als Reaktion auf die hellhörigen Bauten der vergangenen Jahre achteten die Bauherrn mehr auf Schalldämmung. Für die Zwischenwände orderten sie schwere Materialien und für die Decken schwimmenden Estrich, damit sie nicht jeden Schritt aus dem Obergeschoß mithören mußten. Die Keller wurden wirksam abgedichtet.

Gleichwohl lohnt sich stets eine strenge Kontrolle. Ge-

pfuscht wurde schließlich zu allen Zeiten. Da die Handwerkerlöhne noch keine schwindelnden Höhen erreicht hatten,
schmückten selbst sparsame Bauherrn ihr Domizil oft mit
Balkon, Erker oder Dachgaube.

Im Badezimmer dominieren einfache Fliesen und weiße
Sanitärobjekte. Das Warmwasser liefern zum Teil Durchlauferhitzer oder Badeöfen, statt der zentralen Versorgung.
Wo es doch eine Zentralheizung gibt, ist sie meist ölbefeuert. Die Elektroinstallation entspricht zwar nicht heutigem
Standard, doch mancher Hauskäufer wird mit der vorhandenen Anzahl an Steckdosen und der noch etwas geringen
Belastbarkeit des Netzes zufrieden sein.

Nicht die knappen Mittel der Bauherrn, sondern das seinerzeit spottbillige Heizöl verführte Ende der fünfziger Jahre
die meisten Bauherrn dazu, sich weiterhin mit schlecht
gedämmten Außenwänden zu begnügen. Denn es war billiger, gegen den ständigen Wärmeverlust anzuheizen, als zu
dämmen. Und die Mühe der Feuerung übernahm ja die
moderne vollautomatische Ölheizung. Keiner mußte mehr
Kohlen schaufeln.

Ein solches Haus braucht bei der Modernisierung rundum
eine Dämmschicht. Dazu wird das Dach überholt. Es erhält
zusätzlich zur Dämmung eine Unterspannfolie gegen Staub
und Flugschnee sowie neue Abdeckbleche. Zudem werden
neue, isolierverglaste Fenster installiert.

Ein moderner Heizkessel ist fällig, denn die bis Mitte der
siebziger Jahre verkauften Modelle verfeuern häufig doppelt soviel Energie, wie sie wirklich als Wärme in die
Zimmer schicken. Ferner wünschen sich Käufer solcher
Häuser meist moderne Sanitärobjekte und Fliesen in Bad,
Dusche und Toilette. Mit den Kosten für Malerarbeiten,
Fliesen und Bodenbeläge zahlt der Käufer für alle genannten Arbeiten je Quadratmeter Wohnfläche insgesamt
500 Mark.

Häuser aus den siebziger Jahren

Der Winkelbungalow symbolisiert die siebziger Baujahre. Die Planer experimentierten mit neuen Bauformen und Materialien. Die Grundstücke wurden großzügig bemessen, denn Grund und Boden kosteten zur Bungalow-Bauzeit noch weit weniger als heutzutage. Wichtiger Tip für Käufer: Nach der Marktgepflogenheit werden übergroße Grundstücke nur mit einem reduzierten Quadratmeterpreis in die Kaufpreiskalkulation eingerechnet.

Im Grundriß entsprechen die Bungalows noch weitgehend dem heutigen Geschmack. Ihr großzügiger Wohnbereich unterteilt sich, bedingt durch die Bauweise über Eck, ohne Wände wie von selbst. Schalltechnisch günstig abgeteilt liegt der Privattrakt mit Schlaf- und Kinderzimmern. Das Untergeschoß bietet, sofern das gesamte Gebäude unterkellert wurde, mehr Raum, als selbst eine hobbybegeisterte Familie sich wünschen kann.

Zum modernen Standard gehört eine Zentralheizung mit Heizkörpern und meist eine zentrale Warmwasserversorgung. Auch mit den Installationen einschließlich der Badezimmerausstattung werden sich die meisten Käufer zufriedengeben, selbst wenn die Fliesen ohne Dekor blieben.

Die Experimentierfreude der Baustoffindustrie und der Architekten kam allerdings manche Bauherrn teuer zu stehen. Die in Mode gekommenen Flachdächer erforderten von den Dachdeckern exakte Arbeit. Zudem hielten nicht alle Dichtungsmaterialien, was ihre Hersteller versprachen. Daß sich unter der Dachhaut häufig eine Holzkonstruktion statt der später üblichen Betondecke verbirgt, braucht den Kaufanwärter indes kaum zu schrecken. Falls das Dach leckt, registriert er den Schaden schnell an den Wohnraumdecken, so daß die Balken kaum durch Nässe Schaden nehmen.

Sorgen bereitet jedoch die schlechte Wärmedämmung dieser Bauten. Große, einfach verglaste Fensterfronten, dünne

Außenwände, die im Vergleich zu anderen Haustypen übergroße, ungedämmte Dachfläche und der Wärmeverlust durch die ungedämmte Kellerdecke zeugen davon, wie spottbillig einst Heizöl angeboten wurde. Ein solcher Bungalow muß heute rundum gedämmt werden. Dabei wird meist die gesamte Dachhaut erneuert, ferner die alten Einfachfenster durch moderne Isoliergläser ersetzt. Schließlich erhält das Haus einen sparsamen, an den reduzierten Wärmebedarf angepaßten Heizkessel. Mit Malerarbeiten und neuen Bodenbelägen zahlt der neue Eigentümer je Quadratmeter Wohnfläche 450 Mark.

Der geltenden Wärmeschutzversorgung entsprechen auch die Landhäuser der siebziger Jahre nicht. Immerhin: Nach der ersten Ölpreiskrise zu Anfang des Jahrzehnts ließen Bauherrn die Fassade deutlich besser als zuvor üblich dämmen und hochwertige Isolierfenster einbauen.

Auch ansonsten bieten diese Häuser gute Qualität. Das zeigen Ausstattungsdetails. Die seit vielen Jahren üblichen Stahlzargen der Innentüren wurden durch Holzverkleidung ersetzt, die Sanitärobjekte gewannen an Farbe, und mit Dekorfliesen wurde nicht gespart. Die Installationen erfüllen auch heute noch fast alle Ansprüche.

Angebaute Häuser erhielten jeweils eine eigene Wand, dazwischen klafft ein Luftspalt. Damit können sich Schallschwingungen nicht von einem Haus zum anderen fortsetzen, und selbst im Reihen- und Doppelhaus bleibt die akustische Privatsphäre gewahrt.

Bei der Anlage von Neubausiedlungen gingen die großen Baugesellschaften mittlerweile weit behutsamer vor. Statt monotoner Reihen, wie sie der Bauboom Ende der sechziger, Anfang der siebziger Jahre beschert hatte, versuchten sich die Planer wieder in ansprechender Architektur. Ebenso achteten sie wie auch die Gemeinden auf eine ausreichende Infrastruktur.

Zwar hatte die Bauflaute im Gefolge des ersten Ölpreisschocks die Baupreise vorübergehend gestoppt, die Grundstücke blieben aber teuer. Die Häuser dieser jüngeren Bauvergangenheit wurden deshalb oft auf eine nur kleine Scholle gesetzt.

Skepsis scheint angebracht, wenn ein Haus um 1975 die damals neu auf den Markt gekommenen Fensterrahmen aus Aluminium erhielt. Diesen Metallkonstruktionen fehlt häufig noch ein den Kälteübergang hemmender Kern. Sie leiten entsprechend viel Wärme nach draußen.

Sorgen kann schließlich der seinerzeit beliebte Stahlbeton bereiten. Da den Planern entsprechende Erfahrung fehlte, ließen sie die Moniereisen oft nur mit einer zwei bis drei Zentimeter dicken Betonschicht abdecken. Fehlt dann ein schützender Anstrich, dringt Kohlendioxid aus der Luft mit dem Regen ein und zerstört die korrosionshemmende Schutzfunktion des Betons. Nach wenigen Jahren rostet der Stahl und sprengt den darüberliegenden Beton ab.

Da in aller Regel nur Malerarbeiten nötig sind und die Teppichböden ausgetauscht werden müssen, kostet die Modernisierung je Quadratmeter Wohnfläche – selbst wenn Betonteile zu sanieren sind – kaum mehr als 200 Mark.

Wieviel Handwerker für ihre Dienste kassieren

Damit Sie als Kaufinteressent abschätzen können, wieviel Sie bei den Ihnen angebotenen Gebrauchtimmobilien jeweils für die Modernisierung aufwenden müssen, sind im folgenden Preise für häufig wiederkehrende Arbeiten genannt. Allerdings: Die Rechnungen der Handwerker fallen, je nach Region und Beschäftigungsgrad, unterschiedlich aus. Die genannten Preise können deshalb nur als Orientierungshilfe angesehen werden. Unterschiede von 25 Prozent nach oben und zehn Prozent nach unten sind möglich.

Unter diesem Vorbehalt verlangen Handwerker für

○ **Elektroinstallationen** – komplett neu, unter Putz verlegt, ohne nachfolgende Malerarbeiten 75 Mark je Quadratmeter Wohnfläche.

○ **Heizungseinbau** – komplett mit Ölkessel (ohne Warmwasserbereitung), Tank und Heizkörpern, ohne Malerarbeiten 120 Mark, für Gas ohne Hausanschlußkosten 100 Mark je Quadratmeter Wohnfläche.

○ **Malerarbeiten** – Putzflächen in Küche, Bad und WC, ansonsten vorhandene Rauhfasertapete streichen 35 Mark; neu mit Rauhfaser tapezieren, komplett 80 Mark je Quadratmeter Wohnfläche.

○ **Fußbodenbelag** – Teppichboden 50 Mark plus Verlegen 15 Mark, Keramik 50 Mark plus Verlegen 55 Mark je Quadratmeter Wohnfläche.

○ **Dachsanierung** – Flachdach dämmen und neue Dichtbahnen aufbringen, mit Kiesschüttung je Quadratmeter Dachfläche 140 Mark; an Satteldach neue Latten, Dämmung und Bleche anbringen, weitgehend mit alten Pfannen wieder decken, je Quadratmeter überbauter Dachfläche 135 Mark.

○ **Fassadenarbeiten** – Kleine Putzschäden ausbessern, streichen, inklusive Einrüstung, je Quadratmeter 75 Mark.

○ **Neue Fenster** – Nach Maß gefertigt aus lasiertem Edelholz, je Quadratmeter Fensterfläche 550 Mark.

○ **Trockenlegung des Kellers** – Feuchte Wand außen zwei Meter tief ausschachten, dämmen und isolieren, je laufendem Meter 800 Mark.

○ **Modernisierung der Sanitäranlagen** – Neue Rohre und Elemente in Standardfarben und -formen für das Bad 3500 Mark, für das Gäste-WC 2000 Mark.

○ **Einbau eines Bades und eines Gäste-WC** – Sechs Quadratmeter großes Bad in einer Raumecke abteilen und betriebsbereit mit einfachen, farbigen Elementen ausstatten, ohne Fliesen und Malerarbeiten 7000 Mark; analog Gäste-WC 5000 Mark.

○ **Fliesenarbeiten** – In einem sechs Quadratmeter großen Bad Wände türhoch und Boden belegen 3500 Mark, entsprechend im Gäste-WC 2000 Mark.

○ **Erneuerung der Heizanlage** – Ölkessel samt Brenner austauschen 5000 Mark, Gaskessel 4000 Mark, jeweils mit neuer Steuerung; Kamin sanieren 1500 Mark; Kaminkopf verputzen, neues Anschlußblech 500 Mark.

○ **Ersatz einer Holztreppe** – Gerader Lauf, ein Meter breit mit Geländer bei drei Meter Raumhöhe 7000 Mark.

○ **Austausch der Haustür** – In Massivholzausführung, lasiert, mit Rahmen und den notwendigen Beschlägen 2500 Mark.

○ **Abriß einer Wand** – Nichttragende Wand abtragen und abfahren, mit Beiputz, ohne Malerarbeiten je laufendem Meter 700 Mark; drei Meter lange, tragende Wand durch Stahlträger ersetzen, je nach Statik um 4000 Mark.

○ **Mauern einer Wand** – Nichttragende Doppelständerkonstruktion mit schalldämmender Füllung je laufendem Meter 450 Mark.

○ **Ausbau unter einem Satteldach** – 70 Quadratmeter Dachboden in drei Zimmer unterteilen, drei große liegende Dachfenster einbauen, Dämmen und Verkleiden der Schrägen, neue schmale Treppe bei vorhandener Deckenöffnung montieren, mit Tapeten und Teppichboden, ohne Sanitär 50000 Mark.

○ **Bau einer Garage** – Einfache Betonfertiggarage komplett aufgestellt mit einfachem Tor 5500 Mark.

Der richtige Vertrag erspart Ihnen später Ärger

Nun ist es soweit: Sie haben Ihre Kosten berechnet und sich mit dem Anbieter darüber geeinigt, daß das Haus oder die Wohnung in Ihr Eigentum übergehen sollen. Diesen krönenden Abschluß eines jeden Immobilienkaufs hat der Gesetzgeber streng geregelt. In weiser Voraussicht, denn nur Verträge, die ein Notar besiegelt, haben Gültigkeit. Der Rechtsexperte soll juristische Laien vor Betrügern schützen. Er ist verpflichtet, ausführlich auf alle Fragen der Vertragspartner einzugehen. Sein guter Rat ist dabei völlig kostenlos – er bekommt, gleichgültig, wie lange die Verhandlung dauert, stets nur die vom Staat festgelegte Gebühr: gut vier Promille des Kaufpreises. Den Vertragspartnern bleibt es überlassen, welchen Notar sie wählen. Er muß vor Beurkundung das Grundbuch einsehen, was um so leichter fällt, wenn der Notar in dem für das Grundstück zuständigen Gerichtsbezirk ansässig ist. Besonders wichtig: Der Notar sollte den Vertragstext beiden Partnern einige Tage vor dem Unterschriftstermin zur Prüfung zustellen.

Bis zum Notartermin werden Sie als Käufer Ihre gesamte Finanzierung verbindlich regeln. Der Notar seinerseits prüft das Grundbuch, das beim Amtsgericht geführt wird. Darin sind neben dem Eigentümer auch Grundschulden und Hypotheken, Nutzungsrechte Dritter sowie Vorkaufsrechte registriert.

Bestehen Vorkaufsrechte, fordert der Notar die Begünstigten zum Verzicht auf. Welche der eingetragenen Lasten der Käufer dann letztlich übernimmt, bleibt in der Verhandlung zu klären.

Zu Diskussionen zwischen den Vertragspartnern führt auch häufig der in solchen Verträgen übliche Haftungsausschluß »gekauft, wie gesehen und besichtigt«. Entdeckt der Käufer später einen Schaden, muß er dem Vorbesitzer schon ein arglistiges Verschweigen eines schwerwiegenden Mangels nachweisen, um ihn haftbar zu machen. Da der Immobilienmarkt heute immer noch zum Käufermarkt tendiert und sich die Käufer daher oft in der stärkeren Position befinden, sollten Erwerber diese Formel zumindest dann ablehnen, wenn der Sachverständige Schäden für möglich hält. Bleibt der Verkäufer hart, sollte er jedoch in jedem Fall schriftlich zusichern, daß er in den fraglichen Bereichen bislang keine Mängel bemerkt hat, rät der Kölner Baurechtsexperte Ulrich Werner.

Um Zinsen zu sparen, wird der Käufer auf möglichst späte Zahlungstermine drängen: Die Anzahlung sollte deshalb erst fällig werden, wenn die Auflassungsvormerkung im Grundbuch eingetragen wurde. Nur dieser erste offizielle Eintrag verhindert, daß der Verkäufer die Liegenschaft auch noch anderweitig veräußert.

Wichtig ist für den Käufer zu wissen, daß er durch eine Auflassungsvormerkung auch dann geschützt ist, wenn der Verkäufer Konkurs anmelden muß. Voraussetzung ist allerdings, daß die Vormerkung noch vor der Eröffnung des Konkurses bzw. vor dem Erlaß eines sogenannten Veräußerungsverbots im Grundbuch eingetragen wurde. In diesem Fall kann der Erwerber die Auflassung des Grundstücks zu seinen Gunsten verlangen.

Verlangt der Verkäufer zu seiner Sicherheit, daß der Betrag vorab auf ein Treuhandkonto des Notars – das sogenannte Notaranderkonto – eingezahlt wird, sollte der Käufer zumindest die dort anfallenden Zinsen erhalten und der Verkäufer die dafür fälligen Notarkosten tragen. Mit der Hinterlegung des Kaufpreises beim Notar zu treuen Händen wird dieser verpflichtet, den Kaufpreis erst dann an den Verkäufer weiterzugeben, wenn der Käufer im Grundbuch abgesichert ist.

Zahlt der Notar, wie üblich, Altschulden aus dem Kaufpreis zurück, sollte der Käufer diesen Teil des Preises erst dann überweisen müssen, wenn die Bank dem Notar die Vollmacht und Löschungsbewilligung ausgehändigt hat, bei Tilgung auch die entsprechende Belastung im Grundbuch löschen zu lassen. Vorher reicht er das Geld ohnehin nicht an die Kreditgeber weiter. Um Notargebühren und Bankzinsen zu sparen, kann der Käufer jedoch auch darauf bestehen, daß seine Bank nach entsprechender gebührenpflichtiger Information durch den Notar die Tilgungsbeträge direkt an die Kreditgeber des Verkäufers überweist.

Den Restkaufpreis, den der Verkäufer ausgezahlt erhält, kann der Erwerber sowieso unmittelbar an den Verkäufer zahlen, sofern der Notar bestätigt hat, daß alle Voraussetzungen für den Eigentumswechsel erfüllt sind. Diesen Betrag ebenfalls über das Anderkonto laufen zu lassen, würde nur zusätzlich Gebühren verursachen. Denn diese trägt – mit Ausnahme der Kosten für Tilgung und Löschung der Altschulden – in der Regel der Käufer.

Die Kaufurkunde muß schließlich noch die Übergabe des Hauses regeln. Ist es derzeit vermietet, sollte der Mieter bereits gekündigt haben. Will ihm dagegen erst der Käufer wegen Eigenbedarfs kündigen, kann dies seinen Einzugstermin erheblich verzögern. Bewohnt der bisherige Eigentümer das Haus selbst und zieht nicht pünktlich aus, sollten der Kaufpreis reduziert und weitere Zahlungen bis zum tatsächlichen Auszug verschoben werden.

Im Vertrag müssen schließlich alle Reparaturen festgehalten werden, die der Verkäufer gegebenenfalls noch auszuführen hat, außerdem auch alle zugesagten Finanzierungshilfen.

Sicherheit hat auch beim Hauskauf ihren Preis. Die folgende Musterrechnung zeigt dies exemplarisch für den Eigentumsübergang eines 350 000 Mark teuren Eigenheims. Zur Finanzierung nimmt der Käufer in diesem Fall 280 000 Mark bei einem Kreditinstitut auf. Generell steigen die fälligen Gebühren mit dem Kaufpreis unterproportional.

Es bekommt der Notar für
○ Beurkundung und Vollzug des Kaufs 1625 Mark
○ Mitteilung über Fälligkeit des Kaufpreises 190 Mark
○ Zahlungsüberwachung von Eigentumsumschreibung 145 Mark
○ Beurkundung der Briefschuld 530 Mark
○ Abschriften, Porto, Telefon 100 Mark
○ Mehrwertsteuer (14 Prozent) 363 Mark. Die Notarkosten summieren sich zu rund 2953 Mark

Das Grundbuchamt verlangt für

○ Auflassungsvormerkung 325 Mark
○ deren spätere Löschung 163 Mark
○ Eigentumsumschreibung 650 Mark
○ Katasterfortschreibung 195 Mark
○ Eintragung der Grundschuld 530 Mark
○ Erteilung des Grundschuldbriefs 133 Mark. Die Grund-
  buchkosten summieren sich zu knapp 2000 Mark

Werden zum Beispiel 100 000 Mark über Notaranderkonto an einen Empfänger gezahlt, kostet dies zusätzlich 325 Mark Gebühren.

Doch nicht nur an die gegenseitigen Rechte sollten die Vertragspartner denken: Wie sich durch kluge Klauseln erheblich Steuern sparen lassen, steht auf den folgenden Seiten.

Auch das Finanzamt hilft beim Hauskauf

Die Grundförderung und andere Fördermaßnahmen beim Kauf eines Hauses oder einer Wohnung sind der weithin sichtbare Teil der staatlichen Wohltaten. Ob mit Familienhilfe oder durch Entgegenkommen des Verkäufers, ob mit richtiger Terminplanung oder durch gezielte Nutzung weitgehend unbekannter Gesetzesvorschriften – der Staat läßt sich beim Immobilienhandel am Kaufpreis zusätzlich beteiligen. Die auf den folgenden Seiten genannten Möglichkeiten sind völlig legal. Beim Erwerb einer gebrauchten Immobilie ergeben sich viele Möglichkeiten der Steuerersparnis. Häufig genug kommt es vor, daß ein Haus- oder Wohnungsinteressent spontan von einem Angebot begeistert ist: Das Haus ist gut in Schuß, die Lage stimmt, und der Garten verspricht ungetrübte Sommerfreuden. Gleichwohl kommt ein Vertrag nicht zustande, weil der Kaufpreis die finanziellen Grenzen übersteigt.

Denn um die monatlichen Raten für Zins und Tilgung der Baudarlehen pünktlich überweisen zu können, muß die Verschuldung in einem vernünftigen Verhältnis zum Einkommen stehen. Für den Verkäufer hingegen gibt es – mag er noch so entgegenkommend sein – ebenfalls eine Preisgrenze, die er nicht unterschreiten mag.

Fast unterschriftsreife Kontrakte platzen deswegen nicht selten, obwohl die Preisvorstellungen von Anbieter und Interessent gemessen an der Geldsumme am Ende nur noch marginal voneinander abweichen. Bevor die Verhandlungen endgültig abgebrochen werden, sollten die Partner deshalb prüfen, ob mit Amtshilfe des Finanzamts eine Einigung nicht doch möglich ist.

Ob dabei der Käufer oder der Verkäufer die vom Staat gebotenen Steuerhilfen nutzt, ist im Prinzip gleichgültig. Die milden Gaben vom Finanzamt erlauben es entweder dem Kaufinteressenten, sein Gebot zu erhöhen, ohne seine finanziellen Grenzen zu sprengen, oder die Steuergesetze gestatten es dem Anbieter, seine Forderungen zurückzuschrauben, wenn er sich steuerliche Vorteile verschaffen kann, die bares Geld wert sind.

Die legale Nutzung solcher Finanzamtshilfen ist festgeschrieben im Einkommensteuergesetz, im Bewertungsgesetz und in den Einkommensteuerrichtlinien. Wie hoch letztlich der Steuersegen in Mark und Pfennig ausfällt, läßt sich allgemeingültig nicht sagen: Er hängt allein von den Einkommensverhältnissen der beteiligten Parteien ab: vom Käufer und vom Verkäufer.

Bei den Steuertips auf den folgenden Seiten wollen wir von Beteiligten ausgehen, die jeweils 80 000 Mark Einkommen im Jahr versteuern und dabei mit einem Spitzensteuersatz von 40 Prozent belastet sind.

Erst reparieren, dann einziehen

Der Käufer eines Einfamilienhauses vereinbart mit dem
Verkäufer, daß er noch vor Eigentumsübergang Reparatur-
und Modernisierungsarbeiten ausführen läßt.
Wer sich für ein gebrauchtes Haus interessiert, wird selten
auf ein Objekt stoßen, das makellos ist. Reparaturen und
Modernisierungsmaßnahmen sind in aller Regel notwen-
dig. Handelt es sich dabei um ein Eigenheim, das der Käufer
allein mit seiner Familie bewohnen will, sollte er sich mit
dem Einzug Zeit lassen – so lange, bis die Handwerker das
Haus verlassen haben. Nur dann kann er dem Finanzamt
außer den Sonderausgaben nach Paragraph 10 e EStG noch
die Rechnungen der Reparatur- und Modernisierungshand-
werker steuermindernd präsentieren. Ist er erst eingezo-
gen, gibt es keinen Kostenabzug mehr.
Handwerkerarbeiten im Auftrag des Käufers lassen sich
bereits ausführen, wenn der Verkäufer noch Eigentümer
ist. Allerdings müssen die Reparaturrechnungen schon auf
den Namen des Käufers ausgestellt sein.
Wenn es um die Höhe dieser Aufwendungen ging, stellten
sich die Finanzämter in der Vergangenheit recht kleinlich
an. Wurden bestimmte Grenzen überschritten, waren es
für die Finanzbeamten keine Instandhaltungskosten, sondern sogenannte anschaffungsnahe Aufwendungen, die lediglich mit dem üblichen Satz langfristig abgeschrieben
werden durften.
Mit den Einkommensteuerrichtlinien 1984 (Abschnitt 157)
änderte sich die Lage zugunsten der Steuerzahler. Jetzt gilt
eine Grenze von 20 Prozent, gemessen an den Anschaffungskosten des Gebäudes. Deshalb sollte der Käufer vor-
sichtshalber klären, wie hoch der Anteil des Gebäudes am
Gesamtpreis einschließlich Grundstück ist (siehe auch Seite 170). Denn nur der Gebäudeteil gilt bei der Berechnung
der 20-Prozent-Grenze. Wird sie überschritten, wenn auch
nur um wenige Mark, fällt das Ganze unter die Anschaf-

fungskosten. Wer ganz auf Nummer Sicher gehen will, sollte schon vorher klären, wie das Finanzamt den Gebäudepreis bewertet.

Vertragsinhalt. Aus dem Notarvertrag sollte deutlich hervorgehen, daß der Käufer schon vor dem Eigentumsübergang Reparatur- und Modernisierungsarbeiten auf seine Rechnung ausführen lassen darf.

Steuerrechnung. Der Käufer vereinbart mit dem Verkäufer beispielsweise einen Preis von 500 000 Mark, wovon 150 000 Mark auf das Grundstück entfallen. Gebäudewert demnach 350 000 Mark. Der Käufer nutzt den vollen Spielraum, den ihm das Steuergesetz gibt, und läßt für knapp 70 000 Mark reparieren und modernisieren. Dies mindert seine Steuerschuld bei einem Spitzensteuersatz von 40 Prozent immerhin um 28 000 Mark.

Erst modernisieren, dann kaufen

Wenn der absehbare Reparaturaufwand eines Althauses deutlich 20 Prozent des Gebäudewerts (ohne Grundstücksanteil) übersteigt, sollte nicht der Käufer, sondern der Verkäufer das Finanzamt zur Kasse bitten. Er kann nämlich die Modernisierungs- und Renovierungsaufwendungen ohne irgendwelche Höchstgrenzen steuerlich geltend machen.

Dies setzt allerdings voraus, daß der Hausanbieter über ein relativ hohes Einkommen verfügt, damit sich der legale Steuertrick auch lohnt. Seine jährlichen Einkünfte sollten mindestens so hoch sein, wie der für die Verjüngungskur des Hauses notwendige Gesamtaufwand. Sie können aber noch höher sein, denn die Steuerpflicht setzt erst bei einem zu versteuernden Einkommen von 9611 Mark ein.

Vertragsinhalt. Im Kaufvertrag muß der Notar notieren, daß der Verkäufer die genau definierten Reparatur- und Modernisierungskosten trägt und daß sich dadurch der Kaufpreis naturgemäß um eine bestimmte Summe erhöht, Steuervorteile aber in Form einer Preisreduzierung dem Käufer zugute kommen sollen. Zusätzlich muß der Vertrag klar zum Ausdruck bringen, daß die Rechnungen der Handwerker noch auf den Namen des Verkäufers zu lauten haben, so daß dieser den Werbungskostenabzug beim Finanzamt geltend machen kann.

Steuerrechnung. Ein in die Jahre gekommenes Einfamilienhaus mit hohem Reparaturbedarf soll beispielsweise für 400 000 Mark den Eigentümer wechseln. Wegen des wertvollen Grundstücks mit altem Baumbestand entfällt von dieser Gesamtsumme auf das nicht ganz zeitgemäße Gebäude nur die Hälfte des Kaufpreises. Für die Erneuerung von Dach, Heizungsanlage, Bädern, Elektroleitungen, Außenanstrich, Fußböden und für andere Arbeiten müssen rund 80 000 Mark investiert werden. Dieser Betrag würde sich beim Käufer nicht steuermindernd auswirken, denn bei 200 000 Mark Kaufpreis für das Wohngebäude und 200 000 Mark für das Grundstück sind seine Absetzungsmöglichkeiten gemäß Paragraph 10e EStG gerade ausgeschöpft.

Der Verkäufer, der über ein zu versteuerndes Einkommen von 80 000 Mark verfügt, zahlt gewöhnlich etwas mehr als 20 000 Mark Einkommensteuer. Setzt er die 80 000 Mark Reparaturkosten steuerlich ab, sinkt seine Steuerschuld auf Null.
Die eingesparte Einkommensteuer kann vom Kaufpreis abgezogen werden, der sich allerdings um die ohnehin notwendigen Reparaturaufwendungen von 80 000 Mark erhöht. Auf die Differenz von 60 000 Mark (Aufwendungen minus Steuerersparnis) muß der Käufer zwar zwei Prozent

Grunderwerbsteuer zahlen – also 1200 Mark –, trotzdem bekommt er ein rundum erneuertes Haus mit knapp 19 000 Mark Rabatt vom Finanzamt.

Erst aussondern, dann unterschreiben

Häufig wechseln beim Kauf eines Hauses auch Küche, Einbauschränke, Gardinen, Lampen oder Sauna den Besitzer. Beim Kauf eines Gebäudes werden zwei Prozent Grunderwerbsteuer fällig. Die Abgabe wird berechnet auf der Basis des Preises für Grundstück und Gebäude, nicht jedoch für solch sogenannte unwesentliche Hausbestandteile.

Käufer und Verkäufer sollten diese Gegenstände im Kaufvertrag ausdrücklich erwähnen und auch mit konkreten Preisen bewerten. Durch diese Aufzählung werden die unselbständigen Hausbestandteile zu einer Leistung des Verkäufers, die dann nicht der zweiprozentigen Grunderwerbsteuer unterliegt. Auch andere Steuervorteile entstehen dadurch.

Besonders lukrativ ist ein solches Vorgehen für Käufer, die das neuerworbene Haus samt Einbauten vermieten wollen. In ihren späteren Mieteinnahmen steckt dann ein Anteil für diese Extras, so daß diese auch den Einkünften aus Vermietung und Verpachtung zugerechnet werden.

Dies allerdings bedeutet andererseits, daß für derlei Einbauten gesonderte Abschreibungen zulässig sind. Diese wiederum richten sich nach der gewöhnlichen Nutzungsdauer, wie es im Steuerjargon heißt. Wer zum Beispiel eine gebrauchte Küche gemeinsam mit dem Gebäude erwirbt, kann diese in aller Regel mit jährlich 20 Prozent steuermindernd absetzen. Kleinere Gegenstände, für die der Käufer nicht mehr als 800 Mark bezahlt hat, dürfen gar voll im Jahr der Anschaffung und Bezahlung abgeschrieben werden. Das können etwa mitgekaufte, mit dem Haus nicht fest verbundene Gardinenleisten sein oder eine Waschmaschine.

Nach den Einkommensteuer-Richtlinien sind neu angelegte Gartenanlagen ein gesondert abschreibbares Wirtschaftsgut, wenn die Immobilie vermietet wird oder die Mieter im Zweifamilienhaus den Garten mitbenutzen dürfen. Dafür genehmigt das Finanzamt zehn Prozent jährliche Abschreibung. Was aber bei der Neuanlage eines Gartens – Nutz- oder Hausgärten sind ausgenommen – möglich ist, trifft beim Erwerb ebenfalls zu. Freilich muß eine solche Grünanlage im Kaufvertrag gesondert ausgewiesen und mit einem Preis bewertet werden.

Vertragsinhalt. Im Kaufvertrag muß ausdrücklich auf Einbauten und Gartenanlagen hingewiesen werden. Jede einzelne Position ist mit einem Preis zu bewerten.

Steuerrechnung. Wer sein neuerworbenes Haus vermietet und zum Beispiel einen Garten im Wert von 30 000 Mark sowie eine Einbauküche für 5000 Mark gekauft hat, kann diese zusätzlichen Werbungskosten – auf fünf (Küche) bis zehn (Garten) Jahre verteilt – von seinem Einkommen abziehen. Er spart bei 40 Prozent Spitzensteuer in den ersten fünf Jahren 1600 Mark pro Jahr, in den folgenden fünf Jahren jährlich immerhin noch 1200 Mark.

Erst zahlen, dann nutzen

Kauft ein Mieter seinem Hauseigner Eigenheim oder Wohnung ab, ist ein steuersparender Schuldzinsenabzug praktisch nicht möglich, wenn er im Haus wohnen bleibt. Allerdings ist beim Staat unter bestimmten Voraussetzungen mehr zu holen: Denn vor dem Eigentumsübergang bezahlte Reparaturen, soweit sie nicht 20 Prozent des Gebäude- oder Wohnungspreises übersteigen, Schuldzinsen,

Notargebühren oder das Disagio kann der Käufer steuerlich geltend machen. Beschränkungen gelten erst von dem Zeitpunkt an, an dem der bisherige Mieter Eigentümer geworden ist. Vorab ist zu klären, welchen Wert am gesamten Kaufpreis das Grundstück einnimmt, denn für die 20-Prozent-Grenze gilt allein der Wert des Gebäudes.

Vertragsinhalt. Vor dem Notar muß im Kaufvertrag das Datum genannt sein, an dem auf den Mieter Eigentum, Nutzen und Lasten seiner einstigen Mietwohnung übergehen.

Steuerrechnung. Der Käufer nimmt beispielsweise 400 000 Mark Hypothekenkredit mit einem hohen Disagio von neun Prozent – gleich 36 000 Mark – auf. Die vor Eigentumsübergang vorgenommenen Reparaturen summieren sich auf 30 000 Mark. Er kann also 66 000 Mark steuerlich geltend machen. Steuerersparnis: gut 26 000 Mark.

Feilschen auch mit dem Finanzbeamten

Nicht nur mit dem Verkäufer können Sie steuerlich lukrative Geschäfte vereinbaren. Auch mit dem Finanzamt selbst lohnt es sich, gelegentlich in den Clinch zu gehen. Vor allem, wenn die Beamten eine für Sie als Käufer ungünstige Aufteilung zwischen Gebäude- und Grundstücksanteil festzulegen suchen.

Der folgende Fall ist verbürgt: Über den Kaufpreis des schmucken Hauses waren sich Käufer und Verkäufer rasch einig geworden. Auf die Idee, diesen in einen Haus- und einen Grundstücksanteil aufzuteilen, waren beide gar nicht erst gekommen – für den Erwerber ein ärgerliches Versäumnis, wie sich bald zeigte.

Als er nämlich in seiner Steuererklärung Abschreibungen

auf das Haus geltend machen wollte, wartete sein Finanzamt mit einer bösen Überraschung auf. Die Beamten hatten den Kaufpreis auf ihre Weise aufgeteilt. Von insgesamt 425 000 Mark entfielen nach deren Rechnung lediglich 25 Prozent auf das Haus, satte 75 Prozent auf das 800 Quadratmeter große Grundstück. Der Käufer hatte die Relation umgekehrt gesehen. Doch statt der kalkulierten 13 875 Mark sollte er nun lediglich 5313 Mark jährlich steuerlich absetzen dürfen.

Wer ein soeben gebautes Haus oder eine erst kürzlich fertiggestellte Eigentumswohnung kauft, braucht solchen Ärger nicht zu fürchten, denn dann sind die Baukosten die Grundlage für die Abschreibung. Wenn das Haus oder die Wohnung jedoch schon vor längerer Zeit erbaut wurde, sind Auseinandersetzungen mit dem Finanzamt programmiert.

Am leichtesten vermeiden Sie Streit, wenn Sie den Gesamtkaufpreis bereits im Vertrag aufteilen. Denn daran kann sich das Finanzamt halten, wenn die angesetzten Beträge nicht offensichtlich unrealistisch sind. Da die Ermittlung der anteiligen Werte sehr arbeitsaufwendig ist und überdies Auseinandersetzungen mit dem Steuerzahler drohen, sind die Beamten meist bereit, die vertraglich vereinbarten Werte zu übernehmen. Die Erfahrung zeigt, daß das Finanzamt die Aufteilung beim Kauf von Eigentumswohnungen akzeptiert, wenn der Grundstückswert bei durchschnittlichen Lagen mit etwa 15 bis 20 Prozent des Gesamtpreises angesetzt ist. Bei guter oder gar hervorragender Lage sowie bei Ein- und Zweifamilienhäusern müssen Sie unter Umständen aber auch einen höheren Anteil kalkulieren.

Setzt das Finanzamt selbst anteilige Boden- und Gebäudewerte fest, müssen Sie diese Ansätze jedoch nicht widerspruchslos hinnehmen. Denn zum einen gehen die Finanzämter der Einfachheit halber oft immer noch nach der sogenannten Restwertmethode vor, obwohl der Bundes-

finanzhof sie bereits 1971 für unzulässig erklärte. Zum
anderen legen die Beamten bei der Wertermittlung meist
Durchschnittspreise zugrunde, bei denen die jeweiligen
Besonderheiten von Grundstück und Gebäude unberücksichtigt bleiben.

Bei der Restwertmethode ermitteln die Beamten lediglich
den Wert des Bodens. Sie halten sich dabei an die sogenannten Bodenrichtwerte und Kaufpreisstatistiken der Städte
und Gemeinden. Diesen Betrag ziehen sie vom Kaufpreis
ab, und nur der verbleibende Rest gilt als Gebäudewert, der
dann vom Steuerzahler abgeschrieben werden soll. Wenn
Sie eine Immobilie besonders preisgünstig erwerben, haben
Sie bei dieser Methode stets das Nachsehen. Da nämlich der
Wert von Grund und Boden festliegt, werden die Anschaffungskosten des Gebäudes als Restgröße um so geringer, je
niedriger der Gesamtkaufpreis ist. In Extremfällen kann das
sogar dazu führen, daß der Grundstückswert bereits den
Kaufpreis überschreitet, so daß für das Gebäude gar kein
abzuschreibender Betrag mehr übrigbleibt.

Wegen solch unsinniger Folgen hat der Bundesfinanzhof
diese Restwertmethode ausdrücklich verworfen. Das Finanzamt muß seither die sogenannte Verkehrswert-
methode anwenden, das heißt, Boden- und Gebäudewert
sind getrennt zu ermitteln. Der gezahlte Kaufpreis ist
sodann im Verhältnis dieser beiden Werte zueinander aufzuteilen.

Wie errechnen sich nun die beiden Werte? Für den Boden-
anteil können Preise vergleichbarer unbebauter Grundstücke aus der Nachbarschaft herangezogen werden. Ausdrücklich vom Bundesfinanzhof zugelassen wurden aber
auch Bodenrichtwerte, die in jeder Stadt oder Gemeinde
jährlich von Gutachterausschüssen für alle Orts- und Stadt-
teile festgelegt werden. Es sind lagetypische Durchschnitts-
werte für entsprechend definierte Normgrundstücke. Daß
dieser Bodenrichtwert allenfalls zufällig dem tatsächlichen
Wert eines Grundstücks entspricht, liegt auf der Hand. Das

Finanzamt darf daher auch nicht stur an diesen Richtwerten festhalten, sondern muß besondere Vor- und Nachteile des Grundstücks berücksichtigen.

Es lohnt sich, für die Verhandlungen mit dem Finanzamt rechtzeitig alle Faktoren zusammenzutragen, die den Wert des Grundstücks nach unten korrigieren können. Ihrer Phantasie sind dabei keine Grenzen gesetzt. So können etwa überdurchschnittliche Größe, ungünstiger Schnitt, die Nähe einer Autobahn oder einer Bundesbahnstrecke, die unmittelbare Nachbarschaft einer Diskothek, Bar oder Kneipe, Lärm oder Geruchsbelästigungen durch einen benachbarten Handwerksbetrieb Gründe für die Herabsetzung des Quadratmeterpreises sein. Alle diese Argumente haben Gewicht, wenn das dem Richtwert zugrundeliegende Normgrundstück derlei Nachteile nicht aufweist.

Auch bei der Wertfeststellung für das Gebäude sind unterschiedliche Schätzmethoden zulässig. So können Sie etwa den Wert aus der Gebäudeversicherung ansetzen, der allerdings je nach Alter und Zustand des Gebäudes modifiziert werden muß. Ist das Gebäude noch nicht sehr alt, können Sie unter Umständen vom Bauherrn noch die tatsächlichen Herstellungskosten erfahren und diese einsetzen.

Das Finanzamt beauftragt in strittigen Fällen einen Sachverständigen, der meist nach der sogenannten Wertermittlungsverordnung vorgeht. Dabei multipliziert er im Sachwertverfahren die Kubikmeter umbauten Raums mit den Herstellungskosten, die gewöhnlich bei einem entsprechenden Gebäude anfallen. Gegebenenfalls nimmt er Wertabschläge vor wegen Alters, Bauschäden oder nicht zeitgemäßer Installationen. Aber auch werterhöhende Faktoren, wie etwa besonders wertvolle Materialien oder luxuriöse Ausstattung, fließen in die Berechnung ein. Bei gut zu vermietenden Objekten kann nach der Ertragswertmethode – nachhaltig erzielbare Miete mal Vervielfältiger – vorgegangen werden.

Wie beim Bodenwert gibt es also auch bei der Ermittlung des Gebäudewerts Verhandlungsspielraum. Dabei gilt die umgekehrte Maxime: Sie müssen alle Argumente zusammentragen, die den Wert des Gebäudes gegenüber dem Ansatz des Finanzamts erhöhen. Das können innenarchitektonische Raffinessen, besonders gelungene Grundrisse und teure Ausstattung sein. Mit dem Hinweis auf eine kürzlich erfolgte Renovierung, aber auch mit der Vorlage einer Schätzung Ihres Kreditinstituts, falls eine solche existiert, können Sie Altersabschläge verhindern.

Auch wenn derlei Auseinandersetzungen mit dem Finanzamt lästig sind, sollten Sie einen zu niedrigen Gebäudewert nicht einfach akzeptieren. Das gilt sogar dann, wenn Sie Haus oder Wohnung selbst nutzen und der vom Finanzbeamten angenommene Gebäudewert den Höchstbetrag für die 10e-Absetzung erreicht. Sie haben dann zwar im Augenblick keine finanziellen Nachteile, wenn Sie das Objekt jedoch später einmal vermieten, kostet Sie die ungünstige Aufteilung bares Geld, weil Sie weniger abschreiben können. Eine nachträgliche Korrektur ist dann nicht mehr möglich.

Hauskauf als Geldanlage: Wo es lohnt

Wenn vom Immobilienerwerb aus zweiter Hand die Rede ist, sind regelmäßig auch jene Kaufinteressenten angesprochen, die Häuser als Geldanlage suchen. Das kann durchaus eine Wohnung oder ein Einfamilienhaus sein, in aller Regel aber handelt es sich um Miethäuser. Weil die Mieten voraussichtlich auch in Zukunft schneller steigen werden als der Preisindex für die Lebenshaltung, machen Makler und Marktbeobachter zunehmendes Interesse an dieser Art von Immobilienerwerb aus. Folge: Für potentielle Käufer wird es zunehmend schwerer, gute Objekte zu finden, obwohl sie – anders als der Bauherr und Käufer eines Einfamilienhauses, der sich seinen Traum von den eigenen vier Wänden nur dort erfüllen kann, wo er seinem Lebensunterhalt nachgeht – freie Auswahl zwischen Flensburg und Garmisch, zwischen Aachen und Braunschweig haben. Für welche Region oder Stadt sich der Interessent letztlich entscheidet, hängt weniger von der gegenwärtig zu erzielenden Rendite ab, als vielmehr von der künftigen Entwicklung der Einnahmen und des Wiederverkaufwerts. Dieser ist wichtig, denn auch der Profit aus dem Verkauf einer Immobilie zählt zur erfolgreichen Strategie eines Geldanlegers. Darin unterscheidet er sich nicht von Wertpapierspekulanten.

Zahlen aus der jüngsten Vergangenheit sind bei der Beurteilung ein gutes Hilfsmittel. Um eine solche Rückschau hat sich das Münchner Institut für Regional- und Wirtschaftsforschung verdient gemacht, das regionale Unterschiede bei der Wertentwicklung von Wohnimmobilien in 55 Großstädten der Bundesrepublik zwischen 1975 und 1987 untersucht hat. Die komplizierte Auswertung, bei der Verkaufspreise und Mieten stärker, Grundstückswerte schwächer gewichtet wurden, zeigt, daß München die besten Werte aufzuweisen hat. Die Spitzenstellung der bayerischen Metropole überrascht kaum angesichts der kräftig expandierenden Wirtschaft und der nach wie vor ungebrochenen Beliebtheit der Stadt. Erstaunlich ist aber, daß sich Stuttgart erst an vierter Stelle in der Skala der Preis- und Mietentwicklung findet. Davor rangieren noch Wiesbaden und – mit Abstand – Frankfurt.

In der Hitparade der 55 untersuchten Städte finden sich unter den ersten zehn ferner: Heidelberg, Berlin, Mannheim, Augsburg, Bonn und Darmstadt. Hartmut Bulwien, Chef des Münchner Instituts, zieht aus seiner Untersuchung, die auch heute noch Bestand hat, die Konsequenz: Städte mittlerer Größenordnung sind für ihn Anlagefavoriten, zumal sich auch Karlsruhe, Regensburg, Freiburg, Rosenheim oder Ulm in den oberen Regionen der Preis- und Mietentwicklung befinden. Begründung: In den Mittelstädten sind die Mieten zwar geringer als etwa in München, Stuttgart oder auch Hamburg, dafür seien aber die Einstandspreise deutlich niedriger und damit die Anfangsrenditen höher.

Das bedeutet freilich nicht, daß in diesen Städten der Geldanleger wahllos zugreifen sollte, auch wenn das Risiko eines Fehlkaufs hier geringer ist. Was die Immobilienfachleute die Makrolage nennen, also die Region oder die Stadt, kann nur erste Anhaltspunkte bieten. Entscheidend kommt es auf die Mikrolage an, nämlich den Standort innerhalb einer bestimmten Stadt. Bevor er einen Kaufvertrag unterschreibt, sollte der Immobilieninteressent deshalb nicht allein den Einflüsterungen des Maklers vertrauen, sondern einige eigene Recherchen anstellen.

Wie ist die Infrastruktur – etwa Verkehrsanbindungen – in dem von ihm erwählten Gebiet, wie hoch sind die Mieten in unmittelbarer Nachbarschaft, wann fällt eine eventuelle Mietpreisbindung, welche Sanierungsmaßnahmen im Stadtteil sind vorgesehen? Befriedigende Antworten auf solche Fragen können den künftigen Wert eines Hauses entscheidend beeinflussen. Die eigene Recherche, auch beim Gutachterausschuß der Gemeinde oder des Kreises, zahlt sich stets aus. Letztlich lohnt auch die Nachfrage bei den Banken. Deren Hypothekenfachleute und Wertgutachter haben gelegentlich einen guten Tip anzubieten.

Fragen kostet nichts, kann aber eine Menge einbringen. Wer in Stuttgart oder München ein Renditehaus kaufen will, muß tief in die Tasche greifen. Spitzenpreise in der baden-württembergischen Landeshauptstadt sind zum Beispiel gut doppelt so hoch wie im Bundesdurchschnitt. So kostet ein Quadratmeter Altbauwohnfläche in Stuttgart 5000 Mark und mehr, in Oldenburg gibt es dafür schon zwei oder gar drei Quadratmeter. Insgesamt liegt das Preisniveau im Norden deutlich unter dem Bundesdurchschnitt – deshalb lassen sich in erstklassigen Lagen zwischen Ems und Elbe langfristig vermietbare Objekte für relativ wenig Geld erstehen.

Ganz anders ist es in nahezu sämtlichen süddeutschen Groß- und Mittelstädten: Ob in Frankfurt oder Nürnberg, Karlsruhe oder Heidelberg – Wohn-, Büro- und Gewerbeflächen kosten dort im Durchschnitt gut ein Drittel mehr als im Norden.

Gleichwohl: Wer nicht selbst einen Teil des Hauses nutzen will und deshalb an keinen bestimmten Standort gebunden ist, kann durchaus auch im Norden oder Westen Objekte erstehen, die sich mit hoher Sicherheit vermieten lassen und zudem im Wert steigen. Relativ geringe Mieteinnahmen sollten Anleger dann nicht schrecken, wenn ihr Einstandspreis ebenfalls niedrig ist.

Beachten Sie das Preis-Mieten-Verhältnis

Ob aber ein solcher Einstandspreis angemessen ist, läßt sich nicht auf den ersten Blick am Kaufpreis erkennen. Summen, die etwa für mittlere Lagen in Düsseldorf, Frankfurt oder Stuttgart durchaus angemessen erscheinen, gelten selbst für erste Adressen in Zweibrücken oder Zwiesel als astronomisch hoch. Doch als Kaufinteressent sollten Sie sich weniger an der absoluten Höhe des Preises orientieren als vielmehr zunächst am sogenannten Preis-Mieten-Verhältnis. Das ist die Relation zwischen Ausgaben und Einnahmen. Dieses Verhältnis muß stimmen – gerade auch beim Kauf von Renditeobjekten. Denn entgegen aller Volksmundweisheit kann kein honoriger Geschäftsmann auf Dauer vom Umsatz allein existieren – und damit pausenlos zusetzen.

Um den realistischen Kaufpreis eines Hauses zu ermitteln,

multiplizieren Immobilienexperten die jährliche Mieteinnahme mit einem bestimmten Faktor. Er verändert sich mit
der geographischen Lage des Objekts und spiegelt in hohem
Maß das ortsübliche Preisniveau wider. Individuell vereinbart werden können darüber hinaus Zu- oder Abschläge
wegen möglicher Mietpreisvorschriften, wegen besonders
komfortabler Ausstattung, der sozialen Struktur der derzeitigen Bewohner, vielfältiger Um- und Ausbaumöglichkei-
ten, eventueller öffentlicher Zuschüsse oder spezieller
Mietverträge.
Capital hat das Preis-Mieten-Verhältnis in verschiedenen
Regionen des Bundesgebiets ermittelt. Die Werte, die aus
dem Jahr 1987 stammen, dürften sich, wenn überhaupt, nur
wenig nach oben verändert haben. So zahlen Hauskäufer
für zehn bis 20 Jahre alte Mietgebäude in Berlin neun bis
zwölf Jahresmieteinnahmen als Kaufpreis. Im Bundesdurchschnitt ermittelte *Capital* einen Mietenmultiplikator
von 13,4. Dieser Multiplikator betrug je nach Qualität des
Gebäudes in

○ Düsseldorf 13 bis 18
○ Essen 11 bis 13
○ Frankfurt 14 bis 16
○ Hamburg 11,5 bis 13,5
○ Heidelberg 15 bis 17
○ Karlsruhe 17
○ München 14 bis 22
○ Nürnberg 15
○ Stuttgart 25 bis 28

Weil aber in kaum einem Bereich der Wirtschaft die Pro-
duktvielfalt so groß ist wie auf dem Immobilienmarkt,
können derlei Zahlen nur Anhaltspunkte liefern. Diese
Vielfalt ist es, die den risikolosen Immobilienkauf erschwert
und den Fachmann zum nahezu unentbehrlichen Helfer
des Kaufinteressenten macht. Weil es aber – wie stets im

Leben – hochqualifizierte und weniger gute Berater gibt, seriöse und solche, die allein ihre Provision im Auge haben, tut der potentielle Hauskäufer gut daran, sich frühzeitig mit den wichtigsten Regeln in diesem schwierigen Geschäft vertraut zu machen.

Capital hat diese Regeln in Form von zehn Geboten aufgelistet – nicht in der Erwartung, aus dem Laien einen Experten zu machen, sondern allein, um sein Urteilsvermögen zu schärfen und ihm den Umgang mit Maklern, Finanziers und Gutachtern zu erleichtern.

Als Kaufinteressent sollten Sie den Standort eines Hauses oder einer Eigentumswohnung, den möglichen Ertrag und die Wertsteigerungschancen weit höher bewerten als etwa die Finanzierung oder die Steuervorteile. Damit sind zwar die Hypothekenbeschaffung oder die Wohltaten des Finanzamts keineswegs zweitrangig: Sie sind im Gegenteil für Ihre Gewinnrechnung von hoher Bedeutung. Aber ohne gute Lage des Objekts helfen die ausgeklügeltste Finanzierung und die raffinierteste Steuerrechnung nichts. Denn allein vom Standort hängen Rentabilität und Wertwachstum ab.

Wie Sie das Kaufrisiko minimieren

Die zehn *Capital*-Gebote lauten:

○ *Kaufen Sie nur in besten Lagen.* Der richtige Standort entscheidet über Erfolg oder Mißerfolg der Geldanlage. Das Risiko eines Leerstands ist bei einer guten Wohnlage gleich Null.

○ *Ergründen Sie die Chancen für eine Wertsteigerung.* Stellen Sie fest, wie sich in der von Ihnen gewählten Gegend die Mieten in den letzten Jahren erhöht haben. Das gibt Ihnen Anhaltspunkte für künftige Wertsteigerungen.

○ *Errechnen Sie die Relation Kaufpreis/Mieten.* Häuser werden mit dem x-fachen einer Jahresmiete bewertet. Das Angebot ist dann angemessen, wenn das für die Region übliche Preis/Mieten-Verhältnis möglichst unterschritten wird.

○ *Schätzen Sie den Bauzustand ab.* Jedes alte – und auch so manches neue – Haus hat seine verborgenen Mängel. Nur der Fachmann kann sie erkennen. Es zahlt sich aus, ihn vor dem Kauf hinzuziehen.

○ *Verzichten Sie nicht auf Komfort.* Mieter sind meist bereit, für komfortable Wohnungen einen höheren Preis zu zahlen. Prüfen Sie mit Hilfe eines Fachmanns, wieviel sie eine durchgreifende Modernisierung kostet.

○ *Lassen Sie Ihre Phantasie spielen.* Ein unansehnliches Haus läßt sich oft so aufputzen, daß es nach dem Umbau nicht wiederzuerkennen ist. Der Phantasie sind keine Grenzen gesetzt: Fast alles ist machbar.

○ *Unterschätzen Sie nicht die Ästhetik eines Gebäudes.* Mit der Modernisierung allein ist es oft nicht getan. Ihre Mieter wollen nicht nur komfortabel, sondern auch in einem schönen Haus wohnen.

○ *Klopfen Sie Ihre steuerlichen Möglichkeiten ab.* Das Finanzamt beteiligt sich am Immobilienkauf mit zum Teil beachtlichen Zuschüssen und Steuererleichterungen. Mit Hilfe des Staates können Sie die Rendite kräftig erhöhen.

○ *Suchen Sie den besten Finanzier.* Die Hypothekenzinsen sind heute zwar auf niedrigem Niveau angelangt, aber es gibt Unterschiede. Scheuen Sie keine Mühe, die besten Konditionen herauszufinden.

○ *Versichern Sie sich zuverlässiger Berater.* Ohne Makler, Architekten, Steuerfachmann und Finanzierungsexperten ist der Kaufinteressent sehr oft überfordert. Die Ausgaben für diese Immobilienprofis zahlen sich aus.

Ein elftes Gebot sei, weil selbstverständlich, nur am Rande genannt: Zahlen Sie nie den zuerst geforderten Preis.

Als umsichtiger Hauskäufer sollten Sie sich niemals mit einem einzigen Angebot begnügen, sondern unter mehreren Offerten Vergleiche anstellen. Meist geht es ohne die Hilfe eines Maklers nicht ab. Scheuen Sie sich nicht, verschiedene Vermittler in Ihre Dienste einzuspannen. Je größer die Auswahl, um so besser die Chance, ein Objekt zu finden, das Ihnen zu jeder Zeit Freude bereiten wird.

7 Achten Sie beim Kauf vom Bauträger auf die Extras

Wer sein künftiges Domizil beim Bauträger kauft, will keinen Ärger während des Baus und erwartet einen von vornherein feststehenden Preis. Ein Vorteil des Bauträgerhauses, die Möglichkeit sofort einzuziehen, gehört der Vergangenheit an. Denn gegenüber den siebziger Jahren hat sich das Geschäft grundlegend gewandelt. Das klassische Bauträgermodell, bei dem der Unternehmer das Areal kauft und auf Vorrat baut, war einmal. Heute lassen Bauträger erst dann den Bagger anrollen, wenn sie vorab bereits mindestens 80 Prozent der Häuser verkauft haben. Die letzten Einheiten, so die neue, auf Vorsicht bedachte Geschäftspolitik, müssen spätestens in der Rohbauphase ihren Eigner finden. Lediglich bei diesen wenigen Resthäusern – meist nicht gerade die attraktivsten innerhalb der Baumaßnahmen – läßt sich das realisieren, was früher Bauträgerobjekte so attraktiv machte: die Möglichkeit, schnell einzuziehen. Heute dauert es vom Rohbau bis zur Übergabe immer noch rund ein halbes Jahr, und wer vom Plan weg kauft, muß sich rund neun Monate gedulden. Diese Kalkulation gilt allerdings nur für den Fall, daß bereits alle Baugenehmigungen vorliegen, was keineswegs selbstverständlich ist.
Durch den frühen Absatz entfällt noch ein weiteres Plus, das früher für den Kauf vom Bauträger sprach. Der Interessent konnte sein künftiges Domizil fix und fertig besichtigen. Heute stehen ihm allenfalls Musterhäuser zur Verfügung, wobei er sehr genau nachforschen sollte, wo sich bei den geplanten Bauten eben doch wieder Abweichungen ergeben werden.
Der Nachfrageeinbruch Anfang der achtziger Jahre, der die Bauträger zu einer zurückhaltenderen Geschäftspolitik zwang, hat jedoch auch sein Gutes. Die Unternehmen

ließen ihre Entwürfe zum Teil grundlegend überarbeiten und gestalteten sowohl die Konstruktionen als auch den Bauablauf wirtschaftlicher. An den so realisierten Kostenvorteilen lassen sie die Kunden heute im harten Wettbewerb meist teilhaben.

Die Gestaltung der Bauträgerobjekte verbesserte sich ebenfalls. Heute geben die Bauträger – als Folge des späten Baubeginns – ihren Kunden mehr Möglichkeiten, ihr künftiges Domizil nach persönlichen Wünschen zu gestalten. Dabei müssen die Käufer jedoch darauf achten, daß die für Extras fälligen Aufpreise nicht den werbewirksam knapp kalkulierten Grundpreis der Immobilie unangemessen in die Höhe treiben. Sonderwünsche können zudem den vorgesehenen Übergabetermin gefährden.

Um zu ermitteln, was in einer bestimmten Region für Ihr gutes Geld geboten wird, sollten Sie als Kaufinteressent frühzeitig beginnen, nicht nur die Anzeigen der Bauträger zu studieren, sondern auch Bauplätze samt Umfeld und Musterhäuser zu inspizieren. Wenn irgend möglich, sollen Sie zudem mit früheren Käufern der Bauträger über deren Erfahrungen mit Abwicklung und Bauqualität sprechen. Ferner sollten Sie von mehreren Firmen die detaillierten Baubeschreibungen und die Kaufverträge anfordern, um sich über die Usancen der Branche zu informieren. Worauf Sie dabei besonders achten müssen, können Sie den folgenden Seiten entnehmen.

Qualitätskontrolle ist besser

Jeder Autokäufer studiert vor der Modellwahl sorgsam Testberichte und technische Daten, Ausstattung und Aufpreise. Beim Erwerb eines Hauses von der Stange begnügen sich Kaufinteressenten dagegen nur allzuoft mit unverbindlichen Planskizzen statt exakter Ausführungszeichnungen und mit blumigen Texten statt präziser Fachbegriffe. Derlei Unverbindliches versteht der Laie zwar leichter, es hilft ihm jedoch im Streitfall wenig.

Selbst wenn sich Bauträgerkunden intensiv mit der Materie befassen, können sie als Laien anhand der Baupläne und der Baubeschreibung kaum beurteilen, ob sie für ihr gutes Geld auch gute Qualität erhalten. Sie sollten deshalb in jedem Fall die Unterlagen mit einem unabhängigen Architekten durchsprechen. Dieser kann erkennen, ob die Angaben überhaupt ein verläßliches Urteil über die Bauqualität erlauben oder ob der Kaufinteressent unbedingt präzisere Informationen einholen muß. Eine solche Beratung, zu der viele Architekten bereitstehen, kostet etwa 80 bis 100 Mark pro Stunde. Der angehende Hauskäufer sollte diese Investition nicht scheuen und den Expertenrat noch vor dem Notartermin einholen. Das ist weit billiger als ein nachträglicher Streit vor Gericht.

Derselbe Architekt wird den Hauskäufer auch gerne zur Bauabnahme begleiten und das Haus gründlich auf Mängel untersuchen. Geradezu ideal wäre es, wenn der Vertrauensmann des Hauskäufers im Notarvertrag das Recht erhielte, die Baustelle auch während der Bauphase zu besichtigen. Denn bei der Endabnahme versteckt sich ja mancher Pfusch bereits unter Erde, Putz und Farbe. Doch die meisten Bauträger sperren sich gegen eine solche Kontrolle – und das Recht ist auf ihrer Seite.

Vor groben Überraschungen ist der Käufer sicher, wenn die Pläne bereits vom Bauamt gebilligt wurden. Dies sollte er sich schriftlich bestätigen lassen. Das Bauamt prüft neben der Statik zum Beispiel auch den guten Wärmeschutz. Bei gleich guter Dämmwirkung unterscheiden sich die Bauweisen jedoch durch unterschiedliche Haltbarkeit und unterschiedliche Kosten.

Am besten hat sich das sogenannte zweischalige Mauerwerk bewährt. Es besteht aus einer inneren Tragwand, darauf folgt eine Dämmschicht, davor eine zweite Mauer aus Klinker zum Schutz vor der Witterung. Weit billiger ist eine einfache Wand, die außen mit einer Dämmschicht verkleidet und mit einem Spezialputz abgedeckt wird.

Sparen kann der Bauträger auch am Keller. Bei guter Qualität sieht er unter dem Betonboden erst einmal eine Kiesschicht vor. Dichtbahnen sorgen als horizontale Isolation dafür, daß keine Erdfeuchtigkeit im Kellerboden und in den Wänden aufsteigt. Vertikale Isolationen schützen die Kelleraußenwände vor dem anliegenden Erdreich – am wirkungsvollsten in Verbindung mit zusätzlichen Dämmmatten. Schlechter hält ein einfacher Bitumenanstrich die Feuchtigkeit ab; er ist aber weit billiger und deshalb beim Bauträger beliebt.

Bei schweren Böden vergessen schwarze Schafe der Bauträgerzunft gerne die sogenannte Dränschicht (meist Kies) rund um das Haus. Sie sorgt dafür, daß Regenwasser schnell nach unten sickert, wo es durchlöcherte Kunststoffoder Tonrohre aufnehmen und ableiten. Fehlt diese Drainage, staut sich das Regenwasser an den Kellerwänden und durchfeuchtet sie trotz Abdichtungsmaßnahmen.

Ein Gespräch im Bauamt klärt, ob nicht sogar eine wasserdichte Kellerschale gegen Nässe von unten angebracht ist. Das kommt etwa am Hang, in der Nähe eines Gewässers oder generell bei hohem Grundwasserspiegel in Frage. Gegen Nässe von oben sehen die Bauträger auf den Dächern meist Betonpfannen vor. Sie sind billiger als Tonziegel, haben aber keine bautechnischen Nachteile.

Den Luftschall, also Geräusche aller Art, dämpft am wirksamsten ein möglichst hohes Gewicht, also eine dicke, massive Betondecke. Bei gleicher Wandstärke sorgen schwere Kalksandsteine für mehr Ruhe im Haus als Gipsdielen, Gasbetonplatten oder andere Leichtkonstruktionen. Besondere Bedeutung hat der Schallschutz bei Doppel- oder Reihenhäusern. Jedes Gebäude sollte eine separate Giebelwand besitzen. Der dazwischenliegende Luftspalt sollte mit einer Dämmatte ausgefüllt werden, damit kein Bauschutt hineinfallen kann, der dann die Schallschwingungen von einer Wand zur anderen überträgt.

An den Schallschutz denken kluge Kaufinteressenten auch bei den Zimmertüren. Bauträger verwenden meist elegant wirkende, mit Edelholzfurnier verkleidete Türblätter. Doch das Innenleben solcher pseudoluxuriöser Entrees besteht oft nur aus einer Wabenstruktur aus Pappe. Dementsprechend schlecht dämpfen sie Geräusche. Weit zuverlässiger sorgen massive Türen, am besten noch mit umlaufender Gummidichtung im Rahmen, für die akustische Privatsphäre.

Ohne den Wohnkomfort merklich zu schmälern, können die Bauträger dennoch die Schreinerkosten senken. Fest eingebaute Fenster anstelle von zu öffnenden Flügeln sind viel billiger. Voraussetzung ist allerdings, daß sich genügend andere Fenster in einem Raum öffnen lassen.

Fest eingebaute Fenster senken überdies die Heizkosten. Allerdings wirkt sich das kaum in den Investitionen für Kessel und Brenner aus. Eine ölbetriebene Anlage samt Tank ist in aller Regel teurer als eine Gasheizung. Eine Gastherme wiederum kostet weniger als ein Gaskessel gleicher Leistung. Umstritten ist, ob der teurere Kessel auch länger hält.

Heizkörper aus Stahlblech sind billiger als gegen Rost resistente Gußkörper. Gute Fußbodenheizungen sind mit höheren Investitionen verbunden. Die geringsten Kosten verursachen elektrische Durchlauferhitzer, die direkt an der Zapfstelle montiert sind; auch entsprechende Gasgeräte sind nicht sonderlich teuer. Separate Warmwasserbereiter sind zu empfehlen. Dabei treffen sich die Interessen von Bauträger und Kunde, denn sie sind preiswerter als eine an den Heizkessel gekoppelte Anlage.

Bei zentraler Warmwasserversorgung gibt es die einfache Leitungsführung zu den Zapfstellen. Mehr Komfort – bei allerdings höheren Betriebs- und Investitionskosten – bieten jedoch Ringleitungen, in denen eine Pumpe stets aufgeheiztes Wasser bis unmittelbar an die Wasserhähne bringt. Wer den Hahn aufdreht, muß dann nicht erst das in der Leitung erkaltete Wasser abfließen lassen, sondern erhält sofort das gewünschte heiße Naß.

Weniger im Nutzen als in der Optik unterscheiden sich die Fliesen und Teppichböden der verschiedenen Preisgruppen, innerhalb derer ein Käufer meist wählen darf. Die Angaben beziehen sich dabei auf die Bruttopreise des Fachhandels, keineswegs auf Lockofferten von Baumärkten.

Noch wirkungsvoller als durch die Wahl preisgünstigen Materials sparen Bauträger durch Weglassen, gerade bei den Außenanlagen. Meist wird das Gelände nur planiert, obwohl zu diesem Bereich eigentlich auch Zaun, Wege, Terrasse und Bepflanzungen zählen. Der Käufer muß mit etlichen tausend Mark Zusatzkosten rechnen, selbst wenn er manche Arbeiten in eigener Regie übernimmt.

Generell spricht nichts gegen derlei kostenbewußte Planung. Selbst ohne Keller läßt es sich gut leben. Auch wenn Sie Bauherr eines individuellen Architektenhauses wären, würden Sie darüber nachdenken, ob hochwertige oder ansprechendere Materialien und bauliche Extras wirklich die vielen tausend Mark wert sind, um die sie die Bausumme in die Höhe treiben. Wenn Sie ein entsprechendes Haus vom Bauträger kaufen, sollten Sie jedoch penibel darauf achten, daß der Unternehmer seinen Kostenvorteil fair im Preis weitergibt.

Der Vertrag mit dem Bauträger steckt voller Tücken

Mit einer einzigen Unterschrift disponieren Hauskäufer über Summen, die sie sonst kaum in einem ganzen Jahrzehnt ausgeben. Entsprechend sorgsam sollten sie den Vertrag prüfen und für den Termin beim Notar ein wenig Zeit einplanen. Der Jurist muß, bevor er den Vertragsabschluß beglaubigt, den Anwesenden alle Texte von A bis Z vorlesen. Das ist Vorschrift. Verträge mit dem Bauträger sind dabei weit umfangreicher als Abmachungen beim Kauf einer Gebrauchtimmobilie. Als Beschreibung findet sich dort oft nur die lapidare Bemerkung »Liegenschaft wie gesehen und besichtigt«. Beim Haus von der Stange gehören hingegen Baubeschreibung und Pläne unbedingt mit zum Vertrag.

Deshalb sollten Bauträgerkunden den Vertrag mit sämtlichen Bauunterlagen bereits einige Tage vor dem Notartermin eingehend prüfen und sich dabei beraten lassen. Vom Baufachmann bekommen sie Rat für den technischen Teil und vom Rechtsanwalt oder Notar für den eigentlichen Vertrag.

Ohne dafür zusätzliche Gebühren zu verlangen, ist aber auch der beurkundende Notar verpflichtet, alle Fragen des Kaufanwärters ausführlich zu beantworten. Dabei hat der Jurist allerdings einen erheblichen Ermessensspielraum. Deshalb sollte der Kaufanwärter einen vom Verkäufer favorisierten Notar durchaus ablehnen, falls er nur die geringsten Zweifel an dessen Neutralität hegt.

Besonderes Mißtrauen empfiehlt sich, wenn in den vorgefertigten Vertrag per Hand oder Schreibmaschine zusätzliche Passagen eingefügt wurden. Standardverträge unterliegen besonders strengen Kriterien des Gesetzes über die Allgemeinen Geschäftsbedingungen (AGB-Gesetz). Danach sind alle die Klauseln unwirksam, die den Kunden unfair überrumpeln. Nach dem Grundsatz der Vertragsfreiheit hingegen darf eine wirklich individuell ausgehandelte Vertragspassage den Kunden gegebenenfalls sogar klar benachteiligen.

Bedient sich der Vertragspartner moderner Schreibautomaten, läßt sich oft nicht mehr erkennen, ob eine Klausel etwa nachträglich in einen Standardtext eingefügt wurde. In diesem Fall kann sich der Kunde im Vertrag bestätigen lassen, daß die AGB-Bestimmungen gelten sollen. Zumindest zeigt dann eine in Gang kommende Diskussion, ob der Bauträger dubiose Klauseln unterschieben wollte.

Auf der Basis des AGB-Gesetzes haben die Gerichte zum Beispiel entschieden, daß Bauträger bei Pfusch stets haften, auch wenn sie ihn nicht selbst verschuldet haben. Sie können im Vertrag lediglich fordern, daß die Käufer sich zunächst außergerichtlich an die Handwerker wenden. Hat das keinen Erfolg, bleibt der Bauträger in der Pflicht – und zwar für fünf Jahre, wie es das Bürgerliche Gesetzbuch (BGB) vorsieht. Die Frist kann der Bauträger auf zwei Jahre verkürzen, wenn er – bestenfalls mit unwesentlichen Ausschlüssen – die umfangreichen Regeln der Verdingungsordnung für Bauleistungen (VOB) zugrunde legt.

In der Makler- und Bauträgerverordnung (MaBV) ist auch der Zahlungsmodus eindeutig geregelt. 30 Prozent des Gesamtpreises muß der Kunde zahlen, sobald die Erdarbeiten begonnen haben. Weitere 28 Prozent sind nach Fertigstellung des Rohbaus fällig. 17,5 Prozent erhält der Bauträger, wenn Rohinstallation und Innenputz fertiggestellt sind, 10,5 Prozent müssen nach den Schreiner- und Glaserarbeiten gezahlt werden. Dann bleiben noch 10,5 Prozent, nachdem das Haus bezugsfertig ist und der Besitz übergeben wurde. Die restlichen 3,5 Prozent darf der Unternehmer schließlich in Rechnung stellen, sobald alle Arbeiten beendet und auch Mängel beseitigt sind.

Besonders »gewinnorientierte« Bauträger haben längst eine Möglichkeit gefunden, die Verordnung zu umgehen. Sie spalten die für diese Art von Geschäft typische Einheit von Grundstückskauf und Bauvertrag in zwei separate Kontrakte auf. Der Kunde kauft das Grundstück von einem Dritten auf Vermittlung der Firma, die damit nicht mehr Bauträger im Sinn der MaBV ist. Gleichzeitig beauftragt der angehende Hauseigner die Gesellschaft unwiderruflich, das Haus auf diesem Grundstück nach Plan schlüsselfertig zu erstellen.

Auf solch ein Geschäft sollten Sie sich nicht einlassen, denn
es hat für Sie erhebliche Nachteile:

○ Der Unternehmer kann großzügigere Abschlagszahlungen verlangen als nach der MaBV.
○ Die Firma kann mit Ihnen im Rahmen der sogenannten
Verdingungsordnung für Bauleistungen (VOB) eine nur
zweijährige Gewährleistungsfrist vereinbaren.
○ Sie müssen damit rechnen, daß die Firma den Bauauftrag
ablehnt. Mit der endgültigen Entscheidung läßt sich das
Unternehmen nämlich oft wochenlang Zeit, damit die
Justiz im Streitfall nicht in dem Doppelvertrag eine
rechtliche Einheit sieht und die Spaltung für unwirksam
erklärt.

Aufpassen müssen Sie auch bei der Zahlung der vereinbarten Raten. Manche Bauträger sichern Kredite, die ihnen
gewährt wurden, durch Eintragung ins Grundbuch. Verkaufen sie ein Grundstück an einen Kunden, wird dessen
Auflassungsvormerkung im Rang nach dem Finanzie-
rungsinstitut des Bauträgers eingetragen.
Der Bauträger kann dann zwar das Grundstück nicht noch-
mals an Dritte verkaufen. Doch wenn er seinen Kredit-
pflichten nicht nachkommt, darf zunächst die Bank das
Grundstück verwerten. Erst an zweiter Stelle können Sie als
Käufer Ansprüche geltend machen.
Ist das Grundstück noch mit Schulden des Bauträgers bela-
stet, sollte der Kaufvertrag deshalb stets eine klärende
Klausel enthalten: Der Käufer zahlt seine Raten so lange
unmittelbar an die Gläubigerbank, bis diese ihm oder dem
Notar mitteilt, daß das Grundstück von der Last befreit ist.
Bei einer solchen Regelung kann die Bank des Bauträgers
dann Ihr Kreditinstitut in Höhe der Raten an der ersten
Rangstelle eintragen lassen; denn die Forderung des Bau-
trägers nimmt ja im gleichen Maß ab, wie diejenige Ihrer
Bank zunimmt. Erklärt sich die Bank des Bauträgers dazu

nicht rechtzeitig vor dem Notartermin bereit, müssen Sie damit rechnen, daß Ihr Kreditinstitut Ihnen wegen des höheren Risikos Mehrkosten aufbürdet oder aber im Extremfall die Kreditzusage gänzlich widerruft.

Mit welchen anderen Fallen Käufer rechnen müssen, machen die folgenden Beispiele deutlich. Sie wurden tatsächlich geschlossenen Verträgen entnommen. Zur Ehrenrettung der Bauträgerzunft sei allerdings vorab festgestellt: Die übelsten Methoden gehören weitgehend der Vergangenheit an. Denn angesichts des ruhigeren Geschäftsgangs können heute die Kunden die Verträge sorgsamer prüfen als zu den Zeiten, als sie froh waren, überhaupt eine Immobilie zu einem vermeintlich akzeptablen Preis zu ergattern.

Zunächst zum Thema Preisgarantie. Der notariell garantierte Festpreis gilt als schlagkräftiges Argument der Bauträgerbranche. Doch manche Firmen sichern sich dennoch einen Nachschlag. Zum Beispiel schreibt ein Hausanbieter irgendwo in den seitenlangen Vertrag: »Aufschließungskosten, die den Betrag von 8500 Mark übersteigen, gehen zu Lasten des Käufers.«

Unter dem ungebräuchlichen Begriff »Aufschließungskosten« rechnet die Firma dann nicht nur die Erschließungskosten ab, sondern auch noch den Aufwand für Außenanlagen, Hausanschlüsse und Vermessungsarbeiten. Erst als ein Bauträger gar noch den Aushub der Baugrube unter dieser Position gesondert kassieren wollte, stoppte ihn das angerufene Gericht.

Selbst folgende Formulierung kann Ärger bringen: »Im Kaufpreis sind alle bis heute fällig gestellten Erschließungskosten enthalten. Soweit diese in Zukunft einen Betrag von 10 000 Mark überschreiten, erstattet die Verkäuferin den Mehrbetrag.« Das Problem: Der Käufer muß zunächst an die Gemeinde zahlen. Doch bis er sein Geld vergütet erhält, kann mancher Rechtsstreit nötig werden – wenn sein Baupartner überhaupt zahlungsfähig bleibt.

Auch die »Kosten aller Behördenleistungen« bürdet ein

Hausanbieter ahnungslosen Kunden auf, die darunter irgendwelche unbedeutenden Beglaubigungsgebühren verstehen. Der gewiefte Unternehmer jedoch stellt unter dieser Rubrik selbst die Anschlußkosten der Stadtwerke separat in Rechnung – mit der Begründung, deren Eigner seien schließlich Behörden.

Häufig verlangen dubiose Anbieter auch zusätzliche Zahlungen, sobald sie von den Bauzeichnungen und Baubeschreibungen, die dem Notarvertrag beigefügt sind, abweichen: »Der Käufer trägt die Mehrkosten, wenn die Abweichungen dem technischen Fortschritt entsprechen, technisch erforderlich sind oder, durch Auflagen der Behörden bedingt, angeordnet beziehungsweise genehmigt sind.« Bei Vertragsabschluß mit Firmen, die derlei windige Klauseln unterbreiten, liegt oft nicht einmal die Baugenehmigung vor. Nachforderungen sind deshalb in fast unbegrenzter Höhe möglich.

Je schlampiger die Firma vorab geplant hat, desto kräftiger kann sie nachträglich aufschlagen. Schließlich: Was dient nicht alles dem technischen Fortschritt? Und das Bauamt akzeptiert jede Ausführung, solange dies nicht gegen irgendwelche Gesetze und Auflagen verstößt.

Sehr mißtrauisch sollten Käufer schließlich die Passagen prüfen, mit denen der Bauträger ihnen gegebenenfalls bei der Finanzierung zu helfen verspricht: »Die Verkäuferin zahlt ab Besitzübergabe eine monatliche Treueprämie von 400 Mark für die Dauer von 24 Monaten unter der Voraussetzung, daß die Käufer ihren Vertragspflichten stets einwandfrei und fristgerecht nachkommen.«

Will der Bauträger dem Käufer wirklich unter die Arme greifen, könnte er ja einfach den Kaufpreis senken. Doch so bahnt sich an, daß der Käufer bei Reklamationen unter Druck gesetzt werden kann. Denn »einwandfrei« zahlen heißt im Juristendeutsch: ohne Vorbehalt zahlen. Wer sich beschwert, verliert den Zuschuß.

Ähnlich tricksen läßt sich mit der Termingarantie, auf die

Bauträgerkunden oft besonderen Wert legen. Doch Vorsicht ist bereits dann geboten, wenn die termingerechte Übergabe von Bedingungen abhängen soll. So mag der Hauskäufer wenig befürchten, wenn es heißt: ». . . vorausgesetzt, der Käufer kommt seinen Verpflichtungen stets einwandfrei und pünktlich nach.«

Doch wenn die Zeit zwischen Zahlungsaufforderung und Zahlungstermin knapp bemessen wird, kämen Sie als Käufer schon in Verzug, wenn Sie nur einmal zuviel die Zahlungsvoraussetzungen prüfen oder Ihre Bank trödelt. »Einwandfrei zahlen« heißt zudem bei Juristen: auch ohne Einwände zahlen, etwa bei Mängeln. Auf Ihr Recht, Mängel zu rügen, sollten Sie auf keinen Fall verzichten müssen, nur um pünktlich einziehen zu können.

Umgekehrt kann der Verkäufer auch behaupten, Ihr Haus sei bezugsfertig, obwohl noch zahlreiche Arbeiten auszuführen sind, um so schneller an die Kaufpreisrate zu kommen. Ein Passus im Vertrag schützt Sie vor langwierigem Rechtsstreit: Darin sollte stehen, daß im Zweifel ein von der Industrie- und Handelskammer zu benennender vereidigter Sachverständiger den Fall entscheiden möge.

Trickreich textet so mancher Bauträger, das Haus gelte selbst dann als bezugsfertig erstellt, »wenn Außenanlagen und Außenputz« noch fertigzustellen sein sollten« – eine recht harmlose Passage. Doch einige Seiten später ist im Vertrag die folgende Klausel zu lesen: »Die Besitzübergabe und -übernahme kann von der Verkäuferin davon abhängig gemacht werden, daß das Kaufobjekt vollständig fertiggestellt ist sowie der amtliche Gebrauchsabnahmeschein vorliegt.« Damit kann der Verkäufer Sie, den Kunden, lange hinhalten.

Einen Freibrief für Terminüberschreitungen schafft auch die Klausel: »Sonderwunsch-Aufträge heben die Bezugsfertigkeit auf«; denn fast jeder Hauskäufer ordert irgendwelche Extras.

Sicherheit suggeriert auch die Klausel, bei Mängeln dürfe

der Käufer bis zu deren Behebung fällige Raten auf ein Treuhandkonto des Notars zahlen. Denn selbst solch klare Versprechen können im Vertrag später wieder entwertet werden. Vorsicht deshalb vor Regelungen wie: »Die Besitzübergabe kann davon abhängig gemacht werden, daß die Auszahlung eventueller wegen Geltendmachung von Zurückzahlungsrechten auf Notaranderkonto hinterlegten Beträgen an die Verkäuferin ebenfalls erfolgt ist.« Haben Sie sich als Käufer auf den vermeintlich sicheren Übergabetermin verlassen und Ihr bisheriges Domizil bereits gekündigt, müssen Sie, um überhaupt einziehen zu können, das gesperrte Geld freigeben.

Doch selbst wenn Sie den gesamten Kaufpreis an den Bauträger überwiesen haben, könnten Sie noch längst nicht einziehen bei Klauseln wie: »Falls noch Mängel vorhanden sind, wird ein neuer Übergabetermin festgesetzt. Die Verkäuferin bemüht sich, die noch ausstehenden Leistungen und Mängel bis zum neuen Übergabetermin zu beheben.« Damit kann sich der Bauträger bis zur Übergabe fast beliebig lange Zeit lassen. Die meisten Käufer verzichten schließlich entnervt, oft auch wider besseres Wissen, auf Mängelrügen, um endlich in ihr eigenes Haus einziehen zu dürfen.

Besonders skrupellose Verkäufer setzen ins Übernahmeprotokoll den Passus ein: »Die Parteien kamen überein, daß außer den hier anerkannten Restarbeiten und Mängeln keinerlei Ansprüche mehr an die Verkäuferin bestehen« – wohlgemerkt handschriftlich, denn vorgedruckt hätte derlei Generalabsolution nach dem AGB-Gesetz keinerlei Chance. Macht der Verkäufer bei Gericht glaubhaft, der Passus sei nach wirklichen Verhandlungen eingesetzt worden, hat er (und nicht Sie als Käufer) bei Gericht die besseren Karten.

8 Der Kauf einer Eigentumswohnung schafft nur Teileigentum

Belastet Laien bereits der seitenlange Vertrag beim Kauf eines Bauträgerhauses, so gestaltet sich der Erwerb einer Eigentumswohnung noch komplizierter. Denn mit dem Kauf ordnet sich der Erwerber zugleich in die Eigentümergemeinschaft ein, der gegenüber er Rechte und Pflichten hat und die ihrerseits durch einen Verwalter vertreten wird. Beim Kauf einer Eigentumswohnung gelten im Prinzip die gleichen Regeln wie beim Erwerb vom Bauträger oder beim Kauf eines Hauses aus zweiter Hand. Während aber der Hausbesitzer sich in seinem Domizil wirklich als Hausherr fühlen kann, macht der Käufer einer Eigentumswohnung schon bald die ernüchternde Erfahrung, daß er nicht Herr im Haus, allenfalls Herr innerhalb seiner vier Wände ist.

In einem besonderen Gesetz über das Wohnungseigentum und Dauerwohnrecht sind Rechte und Pflichten der Eigentümer festgelegt. In den mehr als drei Jahrzehnten, in denen Wohnungseigentum in der Bundesrepublik gesetzlich geregelt ist, haben überdies Gerichte die Paragraphen ausgefüllt und feste Regeln entwickelt.

Bevor Sie sich zum Kauf einer Eigentumswohnung entschließen, sollten Sie die Eigenheiten kennen. Der Schlüssel zum Besitz auf der Etage ist die sogenannte Teilungserklärung. Sie zeigt im Aufteilungsplan die Lage der einzelnen Wohnungen, die als sogenanntes Sondereigentum dem Käufer zu Alleineigentum gehören, sowie das gemeinschaftliche Eigentum. Hieran kann die Teilungserklärung jedoch einzelnen Wohnungseigentümern Sondernutzungsrechte zuordnen – etwa den Parterrewohnungen ein Exklusivrecht für den Garten oder Privilegien der Bewohner im obersten Geschoß an der Dachterrasse. Die Nutzung des Sondereigentums kann aber ebenfalls beschränkt werden.

So untersagen viele Teilungserklärungen einen gewerblichen Gebrauch, es sei denn, der Verwalter stimmte diesem Vorhaben vorab zu.

Die Teilungserklärung muß vor einem Notar erstellt und beim Grundbuchamt deponiert werden. Sie legt neben dem Aufteilungsplan die Rechte und Pflichten der Eigentümer untereinander als das Bindeglied zwischen Sondereigentum und Gemeinschaftsordnung fest. Für jede Wohnung legt das Grundbuchamt ein eigenes Blatt an.

Die einmal in einer Teilungserklärung festgelegten Miteigentumsanteile sind nur einstimmig abänderbar, selbst wenn sie mit einer gewissen Willkür bestimmt wurden. So hat die triste Souterrainwohnung mit Blick auf den Hinterhof, umgerechnet auf den Quadratmeter, meist einen geringeren Miteigentumsanteil als die luxuriöse Penthousewohnung. Sind die Quoten in einem freien, aber durchaus erlaubten Rahmen festgesetzt, ist freilich der Streit programmiert, dann nämlich, wenn die Miteigentumsanteile der Schlüssel sind, nach dem die Betriebskosten – etwa Beiträge für Versicherungen, der Lohn des Hausmeisters, die Liftkosten oder Reparaturaufwendungen – verteilt werden. Dieses Verfahren ist nach den Buchstaben des Gesetzes vorgeschrieben, aber keineswegs zwingend. Die Eigentümer können auf andere Art die Kosten verteilen.

Die geringsten Probleme bei der Verteilung machen jene Kosten, die direkt zurechenbar sind. Hat jede Wohnung eine Mülltonne, ist es sinnvoll, die Kosten dafür direkt jedem Eigentümer anzulasten, auch wenn es für den Verwalter mehr Mühe macht, als wenn er den gesamten Aufwand über einen Kamm schert und verteilt.

Delikat können die Auseinandersetzungen werden, wenn einzelne Eigentümer erklären, sie wollten sich an bestimmten Kosten nicht mehr beteiligen, zum Beispiel fürs gemeinsame Schwimmbad, weil sie dieses nicht benutzen. Oder wenn Parterrebewohner nicht die Kosten des Aufzugs mittragen wollen.

Bei solchem Hauskrach kommt es sehr auf den Wortlaut der Teilungserklärung an. Darin kann durchaus bestimmt sein, daß nur die Benutzer des Schwimmbads zu zahlen haben oder das Parterre am Liftaufwand nicht beteiligt wird. Andernfalls müßten die Erdgeschoßeigentümer, so entschied der Bundesgerichtshof als oberste Instanz, für den Aufzug mitzahlen.

Lautstarke Diskussionen gibt es in Eigentümerversammlungen, die einmal im Jahr stattfinden müssen, oft dann, wenn große Investitionen anstehen: Dachsanierung, neue Heizung, Anstrich der Fassade. Eine Gruppe ist dafür, die andere möchte das Geld sparen; denn dann schrumpft die angesparte Rücklage, oder es wird sogar eine saftige Umlage fällig. In solchen Fällen kommt es sehr auf die Stimmrechte an.

Nach dem Gesetzeswortlaut hat jeder Wohnungseigentümer eine Stimme, gleichgültig, ob er eine kleine Wohnung oder eine große sein eigen nennt. Wer mehrere Wohnungen besitzt, hat auch nur eine Stimme.

Dieses Verfahren ist in größeren Anlagen mit unterschiedlichen Wohnungstypen wenig hilfreich. Denn es kann Verdruß geben, wenn etwa viele Eigner von kleinen Appartements relativ wenige Eigentümer von größeren Wohnungen bei wichtigen Entscheidungen überstimmen können. Viele Teilungserklärungen berücksichtigen diese wenig glücklichen Gesetzesvorschriften und haben durch Abstimmung nach Miteigentumsanteilen Abhilfe geschaffen.

Für die Haftung der Eigentümer untereinander gelten besondere Regeln. Zwar braucht kein Eigentümer für die Hypothekenschuld seines Nachbarn aufzukommen, jedoch bilden alle Besitzer eine Haftungsgemeinschaft für die Bewirtschaftungskosten des Hauses. Wenn Miteigentümer, die sich übernommen haben, zahlungsunfähig werden, überweisen sie kein Wohngeld mehr auf das Gemeinschaftskonto. Die übrigen Eigentümer müssen wohl oder übel einspringen.

Kauf aus zweiter Hand erfordert Vorprüfung

Wenn Sie mit einer Eigentumswohnung aus zweiter Hand liebäugeln, sollten Sie noch vor dem Notartermin beim Verwalter klären, ob der Verkäufer auch sein Wohngeld bezahlt hat. Tat er dies nicht, müssen Sie als Erwerber für das rückständige Wohngeld möglicherweise aufkommen.

Doch auch über den Verwalter sollten Sie, eventuell bei Ihren künftigen Nachbarn, Auskünfte einholen. Eine schlampig geführte Wohnanlage kann schnell die Freude an den eigenen vier Wänden verderben. Ob eine Hauseigentümergemeinschaft einen tüchtigen oder unfähigen Verwalter berufen hat, ist manchmal schon beim Betreten eines Hauses zu erkennen. Ein schmuddeliger Flur und abgeblätterte Farbe an den Wänden lassen in vielen Fällen weniger auf geizige Eigentümer als auf einen uninteressierten Verwalter schließen.

Das kann sehr mißlich sein, denn die Aufgaben des Verwalters sind mannigfaltig. Er muß laut Gesetz

○ die gemeinschaftlichen Gelder verwalten

○ alle Zahlungen und Leistungen erbringen und entgegennehmen, die mit der laufenden Verwaltung des gemeinschaftlichen Eigentums zusammenhängen

○ Beschlüsse der Wohnungseigentümer durchführen

○ für Beachtung der Hausordnung in der Anlage sorgen

○ die Maßnahmen zur Instandhaltung und Instandsetzung veranlassen, soweit die Eigentümer dem bereits zugestimmt haben

○ einen Wirtschaftsplan für das kommende Jahr aufstellen und das Wohngeld der einzelnen Miteigentümer festlegen

○ nach Ablauf eines Jahres Rechenschaft ablegen und zu diesem Zweck eine Eigentümerversammlung einberufen und abwickeln. Für diese Leistungen kassiert der Verwalter im Namen der Gemeinschaft sogenanntes Wohngeld in unterschiedlicher Höhe: Sieben Mark pro Jahr und pro Quadratmeter Wohnfläche sind teuer, drei Mark ausgesprochen billig.

Bevor Sie Ihre Unterschrift unter einen Kaufvertrag setzen, sollten Sie wissen, was Ihnen das Gesetz als Wohnungsinhaber erlaubt und verbietet. Generell gilt: Ihre Wohnung ist Sondereigentum, in dem Sie sich einrichten können, wie Sie wollen. Die Stabilität des Gebäudes dürfen Sie aber nicht gefährden, die Fassade nicht verunstalten.

Was erlaubt und was verboten ist

Im einzelnen dürfen Sie:

○ Zwischenwände versetzen
○ Bad oder Küche neu kacheln, Badewanne oder Dusche austauschen
○ Innentüren auswechseln
○ Schränke einbauen oder herausreißen
○ Bodenbelag oder Tapeten nach Ihren Wünschen bestimmen
○ Bei einer Etagenheizung: Heizgeräte oder Heizkörper nach den technischen Vorschriften installieren; bei einer Gemeinschaftsheizung: Heizkörper austauschen, angepaßt an das System
○ Steckdosen, Wasser- oder Gasanschlüsse anbringen lassen (vom Fachmann)
○ Telefon anschließen, Kabelfernsehen verlegen lassen
○ Ihre Wohnung vermieten

○ Ihre Wohnung als Praxis/Büro nutzen oder vermieten, wenn die Miteigentümer dadurch nicht mehr beeinträchtigt werden als bei einer Wohnung
○ Kleine Haustiere halten

Sie dürfen nicht:

○ Tragende Wände herausreißen, auch keine Türdurchbrüche vornehmen
○ Kamin erweitern
○ Elektrische und Wasser-Hauptleitungen verändern
○ Eine andere Eingangstür zur Wohnung einbauen; jedenfalls dann nicht, wenn die Gemeinschaft einen einheitlichen Charakter im Treppenhaus wünscht
○ Die Fenster austauschen
○ Ihre Wohnung als Lager/Werkstatt nutzen oder vermieten, einen Laden zu einem Lokal umfunktionieren
○ Kletterpflanzen von Ihrem Balkon über die Fassade ranken lassen
○ Keller-/Speicherräume zu Wohnzwecken nutzen
○ Eine größere Zahl von Tieren (Zucht) halten

Wenn Sie Ihre Wohnung wieder verkaufen wollen, müssen Sie häufig die Zustimmung des Verwalters einholen. Zustimmen müssen Verwalter oder Eigentümergemeinschaft, wenn Sie folgendes vorhaben:

○ Nachträglicher Einbau von Außenrolladen, hierzu bedarf es der Zustimmung der Gemeinschaft
○ Blumenkästen auf dem Balkon. Hierzu könnte die Gemeinschaft bestimmte Vorschriften machen
○ Ein Loch in die Außenwand stemmen für eine Entlüftung: Die Gemeinschaft kann zustimmen
○ Musizieren in der Wohnung: Gemeinschaft kann angemessene Zeiten festsetzen

○ Kamin einbauen: wenn Gemeinschaft und Baubehörde das erlauben
○ Markisen auf Balkon und Terrassen: meist nur nach einheitlichen Vorstellungen möglich
○ Untervermietung: oft nur mit Zustimmung des Verwalters
○ Gartennutzung, Kfz-Stellplätze: nach Teilungserklärung oder Beschluß der Gemeinschaft

Fallen Reparaturen in Ihrer Wohnung an, die Gemeinschaftseigentum betreffen – zum Beispiel bei einem Schaden an der Hauptwasserleitung –, müssen Sie hinnehmen, daß Wände aufgeschlagen werden. Die Eigentümergemeinschaft muß aber solch einen Schaden ersetzen. Bei Schäden am Gemeinschaftseigentum, die sich auf Ihr Sondereigentum auswirken, können Sie die Folgekosten allerdings nicht abwälzen. Typischer Fall: Regenwasser dringt durchs Dach. Schäden in einzelnen Wohnungen sind Sache der jeweiligen Eigentümer.

9 Beim Grundstückskauf gibt es allerlei zu bedenken

Wenn Sie sich zum Bau eines Hauses, gleich, ob mit dem Fertighaushersteller oder mit dem Architekten, entschlossen haben, brauchen Sie für Ihr künftiges Refugium einen Bauplatz. Bei der Suche nach einem geeigneten Areal reichen die Möglichkeiten von der Anfrage bei Architekten, Fertighausfirmen oder Maklern bis hin zur Zeitungsanzeige. Sehr wirksam sind oft Erkundigungen bei den Bauämtern der Gemeinden. Das Bundeswohnungsbaugesetz verpflichtet sie dazu, Eigenheimaspiranten bei der Suche zu unterstützen. Das Gesetz legt den Gemeinden auch auf, sogenannte Kaufpreissammelstellen zu unterhalten. Dort werden alle Kaufpreise für Grundstücke festgehalten, die innerhalb der Gemeinde den Besitzer wechseln. Der Kaufinteressent verschafft sich damit schon in der ersten Phase der Grundstückssuche einen guten Überblick über das Preisniveau in dem von ihm favorisierten Gebiet.

Ist die vorläufige Entscheidung für ein bestimmtes Bauareal gefallen, beginnt die zweite Phase des Kaufs. Der künftige Hauseigner muß zunächst prüfen, ob er Verkehrslärm oder andere Umweltbelästigungen am geplanten Standort seines Domizils befürchten muß. Das sollte er tunlichst an einem Werktag testen, denn an Wochenenden ist die Welt vielfach heil. Bei dieser Ortsbesichtigung läßt sich zugleich ohne besonderen Aufwand feststellen, ob Schulen, Kindergärten, Geschäfte, Sporteinrichtungen und öffentliche Verkehrsmittel leicht zu erreichen sind.

Die nächsten Schritte verlangen größeren Einsatz und wache Aufmerksamkeit. Dann bekommt es der Grundstückskäufer nämlich mit den Behörden zu tun. Er muß erfragen

○ ob ein rechtsverbindlicher Bebauungsplan vorliegt
○ welche Bauweise ein solcher Bebauungsplan vorschreibt
○ wieviel die Erschließung des Grundstücks kostet

Vielfach preisen Grundstücksverkäufer den meist unkundigen Interessenten ihr Land mit dem Hinweis an, es bestehe ein vom Gemeinderat verabschiedeter Flächennutzungsplan. Ein solcher Plan legt aber lediglich fest, daß es sich um Bauerwartungsland handelt. Nicht der Flächennutzungsplan, sondern erst der nachfolgende Bebauungsplan macht aus Äckern und Wiesen gefragten Baugrund. Wie die darin ausgewiesenen Grundstücke bebaut werden dürfen, legt die Gemeinde im Detail fest und kennzeichnet diese Eckdaten mit Buchstaben- und Zahlenkombinationen (siehe Seite 209 f.).

Beim örtlichen Bauamt wird meist auch ein Buch geführt, das nur wenigen Bauaspiranten bekannt, gleichwohl von großer Bedeutung ist: das Baulastenverzeichnis. Darin legt die Gemeindeverwaltung fest, welchen Beschränkungen ein Grundstückseigner über die im Grundbuch verankerten Vorschriften hinaus unterliegt.

Vergessen Sie die Nebenkosten nicht

Eine der entscheidenden Fragen, die der Kaufinteressent vor Vertragsabschluß zu klären hat, betrifft die Höhe der Erschließungskosten. Dieser Fachbegriff beschreibt seine Ausgaben für den Anschluß des Grundstücks ans Straßennetz, die Wasser- und Abwasserleitung, das Stromnetz oder auch an Erdgas oder Fernwärme. Für derlei Anschlüsse erheben die Gemeinden und Versorgungunternehmen je nach örtlicher Finanzsituation und der Lage des Baugrunds zu dem vorhandenen Leitungsnetz nicht zu unterschätzende Gebühren. Sie können im Einzelfall den Grundstückspreis verdoppeln.

Wer sich ein Grundstück im Erbbaurecht beschafft, darf die Kosten für die Erschließung neben den Erbbauzinsen als Werbungskosten steuersparend absetzen. Weil die Erschließungsbeiträge der Gemeinden nicht selten 35 Mark je Quadratmeter Areal erreichen – zum Teil ist dieser Betrag sogar noch höher –, kann sich der Steuerpflichtige über eine ganze Menge Geld vom Finanzamt freuen. Bei einer Bauplatzgröße von 600 Quadratmetern und 35 Mark Erschließungsbeitrag sind an die Gemeinde allein 21 000 Mark zu überweisen. Je nach Spitzensteuersatz kann mehr als die Hälfte dieses Betrags vom Finanzamt zurückfließen.

Neben den Erschließungskosten nehmen sich die sonstigen Nebenkosten beim Grundstückskauf zwar eher harmlos aus – aber auch sie gehen ins Geld. So verlangt etwa das Finanzamt Grunderwerbsteuer. Das sind zwei Prozent vom Kaufpreis. Der Notar kassiert für seinen Rechtsrat und für die Eintragung des neuen Eigentümers ins Grundbuch. Auch das Grundbuchamt will für die Eigentumsübertragung Geld sehen. Notar- und Amtskosten addieren sich zu ein bis 1,5 Prozent des Kaufpreises. Vermittelt ein Makler den Bauboden, verlangt er drei bis sechs Prozent als Provision. Dazu kommt der Lohn für den Vermessungsingenieur: ein bis zwei Mark je Quadratmeter.

Auch wenn noch ein paar Mark hinzukommen: Der künftige Bauherr sollte schon vor dem Grundstückskauf einen Architekten zu Rate ziehen. Denn der Erwerb eines Bauareals steckt voller Tücken. Für die Baukosten ist die Bodenbeschaffenheit entscheidend, wenn etwa Fels zu beseitigen ist, bevor die Baugrube ausgehoben werden kann.

Was Sie im Grundbuch finden

Vor der Beurkundung muß der Notar das Grundbuch einsehen und dem potentiellen Käufer kostenlos Auskunft über die relevanten Daten des Grundstücks erteilen. Aus dem Bestandsverzeichnis im Grundbuch kann der Käufer so alles über Gemarkung, Flur und Flurstück erfahren, dazu die Lage und die exakte Größe des Bauareals feststellen.

Neben dem Bestandsverzeichnis hat das Grundbuch noch drei sogenannte Abteilungen. In der ersten sind die Eigentumsverhältnisse festgehalten. Der Kaufinteressent kann schnell feststellen, ob der Verkäufer überhaupt berechtigt ist, den Grund zu veräußern, oder ob etwa eine Erbengemeinschaft der Vertragspartner ist. In der zweiten Abteilung sind alle auf dem Grundstück ruhenden Lasten und Beschränkungen aufgelistet. Dazu gehört zum Beispiel auch das Wegerecht, das etwa einem Nachbarn das ungehinderte Überqueren des Grundstücks gestattet.

Aus der dritten Abteilung schließlich ist zu ersehen, mit welchen Krediten das Grundstück belastet ist. Stimmt ein Gläubiger, aus welchen Gründen auch immer, nicht zu, kann der beabsichtigte Kauf platzen. Die Geldgeber – Hypothekenbanken, Sparkassen, Lebensversicherungen oder Bausparkassen – lassen ihre Forderungen erst löschen, wenn die Kredite zurückgezahlt sind.

Eine probate Methode, derlei Schwierigkeiten zu umgehen, ist die Absprache des Käufers mit dem Geldinstitut, einen Teil des Kaufpreises in Hypothekenhöhe direkt auf ein Sonderkonto zu überweisen, auf das der Geldgeber Zugriff hat.

Sind alle Vorfragen geklärt, muß der Grundstückskaufvertrag abgeschlossen werden. Nach dem Gesetz (Paragraph 313 BGB) ist ein solcher Kontrakt stets vor einem Notar zu schließen, der ihn beurkunden muß. Zu den Pflichten des Notars gehört es, Käufer und Verkäufer über die Auswirkungen und die Tragweite des Vertragsabschlusses aufzuklären. Im Beurkundungsgesetz ist gar von einer besonderen Belehrungspflicht des sachkundigen Juristen die Rede. Er muß den Parteien also klarmachen, welche unmittelbaren Rechtsfolgen sich an den Eigentumsübergang knüpfen. Käufer und Verkäufer können Honorar sparen, wenn sie schon bei der Beurkundung des Kaufvertrags die sogenannte Auflassungsvormerkung für das Grundbuch beantragen und unterschreiben. Die Auflassungsvormerkung sichert in erster Linie den Käufer noch vor der Eintragung ins Grundbuch. Das Grundstück kann nicht ein zweites Mal verkauft werden.

Vor der endgültigen Eintragung verlangt das Grundbuchamt noch die Unbedenklichkeitsbescheinigung des Finanzamts, ehe der Grundstückskauf endgültig perfekt ist. In dieser Bescheinigung steht, daß die Grunderwerbsteuer von zwei Prozent des Grundstückspreises bezahlt worden ist.

Die rätselhaften Kürzel im Bebauungsplan

Für den Laien ist ein Bebauungsplan wie ein Buch mit sieben Siegeln. Was die darin verwendeten Kürzel besagen, ist im folgenden erläutert:

WR weist das Bauareal als reines Wohngebiet aus. Dort dürfen meist nur Häuser mit höchstens zwei Wohnungen errichtet werden.

WA beschreibt Wohngebiete mit Läden, Gastwirtschaften, Handwerksbetrieben.

WB besagt, daß es sich um Wohngebiete mit Geschäfts-, Büro- und Verwaltungszentren sowie Vergnügungs- und Gaststätten handelt.

MI heißt Mischgebiete für Wohnungen und Gewerbebetriebe. Die ansässigen Firmen dürfen die Wohnqualität allerdings nicht beeinträchtigen.

Z legt fest, wie hoch gebaut werden darf. Eine römische II erlaubt zwei Vollgeschosse als Obergrenze, eine fettgedruckte **II** bedeutet, daß ebensoviel Geschosse zwingend vorgeschrieben sind.

GRZ heißt Grundflächenzahl und gibt an, welcher Anteil des Grundstücks bebaut werden darf. Beispiel: Bei GRZ 0,4 dürfen vier Zehntel der Gesamtfläche für das Gebäude verwendet werden.

GFZ heißt im Bürokratendeutsch Geschoßflächenzahl. Diese gibt an, wieviel Quadratmeter an Raumfläche (alle Geschosse) auf einem Grundstück errichtet werden dürfen. Beispiel: GFZ 0,5 bedeutet, daß etwa auf einem 500 Quadratmeter großen Grundstück 250 Quadratmeter als Geschoßfläche gebaut werden dürfen.

Ihre Checkliste als Grundstückskäufer

Um spätere Enttäuschungen zu vermeiden, sollte der Grundstückskäufer die folgenden 16 Fragen klären, ehe er seine Unterschrift unter den Kaufvertrag setzt. Diese Checkliste gibt ihm die Gewähr, nichts übersehen zu haben.

Ist das Grundstück im Bebauungsplan als Baugrundstück für Wohngebäude ausgewiesen?

Grenzt das Grundstück unmittelbar an eine öffentliche Straße (Lärm)?

Ist im Bebauungsplan die Änderung der Straßenbreite vorgesehen?

Ist der Anschluß an die örtliche Wasserversorgung gesichert?

Sind die Abwässerkanäle an der öffentlichen Kanalisation angeschlossen?

Entsprechen die behördlichen Auflagen den Vorstellungen des Käufers?

Welche Grundstücksflächen und wieviel Quadratmeter können bebaut werden?

Ist eine Baulinie, eine Baugrenze und eine Bebauungstiefe festgesetzt?

Welche Abstände sind von der Nachbargrenze einzuhalten?

Reicht die Frontbreite aus, um eine Garage zu errichten?

Welche Erschließungsbeiträge fallen an?

Bestehen gute Zufahrtswege zur Autobahn?

Sind die Haltestellen öffentlicher Verkehrsmittel gut zu erreichen?

Wie sind die Einkaufsmöglichkeiten?

Welche Schulen sind gut erreichbar?

Welchen Ruf hat die Umgebung?

10 Der Bau eines Fertighauses ist weitgehend risikofrei

Das Barackenimage des Fertighauses ist längst passé. Individuelle Grundrisse, komfortable Ausstattung, gute Wärmedämmung, rasche Montage und übersehbare Preise haben das Fertighaus hoffähig gemacht. Auch das geschäftliche Gebahren vieler Anbieter, noch 1970 Ziel eines »Schwarzbuchs« der Verbraucherzentrale Baden-Württemberg, gibt kaum noch Anlaß zu Beanstandungen. Die einst verwundbare Branche hat sich in vielerlei Hinsicht zum Guten gewandelt. Unseriöse Anbieter, die mit Bauernfängermethoden so manchen Hauskäufer hereinlegten, sind heute die Ausnahme – erst recht, wenn sie die Qualitätsmaßstäbe einer der drei anerkannten Gütegemeinschaften in Hamburg, Stuttgart oder München akzeptieren.

Diese Gemeinschaften setzen zusammen mit den Obersten Baubehörden der Länder Prüfer ein, die den Betrieb des Fertighausherstellers regelmäßig überwachen. Die Kontrolleure kommen unangemeldet. Die Gütesiegel sind zwar keine vollkommene Qualitätsgarantie, weil es für Fehler beim Zusammenbau des Hauses oder für unvorhergesehene Bauschäden nur eingeschränkten Käuferschutz gibt. Aber der Bauherr eines Fertighauses kann wenigstens sichergehen, keinem vorsätzlichen Pfuscher aufzusitzen.

Doch nicht nur in der Qualität hat sich beim Fertigbau in den letzten Jahren vieles zum Besseren gewandelt. Die harte Konkurrenz aus dem eigenen und dem Lager der Bauunternehmer förderte die Anstrengungen der Branche, den potentiellen Bauherrn immer bessere Produkte zu bieten und dazu auch stärker als in früheren Jahren auf individuelle Wünsche ihrer Klienten einzugehen. Jedem Interessenten steht es heute bei fast allen Anbietern frei,

Grundrisse oder Dachformen nach seinen besonderen
Wünschen und Vorstellungen abzuändern. Die Anbieter
schaffen die Angebotsvielfalt mit einem sogenannten
Modulsystem, das nach dem Baukastensystem aufgebaut
ist.

Die in früheren Jahren noch primitiven Außenwände mach-
ten längst Fassaden Platz, die von denen konventionell
gebauter Häuser nicht zu unterscheiden sind. Auch die
einst eher einfältigen Grundrisse sind fast überall einer
funktionellen Raumaufteilung gewichen. Der kostenlose
Kundendienst funktioniert – von wenigen Ausnahmen abgesehen – bei allen Anbietern reibungslos. Er wird je nach
Firma für zwei oder drei Jahre nach Fertigstellung gewährt.
Als Garantiezeit für die konstruktiven Teile des Hauses sind
inzwischen zehn Jahre üblich.

Schließlich bemühen sich die Fertighaushersteller um geringe Betriebskosten. Dazu bieten sie ihren Bauherrn vielfach Häuser an, die besonders gut isoliert, mit Hilfe einer
Luftheizung, Wärmepumpe oder Wärmerückgewinnung
Energie sparen helfen. Wegen ihrer stark gedämmten
Wandkonstruktionen lassen sich Fertighäuser in der sogenannten Leichtbauweise besonders schnell aufheizen. Andererseits verlieren sie aber die Wärme ebenso rasch, weil
die Wände keine Speicherfähigkeit besitzen. Folge: Im
Sommer ist es in solchen Häusern besonders warm. Die
Offerten der Fertighausanbieter umfassen längst auch ko-
stensparende Doppelhäuser und Eigenheime mit Einliegerwohnung.

Noch vor einem Jahrzehnt galt das Fertighaus aus dem
Katalog bei vielen Bauinteressenten als Dame ohne Unter-
leib. Bei den meisten Anbietern fehlte der Keller. Ihre
Offerten erstreckten sich lediglich auf den Bau »ab Ober-
kante Kellerdecke« oder »ab Oberkante Fundamentplatte«.
Weil aber neun von zehn Fertighausinteressenten einen
Keller wünschten, war der Ärger bei einem Großteil der
Kontrakte programmiert.

Wer sich für ein Fertighaus entscheidet, will Zeit und Ärger sparen und das finanzielle Bauherrnrisiko zumindest mindern. Mit dem Bau eines Kellers in Eigenregie geht aber ein gewichtiger Teil dieses Fertighausvorteils verloren. Denn gerade das Bauen in der Erde gilt als technisch problematisch. Es dauerte lange, bis die Fertighausindustrie sich in dieser Sache auf die eigenen Stärken besann. Jetzt offerieren die meisten Firmen komplette Häuser, die auch einen Fertigkeller einschließen, der nicht mehr mühselig und zeitraubend Stein auf Stein gemauert werden muß. Solche Keller eignen sich auch als Wohngeschoß – etwa auf Grundstücken am Hang.

Die Technik ist leicht durchschaubar

Läßt sich somit die Frage nach den Kellerangeboten relativ leicht klären, bleibt dem künftigen Bauherrn die verwirrende Palette der Fertigbauweisen. Aus den Angaben der Hersteller dürfte der Laie kaum klug werden. Es gehört offenbar zum Konkurrenzkampf, sich, wo immer es geht, vom Wettbewerber zu unterscheiden. Dabei lassen sich die Wandaufbauten von Fertighäusern in nur zwei Großgruppen unterteilen: die Massivbauweise mit Betonelementen aus Schwer- oder Leichtbeton und die Leichtbauweise mit Elementen aus Holzwerkstoffen.

Die meisten Fertighäuser bauen auf Holz, das wiederum in zwei verschiedenen Konstruktionen verarbeitet wird: der Fachwerk- und der Ständerbauweise auf der einen, der Tafel- oder der Großtafelbauweise auf der anderen Seite.

Beim Fachwerk entsteht ein Skelett aus senkrechten und waagrechten Balken. Die »Fächer« dazwischen werden mit Isolierstoffen ausgefüllt und anschließend verkleidet. Im Gegensatz zur Bauweise der Vorväter bleiben die Balken danach nicht mehr sichtbar. Beim Ständerbau entfallen die

waagrechten Balken, die senkrechten stehen dafür enger
beieinander.

Die weit überwiegende Zahl der in Leichtbauweise errichte-
ten Fertighäuser entsteht allerdings nicht wie bei der Fach-
werk- oder Ständermethode auf der Baustelle, sondern
bereits in der Fabrik. Dann spricht man von Tafel- oder
Großtafelbauweise. Diese Tafeln sind in der Regel geschoß-
hoch. Sie werden an die Baustelle komplett mit Fenstern,
Türen, Rollädenkästen und meist auch mit Wandfliesen
geliefert. Jeder Hersteller von geschoßhohen Tafeln besitzt
eine eigene Rasterbreite. Je schmaler die einzelnen Tafeln
ausfallen, um so mehr kann der Anbieter den Wünschen
nach bestimmten Wandbreiten entgegenkommen. Bei der
Großtafelbauweise sind die Einzelelemente ebenfalls ge-
schoßhoch, aber so lang wie die gesamte Wand.

Auch im Massivfertigbau wird zwischen Tafel- und Großtafelbauweise unterschieden. Die Wände können aus Schwer-
beton sein, wobei die zusätzliche Bezeichnung Sandwich-
bauweise lediglich aussagt, daß zwischen zwei Betonplatten
Isolierstoffe zur Wärme- und Schalldämmung einge-
klemmt liegen. Wandelemente aus Leichtbeton beinhalten
kugelförmige Hohlräume im Werkstoff. Dadurch lassen sie
sich nicht nur leichter und besser bearbeiten, sondern erzielen auch eine besonders gute Wärmedämmung. Der Nachteil: Einmal aufgenommene Feuchtigkeit gibt Leichtbeton
nur zögernd wieder ab.

So verwirrend, wie die Materialbezeichnungen erscheinen
auch die Preise der einzelnen Anbieter. Zwar kann jeder
Kaufinteressent den Quadratmeterpreis durch einfache Division errechnen. Aussagekraft erreicht ein solcher Preis-
vergleich allerdings nur, wenn die Ausstattung der einzelnen Häuser unter die Lupe genommen wird. Erst im Detail
zeigt sich die Leistungsfähigkeit der einzelnen Anbieter.

Den Preis drücken kann, wer selbst mit Hand anlegen will.
Heute nutzt bereits jeder dritte Fertighauskäufer diese
Möglichkeit. In welchem Umfang er das tut, bleibt eine

Frage seiner handwerklichen Fähigkeiten. Die Wiesbadener Studiengemeinschaft für Fertigbau hat einmal die einzelnen Arbeiten in zwei Schwierigkeitsgrade unterteilt. Danach kann, wer durchschnittliches handwerkliches Geschick mitbringt

○ Aussparungen schließen
○ tapezieren
○ anstreichen
○ Decken- und Fußleisten anbringen
○ PVC- und Teppichböden verlegen

Überdurchschnittliche handwerkliche Fähigkeiten und gewisse Fachkenntnisse muß besitzen, wer

○ den Estrich aufbringen
○ die Sanitärobjekte montieren
○ die Wand- und Bodenfliesen verlegen
○ den Innenausbau mit Bauplatten oder ähnlichem Material bewerkstelligen will

Der Fleiß des Bauherrn wird vom Finanzamt schlecht gelohnt. Die eigene Arbeitsleistung zählt nämlich nicht zu den Herstellungskosten des Hauses, die steuermindernd abgeschrieben werden können. Allein das selbst eingekaufte Baumaterial und den Lohn für Spezialisten, wie etwa Elektriker oder Installateure, erkennen die Finanzbeamten als absetzbare Herstellungskosten an.

Fertighäuser zum Anfassen

Hat sich der potentielle Käufer auf dem Papier eingehend über kurze Bauzeiten, gute Wärmedämmungen oder garantierte Festpreise informiert, kann er einen weiteren prak-

tischen Vorteil des Fertighauses gegenüber dem konventionellen Bau nutzen. Auf zahllosen firmeneigenen, aber auch auf einem halben Dutzend branchenumfassenden Musterhaus-Ausstellungen läßt sich das fertige Produkt kritisch prüfen.
Die großen Ausstellungen dieser Art sind:

Eigenheim & Garten Rhein/Ruhr 2000, Eichenhofer Weg, 5600 Wuppertal 2 (Oberbarmen), 0202/643001, täglich von 10 bis 18 Uhr

Eigenheim & Garten Hessenland GmbH, Seckbacher Busch, 6368 Bad Vilbel, 06101/87936, täglich von 10 bis 18 Uhr

Deutsches Fertighaus-Center, Xaver-Fuhr-Straße 101, Maimarktgelände, 6800 Mannheim 25, 0621/445090, täglich, außer Montag, von 10 bis 17 Uhr

Eigenheim & Garten Schwabenland 2000, Höhenstraße 21, 7012 Fellbach, 0711/5206-1, täglich von 9 bis 17 Uhr

Bauzentrum München, Radlkoferstraße 16, 8000 München 70, 089/5107441, täglich von 9 bis 18 Uhr

Eigenheim & Garten Frankenland 2000, Mainstraße, 8500 Nürnberg 60, 0911/631162, täglich von 10 bis 18 Uhr

Die Präsenz auf den oft wie Geisterstädte anmutenden Ausstellungsgeländen scheint sich zu lohnen. Mehr als 90 Prozent der jährlich rund 15000 Fertighauserwerber in der Bundesrepublik unterschreiben ihren Kaufvertrag erst, nachdem sie sich »vor Ort« eingehend von der Qualität ihres künftigen Domizils überzeugt haben.
Vorsicht ist dabei vor allzu gewieften Verkäufern geboten. Sie stellen den Erwerb eines Fertighauses nur zu gern als

ebenso unproblematisch hin wie den Kauf einer Waschmaschine. Daß sich der künftige Hausherr eventuell mit
Bürokraten vom Bauamt herumschlagen muß, für den
Abtransport des Kelleraushubs zu sorgen hat und sich auch
selbst um Wasser-, Gas- und Stromanschluß kümmern
muß, verraten die Herren mit dem Auftragsbuch natürlich
nicht.

Auch der vielgepriesene Festpreis steht zwar fest, erweist
sich in der Regel aber als arg geschönt. Er versteht sich fast
immer »ab Oberkante Keller«, also auch ohne Bodenplatte.
Für diese wären rund 20 000 Mark zu addieren. 90 Prozent
aller Käufer wollen jedoch einen Keller und müssen dafür
etwa 30 000 bis 50 000 Mark auf den Preis des Hauses
aufschlagen.

Zudem erinnert manches eigens zur Ausstellung herausge-
putzte Musterhaus eher an eine vergoldete Nußschale als an
einen zweckmäßigen Gebrauchsgegenstand. So komplett,
wie sie sich dem Besucher präsentiert, kostet die Kreation
leicht ein Drittel mehr als die Basisversion.

Worauf es beim Vertragsabschluß ankommt

Wenn Ihnen ein Fertighaushersteller einzureden sucht, der
Bau sei so einfach zu bewerkstelligen wie der Kauf einer
Waschmaschine, dann sollten Sie an seiner Seriosität Zweifel hegen. Denn gar so einfach ist die Vertragsgestaltung
nicht. Fast die Hälfte aller Kontrakte erweist sich im Lauf
der Zeit als keineswegs wasserdicht. In den Monaten zwischen der Unterschrift auf dem Papier, das Sie angeblich
aller gängigen Bauherrnsorgen enthebt, und dem Einzug in
die eigenen vier Wände entsteht oft viel Verdruß. Da die
Kontrahenten fast immer ums liebe Geld streiten, trifft man
sich nur allzuoft vor Gericht wieder.

Solche peinlichen Veranstaltungen können Sie durch klare,
eindeutige Abmachungen mit dem Hauslieferanten in aller
Regel vermeiden. Unmißverständliche Formulierungen
über Leistung und Gegenleistung erscheinen um so not-
wendiger, als der Käufer eines Fertighauses rechtlich nicht
automatisch am längeren Hebel sitzt. Er unterzeichnet
meist einen reichlich knapp gehaltenen Vordruck, den sogenannten Mustervertrag. Kein Notar muß dieses privat-
rechtliche Dokument beurkunden. Ähnlich wie beim Kauf
irgendeines Gebrauchsgegenstands wird darin grundsätzlich nur die Lieferung einer Ware gegen entsprechende
Zahlung vereinbart.

Daß auch Dritte wie Baubehörden, Subunternehmer,
Kreditinstitute   oder   Energieversorgungsunternehmen
gleichermaßen an reibungslosen oder stockenden Bauarbeiten beteiligt sind, findet sich oft nur in für Laien
völlig undurchschaubaren Formulierungen. »Sofern der
Bauherr alle Voraussetzungen geschaffen hat...«, heißt
es dann etwa im berüchtigten Kleingedruckten. Dahinter
kann sich für Sie als Käufer allerhand Ärger verbergen.
Bleibt die notwendige Baugenehmigung aus, steht die
Finanzierung noch nicht endgültig, oder wird der Keller
nicht zum vereinbarten Termin fertig, dann haben Sie
Ihre Pflichten eben nicht vertragsgemäß erfüllt. Folge:
Alle Kosten, die durch solche Verzögerungen entstehen,
gehen zu Ihren Lasten. Es sollte Ihnen auch nicht gleichgültig sein, ob der vereinbarte Festpreis für das neue Domizil neun oder zwölf Monate lang garantiert wird. In
einem Dreivierteljahr, so könnten Sie glauben, sollte das
in der Fabrik vorgefertigte Haus allemal montiert sein.
Doch die Vorleistungen, die Sie als Bauherr allein besorgen müssen, können sich in die Länge ziehen. Wenn Sie
drei Monate auf die ersehnte Baugenehmigung warten,
dafür sorgen müssen, daß Lastwagen das Grundstück problemlos erreichen können, und sich überdies darum zu
kümmern haben, daß Versorgungsleitungen für Strom

und Wasser auf die Baustelle gelegt werden, dann rinnt Ihnen die Zeit rasch davon.

Damit auch wirklich genügend Zeit für Behördengänge und handwerkliche Vorbereitungen auf dem Bauplatz bleibt, sollten Sie darauf achten, daß der vereinbarte Festpreis ein Jahr lang garantiert wird, gerechnet vom Datum der Vertragsunterzeichnung. Liefert oder vermittelt der Hersteller einen Keller, sollte er im Vertrag dazu verpflichtet werden, sowohl die Baugrube auszuheben als auch das benötigte Erdreich an die aufgestellten Kellerwände anzuschütten und den überschüssigen Bodenaushub abzutransportieren. Manche Fertighausanbieter erklären sich auch bereit, Bauschutt zu beseitigen und das Haus zumindest oberflächlich zu reinigen.

Achten sollten Sie zudem auf die sogenannten Gewährleistungsfristen, die Garantie. Zwei Jahre nach den Vorschriften der Verdingungsordnung für das Bauwesen (VOB) bzw. fünf Jahre nach dem Bürgerlichen Gesetzbuch (BGB) für tragende Teile sind vorgeschrieben. Juristische Winkelzüge, mit denen die Garantiezeiten gedrückt werden, sollen Sie nicht akzeptieren.

Viele Hersteller garantieren freilich schon zehn Jahre für ihre Holzverbundkonstruktionen, einige stehen sogar 30 Jahre lang für die Beseitigung von Mängeln gerade.

Grundsätzlich sollten Sie als juristischer Laie den Kaufvertrag mit einem Fachmann Ihres Vertrauens Passus für Passus durchgehen. Knebelklauseln sollten gestrichen, zusätzliche mündliche Abmachungen schriftlich hinzugefügt werden. Nicht zu vergessen: Auch der Verkäufer sollte verpflichtet werden, finanziell für etwaige Verzögerungen geradezustehen.

Das Ausbauhaus als preiswerte Alternative

Für sehr kostenbewußte Bauherrn halten die Fertighaushersteller etwas Besonderes parat: das Ausbauhaus. Sie liefern ihrem Kunden einen wetterfest erstellten, abschließbaren Rohbau, dessen Dach bereits gedeckt und der mit Fenstern sowie der Außentür ausgestattet ist. Dem Bauherrn bleiben die Arbeiten im leeren Haus. Ganz nach Finanz- und Zeitreserven läßt sich das öde Interieur in verschiedene Räume unterteilen, mit Bequemlichkeiten wie Wasser, Strom und Gas versorgen und beheizen. Fliesen, Tapezieren und Anstreichen nehmen sich nur noch als kaum erwähnenswerte Kleinigkeiten aus.

Wer über einen Heizungs- und Sanitärinstallateur in der Verwandtschaft verfügt, einen Fliesenleger in der Nachbarschaft weiß oder zumindest einen nicht übermäßig auf Profit bedachten Baustoffhändler zu seinen Kegelbrüdern zählt, darf sich doppelt freuen. Fachmännischer Rat und tatkräftiges Zupacken müssen nicht in jedem Einzelfall auf Heller und Pfennig beglichen werden.

Nachbar- oder Verwandtschaftshilfe, die keine profimäßigen Züge annimmt, gilt zudem nicht als Schwarzarbeit. Der Leerhauskäufer braucht sich deshalb nicht ständig mit schlechtem Gewissen am Rand der Legalität zu wähnen. Ganze Kollegenkolonnen von Polizeibeamten oder Feuerwehrmännern, Bauarbeitern oder Angestellten zogen in solcher Nachbarschaftshilfe stattliche Eigenheimsiedlungen hoch, selbst in Großstädten. Daß dafür gut und gerne zwei oder drei Jahre Freizeit und meist noch der Jahresurlaub draufgehen, nehmen energiegeladene Hobby-Hausbauer in Kauf.

Wer weder die notwendigen Fachkenntnisse besitzt, noch sich diese im Bekanntenkreis verschaffen kann, dem hilft der Lieferant nur allzugern weiter. Der Verkäufer der Haushülle ist nämlich an Folgegeschäften interessiert.

Fachberatung, Handwerksleistung, Abnahme oder Do-it-yourself-Installation und vor allem sogenannte Ausbaupakete bietet der Haushandel an.

Soll das Dach gedämmt, das Badezimmer gefliest oder die komplette Heizungsanlage installiert werden, stets stellt der Lieferer das Fix-und-fertig-Bündel mit allen Einzelteilen vor die Tür. Das Material stammt ausschließlich aus dem eigenen Angebot und wird auch nur in eher für den Kleinbedarf abgepackten Gebinden geliefert. Die Preise können daher mit wirklich günstigen Angeboten kaum konkurrieren. Besonders überteuert scheinen sie erfahrenen Heimwerkern, die Sonderangebote nutzen, Mengenrabatte aushandeln oder sogar beim Großhändler oder gleich beim Hersteller einkaufen.

Grundsätzlich gelten deshalb für den Käufer eines Ausbauhauses zwei eiserne Regeln: Er muß gründlich und realistisch einschätzen, ob er wirklich genug Zeit erübrigen kann und will, um lange Monate oder gar Jahre an seinem neuen Heim zu werkeln. Zudem sollte er immer und überall kritische Preisvergleiche anstellen.

Das Selbstbauhaus erspart eine Menge Kosten

Anders als die Firmen, die ihren Kunden auf Wunsch den Ausbau der Häuser überlassen, liefern Bausatzhersteller neben Plänen und Bauanleitungen lediglich das Material für Roh- und Innenausbau in wohlgeordneten Paketen.

Bei Bedarf steht meist ein Fachmann bereit, wenn der hoffnungsfrohe Do-it-yourself-Bauherr einmal nicht mehr weiter weiß.

Die Bauverfahren bei solchen Selbstbauhäusern ähneln sich. Statt die Wände aus Ziegeln hochzumauern, womit er fast immer überfordert wäre, stapelt der Selbstbauer großflächige Steine aus – je nach System – verschiedenen Materialien übereinander. Die Hohlräume der Schalungssteine werden dann anschließend mit Beton ausgegossen, so daß standfeste Mauern entstehen.

Die Kostenersparnis, die bei diesem »Lego für Erwachsene« (Werbetext) letztlich herausspringt, liegt zwischen 30 und 40 Prozent der gesamten Baukosten. Nur auf den besonders lohnintensiven Rohbau bezogen, lassen sich gar bis zu 50 Prozent einsparen. Den durch seine Arbeitsleistung erzielten finanziellen Spielraum, die sogenannte Muskelhypothek, kann der Bauherr nutzen, um

○ fehlendes Eigenkapital zu ersetzen, was die Kreditinstitute übrigens ohne Umschweife anerkennen
○ seine monatliche Belastung auf ein erträgliches Maß zu vermindern

An das Abenteuer Selbstbau sollte sich freilich nur wagen, wer

○ über ein Mindestmaß an handwerklichem Geschick verfügt
○ bereit ist, fast seine gesamte Freizeit zu opfern
○ unter Familienangehörigen, Freunden und Bekannten genügend bereitwillige Helfer findet

Die Adressen seriöser und erfahrener Selbstbausatz-Anbieter nennt der Bundesverband Bausatzhäuser, Am Sonnenfeld 17 c, 8228 Freilassing.

11 Zum Bau mit dem Architekten gehört gründliche Vorbereitung

Individuelles Bauen ist stets mit finanziellem Risiko verbunden. Um es möglichst klein zu halten, wird diesem Kapitel ein größerer Platz eingeräumt, denn wenn der Möbelwagen erst einmal vor der Tür des eigenen Hauses steht, sollte sein Anblick für jede Bauherrnfamilie ein Grund zur Zufriedenheit sein.

Oft genug freilich ist die Freude durch Geldsorgen getrübt. Das Eigenkapital ist längst verbraucht, und die Bank hat die letzte Hypothekenrate ausgezahlt. Der frischgebackene Hausherr macht Kassensturz und muß feststellen, daß ihm etliche Tausender fehlen, um die letzten Handwerkerrechnungen zu begleichen und das Resthonorar des Architekten zu überweisen.

Derlei unangenehme Situationen sind keine Einzelfälle, leider schon eher die Regel. Und ebenso regelmäßig hat es sich der Bauherr selbst zuzuschreiben, wenn am Ende seine wohlkalkulierte Rechnung nicht aufgeht. Denn erst im nachhinein zeigt sich, daß der Bleistift, mit dem er gerechnet hat, eben doch nicht spitz genug war.

Um die Überschreitung der Baukosten zu vermeiden oder wenigstens so klein wie möglich zu halten, muß ein Bauherr deshalb eine Reihe von Regeln beachten, die sich in barer Münze auszahlen. Er sollte

○ frühzeitig seinen Kostenrahmen abstecken
○ kostenbewußt planen
○ die Leistungen der einzelnen Handwerker exakt ausschreiben
○ nach Baubeginn nichts mehr an der Planung ändern und
○ die Baukosten laufend kontrollieren

Die meisten Hausherrn listen zuerst ihre Wünsche auf und warten den Aufwand ab. Besser ist es, von vornherein festzulegen, wieviel das Haus einschließlich aller Nebenausgaben kosten darf. Jedermann kann nach dem Studium der vorausgegangenen Kapitel zumindest überschlägig berechnen, welche Monatsbelastung er tragen kann. Daraus kann er ableiten, wieviel Baukredit er bekommt. Nicht vergessen darf er dabei allerdings den späteren Aufwand für die Unterhaltung seines eigenen Domizils, aber auch, auf der anderen Seite seines Kontos, die finanziellen Wohltaten des Staats in Form von Steuervergünstigungen.

Eine kostenbewußte Planung schließt zwar die Mitwirkung des Architekten ein, doch hat es der Bauherr in hohem Maß selbst in der Hand, die Aufwendungen zu minimieren. Sein Management beginnt bei den Abmessungen des künftigen Hauses. Er sollte bei seiner Vorplanung bedenken, daß ein Quadratmeter Wohnfläche bei normaler Ausstattung schon 2500 Mark und mehr kostet. Zehn Quadratmeter sind schnell verplant oder auch eingespart.

Immer gut ist es, wenn der künftige Bauherr vor dem Gang zum Architekten eine Skizze seines Wunschhauses entwirft. Der Planer ist dankbar für jede Hilfestellung, die es ihm erleichtert, die Wünsche seines Kunden zu ergründen. Der potentielle Bauherr sollte sich zunächst darüber klar sein, in welcher Hauskategorie er künftig wohnen möchte. Zwischen

○ eher bescheidener Ausführung
○ komfortabler Bauweise oder
○ besonders luxuriöser Ausstattung

klaffen, was die Kosten anbelangt, Welten. Was die Größe der einzelnen Räume betrifft, so ist der Bauherr nicht frei von Zwängen und Vorschriften. So schreiben zum Beispiel im öffentlich geförderten Wohnungsbau DIN-Normen vor, daß ein Wohnzimmer ohne Eßplatz nicht kleiner als

18 Quadratmeter sein darf, mit Eßplatz müssen es mindestens 20 Quadratmeter sein. Das gilt für einen Vier-Personen-Haushalt. Jedem zusätzlichen Bewohner, so verlangt es das Gesetz, müssen zwei Quadratmeter mehr zugestanden werden.

Für die Größe einer Küche gibt es zwar keine Vorschriften, dafür aber Erfahrungswerte. Zehn Quadratmeter Fläche sollte die Küche haben, besser sind zwölf bis 14 Quadratmeter, damit Platz für den Frühstückstisch bleibt.

Bei höheren Ansprüchen soll ein der Küche angegliederter Hausarbeitsraum nicht fehlen, in dem Wasch- und Bügelmaschine, Trockner und Tiefkühltruhe untergebracht werden können.

Mehr noch als in anderen Räumen sollte der vorausplanende Bauherr in den Schlafzimmern auf Stellflächen achten. Schränke – das wissen alle Hausfrauen – kann man nämlich nicht genug haben. Kinderzimmer werden oft vernachlässigt und mit zu geringer Grundfläche geplant. Als reine Schlafräume erfüllen sie ihre Funktion zweifellos schon mit zehn Quadratmetern. Sollen sie den Kleinen und Heranwachsenden aber auch als Spiel- und Schularbeitszimmer dienen, reicht diese Größe mit Sicherheit nicht aus.

Der Bauherr als Laie kann selbstverständlich seinem Architekten nur Anregungen vermitteln. Den endgültigen Plan erstellt nach den Wünschen seines Auftraggebers der Fachmann. Gleichwohl ist Kontrolle angebracht: Mit einer einfachen Methode kann der Bauherr überprüfen, ob der Architekt den Plan des Hauses optimal entworfen hat: Er teilt die Kubikmeter des umbauten Raums durch die Quadratmeter der Wohnfläche. Ist das Ergebnis bei einem normal ausgestatteten Eigenheim kleiner als sechs, war die Planung kostengünstig. Die Quadrat- und Kubikmeterzahlen sollte der Architekt liefern.

Viel Geld sparen kann der Bauherr auch, wenn die Ausschreibungen an die Handwerker ins Detail gehen. In der Ausschreibung sind deshalb auch die sogenannten Baunebenleistungen aufzuführen. Wenn der Handwerker zum Beispiel Leistungen einzukalkulieren hat, die über die im Nebenleistungskatalog der Verdingungsordnung für Bauleistungen (VOB) genannten Sonderarbeiten hinausgehen, sollte dies in der Ausschreibung ausdrücklich vermerkt sein.

Die meisten Mehrkosten, so sagen jedenfalls die Architekten, entstehen als Folge von Änderungswünschen während des Baus. Der Bauherr ist deshalb gut beraten, nach der Ausschreibung keine Änderungen mehr vorzunehmen.

Wenn nämlich der Auftrag einmal erteilt ist, kann der Handwerker derlei Sonderleistungen frei kalkulieren. Er wird es sicher nicht zu seinem Schaden tun. Der Bauherr, der die Planung nachträglich ändert, kann daher die Beträge, die ihm für die Arbeiten berechnet werden, nicht mehr kontrollieren.

Dabei ist gerade die Kontrolle der Kosten für die spätere Endabrechnung von entscheidender Bedeutung. Zwar gibt es bei jedem Bauvorhaben unvorhergesehene Ausgaben. Wer aber die Aufwendungen im Griff behalten will, sollte konsequent darauf achten, daß jeder Mehrausgabe an anderer Stelle eine Einsparung gegenübersteht.

Je weiter die Arbeiten fortgeschritten sind, um so geringer sind die Einsparungsmöglichkeiten; denn wohl kaum jemand will auf den Bodenbelag, Tapeten oder den Anstrich von Wänden und Decken verzichten.

Der entscheidende Helfer des Bauherrn ist der Architekt. Ein guter Bauplaner, das zeigt die Erfahrung, spart bei den Baukosten mehr als sein Honorar wieder ein. Deshalb sollte sich jeder Bauwillige bei der Suche nach dem richtigen Partner viel Zeit nehmen. Sie ist nicht vergeudet.

Wie Sie den richtigen Architekten finden

Wo aber soll der künftige Bauherr bei der Suche ansetzen? Das Telefonbuch kann ihm ebenso eine erste Auskunft geben wie die Beamten bei der Baubehörde. Doch über die Qualität des künftigen Baupartners sagen bloße Namen noch nichts aus. Deshalb ist es empfehlenswert, die Augen offen zu halten. Der Bauherr sollte in der Gegend, in der sein künftiges Domizil stehen soll, solche Häuser suchen, in denen er selbst gern wohnen möchte. Die Bewohner dieser Eigenheime sind meist gern bereit, über die Qualität ihres Architekten ausführlich Auskunft zu geben. Ein längeres Gespräch sollte es schon deshalb werden, weil allgemein gehaltene Auskünfte dem Interessenten wenig nutzen. Vergröbert läßt sich festhalten, daß es zwei Gruppen von Architekten gibt: Die einen sind gute Planer, bei denen es aber bei der Bauüberwachung hapert. Die anderen sind solide Handwerker, die die anfallenden Arbeiten gut und somit kostengünstig koordinieren, in ihren Entwürfen aber häufig das Künstlerische vermissen lassen.

Deshalb sollte der Interessent bei den früheren Kunden des Bauexperten in Erfahrung bringen, ob der Architekt

○ die Wünsche des Bauherrn bereits in den ersten Entwürfen berücksichtigt
○ schon bei den ersten Vorgesprächen verschiedene Alternativen zur Kosteneinsparung genannt
○ sich immer Zeit für beratende und klärende Gespräche genommen
○ für jedes Gewerk mehrere Handwerker benannt
○ vor Baubeginn einen Ablaufplan mit Bau- und Zahlungsterminen erstellt
○ die vorgeschätzten Baukosten eingehalten
○ die einzelnen Arbeiten gut koordiniert

O die Baustelle mindestens zweimal in der Woche besucht und

O seinem Bauherrn bei der Durchsetzung von Gewährleistungsansprüchen geholfen hat

Es ist fast sicher, daß nicht alle Antworten positiv ausfallen, besonders wenn mehrere Hauseigner befragt werden – was in jedem Fall geschehen sollte. Gleichwohl ist die Abfragemethode das zuverlässigste Mittel, späteren Ärger mit dem Bauplaner zu vermeiden.

Was der Architekt leisten soll

Ist der richtige Architekt erst einmal gefunden, gilt es, die Modalitäten der Zusammenarbeit festzuhalten und den Umfang der Architektenleistung festzulegen. In Paragraph 15 der Honorarordnung für Architekten und Ingenieure (HOAI) sind neun sogenannte Leistungsphasen vorgesehen, die vom Bauherrn nicht alle in Anspruch genommen werden müssen. Für jede dieser Phasen hat der Gesetzgeber einen bestimmten Prozentsatz als Anteil vom Gesamthonorar des Architekten festgelegt.

In der ersten Phase der »Grundlagenermittlung« hat der Architekt »die Voraussetzungen zur Lösung der Bauaufgabe in planerischer Hinsicht« (HOAI) zu schaffen. Für diese Leistung darf er drei Prozent des Gesamthonorars kassieren.

Zur »Vorplanung« gehören ein Planungskonzept mit »versuchsweiser« (HOAI) zeichnerischer Darstellung, Vorverhandlungen mit Behörden über die Genehmigung des Bauwerks, eine Kostenschätzung und die Untersuchung alternativer Lösungsmöglichkeiten. Für diese Leistung bekommt der Architekt sieben Prozent vom Gesamthonorar.

Bei der »Entwurfsplanung« wird das Planungskonzept bis zur endgültigen Lösung der gestellten Aufgabe durchgearbeitet, eine Kostenberechnung erstellt und wiederum mit Behörden sowie anderen Planern (Statiker, Heizungsingenieur) verhandelt. Der Architekt darf dafür elf Prozent der gesamten Honorarsumme verlangen.

Die nächste Leistungsphase, die »Genehmigungsplanung«, enthält die Beiträge dieser Sonderfachleute, die in die Bauvorlagen eingearbeitet werden. Sechs Prozent der Honorarsumme darf der Architekt für diese Arbeit berechnen.

In der »Ausführungsplanung« hat der Architekt eine vollständige zeichnerische Darstellung des Gebäudes mit allen für die Bauausführung notwendigen Einzelangaben vorzulegen. Für diese Leistung ist allein ein Viertel des Gesamthonorars fällig.

Bei der »Vorbereitung der Vergabe« ermittelt der Architekt die Massen des Baus, stellt sie zusammen und beschreibt die einzelnen Leistungen. Dabei werden Leistungsverzeichnisse für die einzelnen Gewerke erarbeitet. Auf diese Leistung entfallen zehn Prozent des Gesamthonorars.

Die Leistungsphase Nummer sieben ist das »Mitwirken bei der Vergabe«. Im Kern handelt es sich dabei um die Ermittlung der Baukosten und die Mitwirkung bei der Vergabe von Aufträgen an die einzelnen Bauhandwerker. Der Architekt hat vorher nicht nur die sogenannten Verdingungsunterlagen für alle Gewerke zusammenzustellen, sondern muß die Angebote auch einholen, prüfen und werten. Für diese Arbeit bekommt er vier Prozent vom Gesamthonorar.

Unter dem Begriff »Objekt- oder Bauüberwachung« verbirgt sich ein ganzer Katalog von Leistungen des Architekten. Er muß

○ die Ausmaße überwachen
○ einzelne Arbeiten abnehmen
○ Rechnungen prüfen
○ Kosten feststellen

○ einen Zeitplan aufstellen und überwachen
○ ein Bautagebuch führen
○ Anträge auf behördliche Abnahme des Baus erstellen
○ um Beseitigung der bei der Abnahme festgestellten Mängel besorgt sein und
○ die Kosten kontrollieren

Diese umfangreiche und besonders verantwortungsvolle
Tätigkeit läßt sich der Architekt gut bezahlen: 31 Prozent
des Gesamthonorars hat ihm der Gesetzgeber dafür zugebilligt.
Die letzte Leistungsphase nennt sich »Objektbetreuung und
Dokumentation«. Dabei verpflichtet sich der Architekt, die
Beseitigung von Baumängeln innerhalb der Gewährleistungsfristen zu überwachen und dem Bauherrn eine Dokumentation des Gesamtergebnisses zu übergeben. Sie kostet
drei Prozent des Gesamthonorars.
Die HOAI sieht für die Leistungen des Architekten Min-
dest- und Höchsthonorare vor (siehe Seite 242). Innerhalb
dieser Spanne kann der Bauherr um den Preis feilschen. Er
ist aber gut beraten, wenn er mit dem Bauplaner seiner
Wahl ein Pauschalhonorar aushandelt. Der Bauherr kennt
dann die auf ihn zukommende Belastung, der Architekt
gerät nicht in den Verdacht, die Baukosten künstlich hoch-
zutreiben, um sein Honorar zu verbessern.
Viele Architekten akzeptieren solche Festpreise, wenn ihnen mehr als der Mindestbetrag zugestanden wird, mit dem
dann aber auch alle Nebenkosten, wie Fahrten zur Baustelle
und zu den Behörden, Telefonate oder Fotokopien, abgegolten sein sollten, die ansonsten gesondert in Rechnung
gestellt werden.
Ein für Bauherrn günstiges Urteil hat vor einigen Jahren das
Bundesverfassungsgericht in Karlsruhe gefällt (Aktenzeichen 2 BvR 201/80). Abweichend von der in der HOAI
enthaltenen Einschränkung, die Mindesthonorare der
Architekten dürften nur in Ausnahmefällen unterschrit-

ten werden, haben die hohen Richter diese Vorschrift als verfassungswidrig und somit nichtig erkannt. Jetzt darf doch gefeilscht werden – aber, wie gesagt, nicht übertrieben.

Wie Sie die Baukosten im Griff behalten

Der Bauherr, der von sich behaupten kann, mit den vorauskalkulierten Beträgen ausgekommen zu sein, ist die Ausnahme. Am Ende kann er froh sein, wenn die in der Planungsphase errechneten Kosten nur um zehn Prozent überschritten wurden. Materialverteuerungen während des Baus oder Änderungswünsche des Bauherrn müssen meist als Entschuldigung für falsches Kostenmanagement herhalten. Oft werden jedoch vom Bauherrn, aber auch vom Architekten, notwendige Ausgaben schlicht übersehen.

In der frühen Phase der Beziehungen zwischen Bauherr und Architekt herrscht zudem Sprachverwirrung. Wenn der Architekt von Baukosten spricht, meint er in aller Regel die sogenannten reinen Baukosten. Der meist unerfahrene Bauherr hingegen sieht darin all die Aufwendungen, die einen Bau erst zum Wohnhaus machen. Der Unterschied in Mark und Pfennig ist gewaltig, nämlich rund ein Drittel der Gesamtkosten.

Deshalb soll nun die Sprachverwirrung aufgelöst werden:

Grundstückskosten. Zum Kaufpreis oder – falls das Areal schon vorhanden – Verkehrswert des Grundstücks wird eine Reihe von Aufwendungen hinzugezählt: Kosten für Gerichte, Notar, Makler, Vermessungsingenieure, Bodenuntersuchung, Grunderwerbsteuer und Erschließungsaufwand.

Reine Baukosten. Alle Aufwendungen, die bei der Errichtung des Gebäudes entstehen, eingeschlossen die Ausgaben für die fest mit dem Gebäude verbundenen Bestandteile des Hauses – etwa Einbaumöbel – werden gemeinhin als reine Baukosten bezeichnet.

Baunebenkosten. Alle Ingenieur- und Architektenleistungen von der Planung bis zur Bauführung zählen ebenso zu dieser Kostenart wie Prüfungen und Genehmigungen bei Behörden und die Aufwendungen bei der Beschaffung von Finanzierungsmitteln, also Aufwendungen für Vermittler, Gerichts- und Notarkosten für die Eintragung der Hypotheken in das Grundbuch, das Disagio sowie Bereitstellungs- und Zwischenkreditkosten.

Kosten der Außenanlagen. Neben der kompletten Anlage des Gartens samt Einfriedung zählen dazu alle Ausgaben für Ver- und Entsorgungsanlagen vom Hausanschluß bis an das öffentliche Netz.

Gesamtkosten. Wenn zu all diesen Kosten noch die Ausgaben für Briefkasten, Haustelefon, Mülltonne oder Außenleuchten (und viele andere kleine Aufwendungen) hinzugezählt werden, weiß der Bauherr, wieviel ihn das Haus letztlich kostet.

Sparen Sie mit einem Kosten- und Zeitplan

Solange Architekt, Bauunternehmer und Handwerker mit Zwischenrechnungen aufwarten, ist das Konto des Bauherrn in aller Regel noch prall gefüllt. Neigt sich der Bau jedoch dem Ende zu, kann infolge falscher Planung auch das Geld zu Ende gehen. Der Bauherr sollte deshalb so verfahren, wie es auch die Profis tun, nämlich den gesamten Kostenblock in möglichst viele Einzelpositionen aufteilen.

Jede Position wird danach als selbständige Kostenstelle
geführt. Bei diesem Verfahren ist dann leicht zu kontrollieren, ob die Ausgaben noch mit den Vorgaben übereinstim-
men.

Um diese effiziente Methode der Kostenüberwachung
leichter praktizieren zu können, empfiehlt sich mit Hilfe des
Architekten die Anfertigung eines Kosten- und Termin-
plans. Ein solcher Ablaufplan sollte in der Senkrechten die
einzelnen Kostenarten so weit wie möglich untergliedern:
angefangen bei den Grundstücksaufwendungen bis hin zur
Anschaffung eines Briefkastens. In der Waagrechten stehen
die Baumonate. Zwölf sollten Sie einkalkulieren, auch
wenn Ihnen der Architekt etwas von neun Monaten erzählt.
Dieser Ablaufplan ist nicht nur Kontrollorgan, sondern
auch ein hervorragender Terminkalender für die Zahlungen, die Sie ja nach und nach zu leisten haben. Ein solcher
Plan schärft zudem Ihr Kostenbewußtsein.

Viel über die Wirtschaftlichkeit sagt allein die Gebäudeform
aus. So kostet ein Quadratmeter Wohnfläche in einem
Winkelbungalow rund 20 Prozent mehr als in einem vergleichbar ausgestatteten zweigeschossigen Haus, das zudem
weniger Heizenergie verschlingt.

Ein ökonomischer Grundriß kommt ohne große Flurfläche
aus, es sei denn, die Flure sind zu nutzbaren Räumen – etwa
einer Eß- oder Spieldiele – erweitert. Auch das Zusammen-
fassen von Räumen, etwa zu einem Wohn-Eßzimmer, spart
Flurfläche, Türen und Zwischenwände. Sogar die Treppe
läßt sich im Eigenheim elegant in den Wohnraum einbezie-
hen. So entsteht auch auf kleiner Grundfläche ein repräsen-
tativ großes Zimmer.

Auch die Leitungswege gilt es zu minimieren. Im Idealfall
sollten alle Räume mit Wasseranschluß, sogenannte Naß-
zellen, neben- oder übereinander liegen. Bei jedem Neben-
raum – Hauswirtschaftsraum, Hobbyraum, Gäste- oder
Arbeitszimmer – sollte der Bauherr überlegen, ob die Er-
gänzung soviel Nutzen bringt, wie sie kostet. Jeder zusätz-

liche Quadratmeter Wohnfläche kostet nämlich 2500 Mark Baukosten und mehr oder etwa 16 Mark Zinsen pro Monat. Allerdings: Bauen Sie Dach- oder Kellerräume aus, vermindern sich die Quadratmeterkosten um knapp ein Drittel.

Der Grundriß sollte wechselnden Wohnbedürfnissen anzupassen sein, etwa wenn sich die Zahl der Familienmitglieder ändert oder der Hauseigner später ans Vermieten denkt. Grundsätzlich: Mehrere gleich große Zimmer bringen mehr Flexibilität als unterschiedlich dimensionierte Räume. Die dabei meist nicht nötigen großen Deckenspannweiten von mehr als 5,2 Metern verteuern den Bau nämlich zusätzlich.

Wenn er das Material für die Innenwände wählt, sollte der Bauherr bedenken, daß dicke Wände wertvolle Wohnfläche wegnehmen. Selbst tragende Wände sind oft deutlich stärker, als es die Statik erfordert. Eine dünne Wand muß keineswegs weniger Schallschutz bieten als eine dicke. Entscheidend ist allein das Gewicht des Materials. Der raumsparende Effekt dünner Wände sollte nicht unterschätzt werden. Wer zum Beispiel konsequent alle Wände ohne Putz, also als Sichtmauerwerk errichtet, gewinnt bei gleichen Außenmaßen in einem normalen Eigenheim mit rund 120 Quadratmetern Wohnfläche gut drei Quadratmeter. Und er spart dabei sogar noch Geld.

Mit der Wahl der Haus- und Dachform sowie der gestalterischen Extras trifft der angehende Bauherr zwar eine Grundentscheidung, die architektonische Individualität gewährleistet; dabei sollte er die Kosten aber nicht aus dem Auge verlieren.

So mag eine Gaube das Gästezimmer unter dem Dach aufwerten, doch bleibt fraglich, ob der selten genutzte Raum die Mehrausgabe von 5000 oder 6000 Mark lohnt. Oder er stellt den Bau einer Garage zunächst zurück und ordert dafür lieber Extras, die sich nachträglich nicht problemlos erstellen lassen – etwa einen Schornstein für den Kachelofen oder ein zusätzliches Duschbad. Fraglich bleibt auch der Nutzen eines Balkons im Einfamilienhaus – Baukosten immerhin wenigstens 6000 Mark –, wenn die Bewohner ohnehin lieber die Terrasse benutzen.

Kostenbewußte Bauherrn sollten den Dachraum nutzen und entsprechend die Fläche der Vollgeschosse verkleinern. Der wohnliche Ausbau unter dem Dach kostet nicht einmal die Hälfte. Wer scharf kalkuliert, wird auch den Keller zur Disposition stellen. Ein solches Untergeschoß in einem Reihenhaus ist ohne Zweifel eine wichtige Abstellfläche. Bei einem geräumigen Bungalow mit seiner großen Kellerfläche aber bleibt eine solche Ausgabe fraglich. Sicher ist: Das Eigenheim steht auf einer isolierten und wärmegedämmten Betonbodenplatte genausogut, wird aber je Quadratmeter überbauter Grundfläche um rund 400 Mark billiger. Wer auf den Keller nicht verzichten mag, kann ihn gleichwohl profitabel nutzen: als Schutzraum. Dann beteiligt sich der Staat am Bau, wie auf Seite 41 beschrieben.

Mit Preisdifferenzen von rund 80 Prozent zwischen verschiedenen Bauarten bietet sich bei der Wahl des Außenmauerwerks eine beachtliche Sparchance. Denn allein die äußeren Wände verschlingen 14 Prozent der gesamten Baukosten eines einfachen, freistehenden Eigenheims mit etwa 140 Quadratmetern Fläche auf zwei Geschossen. Der Bauherr tut deshalb gut daran, sich von seinem Architekten die Vor- und Nachteile verschiedener Wandaufbauten und deren Preise aufzählen zu lassen, bevor er sich für das eine oder andere Material entscheidet.

Die Mauerpreise sind auch regional geprägt. Zum Beispiel werden Klinkerwände (das sogenannte zweischalige Mauerwerk) im Norden Deutschlands, wo sie traditionell weitverbreitet sind, preiswerter angeboten als im Süden, wo sie sich erst im Zuge des Energiesparens durchzusetzen begannen. Schließlich spielt auch die Entfernung zu den Herstellerwerken eine beachtliche Rolle, was etwa die günstigen Bimssteinpreise im Rheinland erklärt.

Aus dem gleichen Material wie die Außenwände sollten dann auch die tragenden Innenwände errichtet werden, damit nicht durch unterschiedliches Setz- und Trocknungsverhalten häßliche, wenn auch harmlose Risse entstehen. Einheitliches Material erleichtert zudem den Baufirmen die Lagerhaltung. Für die Innenwände muß der Bauherr rund fünf Prozent der Gesamtbaukosten ansetzen.

Einen größeren Anteil des Baubudgets verschlingen schon bei normalem Untergrund der Aushub und die Fundamentarbeiten einschließlich Kellerbau mit etwa zehn Prozent der Gesamtkosten. Schwer vorhersehen lassen sich die Gründungskosten am Hang. Allerdings steht dem höheren Aufwand der Vorteil gegenüber, einen Teil des Untergeschosses für Wohnräume nutzen zu können. Günstiger belichten und damit nutzen lassen sich die Kellerräume ebenfalls bei ebenem Gelände, wenn das Haus weit aus dem Erdreich herausragt. Hier braucht weniger Erde ausgehoben zu werden, die zudem noch auf dem Grundstück als Aufschüttung für die Terrasse verbleiben kann.

Kaum etwas treibt die Baukosten so in die Höhe wie die Besichtigung einer Bauausstellung. Die hier beim Bauherrn und seiner Familie geweckten Ausstattungswünsche lassen sich jeweils mit ein paar hundert Mark erfüllen – einzeln wenig, doch in der Summe gerät leicht die gesamte Baufinanzierung ins Wanken.

Angesichts schöner Ausbaudetails sollte der Bauherr überlegen, ob er das Geld nicht lieber dort investiert, wo es auf Dauer Kosten spart – etwa bei der Heizung. Besonders mit der Anlage, die die Wärme im Haus verteilt, legt er sich – anders als beim Heizkessel, der etwa ein Jahrzehnt hält – für viele Jahrzehnte fest. Fußbodenheizungen kosten je Quadratmeter Wohnfläche ab 80 Mark, mit Zusatzheizkörpern – sie helfen, zusätzlich zu den nur langsam wirkenden Rohrschlangen im Boden, bei Bedarf den Raum schnell aufzuheizen – sogar 100 Mark. Für einfache Heizkörper zahlt der Bauherr dagegen nur 40 Mark. Doch diese brauchen an kälteren Tagen bis zu etwa 70 Grad heißes Heizwasser, während sich die Fußbodenheizung mit maximal 50 Grad begnügt. Das senkt die Energiekosten beträchtlich. Große Heizkörper, die ebenfalls mit nur lauwarmem Wasser die Räume genügend erwärmen, kosten je Quadratmeter Wohnfläche rund 55 Mark. Im Vergleich zur Fußbodenheizung sparen sie sogar noch mehr Energie, weil sie sich schneller regeln lassen, also die Wärme nur bei wirklichem Bedarf liefern. Aber sie nehmen Stellflächen weg.

Kosten und Komfort gilt es auch bei der Warmwasserversorgung gegeneinander abzuwägen. Geringe Investitionskosten sprechen für elektrische oder gasversorgte Durchlauferhitzer an den einzelnen Zapfstellen. Doch solche Einzelgeräte liefern bei Bedarf nur einen recht dünnen Wasserstrahl. Schneller, aber auch teurer füllen zentrale Speichergeräte die Wanne. Moderne Kessel arbeiten auch im Sommer, wenn nicht geheizt wird, recht wirtschaftlich. Kostspielig wird der Betrieb zentraler Anlagen allerdings, wenn ständig das Warmwasser in den Leitungen zirkuliert, damit beim Aufdrehen des Hahns nicht erst in der Leitung abgekühltes Wasser fließt. Zumindest nachts sollte eine Automatik die Umwälzpumpe stoppen, um die Auskühlverluste zu verringern.

Wie Sie das Architektenhonorar aushandeln

Die Einsparmöglichkeiten kennt der Architekt selbstverständlich. Ob er aber sein ganzes Wissen an den Bauherrn weitergibt, ist nicht sicher. Schließlich hängt, wenn nichts anderes vereinbart ist, die Höhe seines Honorars vom Bauaufwand ab. So mancher Bauplaner läßt zudem nur ungern von technischen Mätzchen, die ihm im Laufe seiner Tätigkeit lieb und teuer geworden sind. So ist der Architekt zwar in der Theorie Partner des Bauherrn, in der Praxis kommt es jedoch immer wieder zu Streit, der oft genug vor Gericht ausgefochten werden muß. Ein gut formulierter Vertrag grenzt die Risiken ein.

Die oberste Aufgabe des Architekten ist klar und deutlich beschrieben: Seine Leistung besteht in der Erstellung eines mängelfreien Bauwerks. So einfach diese Aussage klingt, so kompliziert ist das Berechnungssystem für das Entgelt des Bauplaners, das in der Honorarordnung für Architekten und Ingenieure (HOAI) festgelegt ist. Sie sagt dem angehenden Bauherrn

○ welche Baukosten der Berechnung des Honorars zugrunde liegen

○ welche Leistungen des Bauplaners in welcher Höhe entlohnt werden (siehe Seite 230 ff.) und

○ welches Honorar der Architekt in Mark und Pfennig zu beanspruchen hat

Die »anrechenbaren Kosten des Objekts«, so steht es in der HOAI, sind grob gesagt alle Aufwendungen, die das Gebäude selbst betreffen. Basis für das Honorar sind die Preise ohne Mehrwertsteuer für Material und Handwerkerleistungen.

Zweite Grundlage für die Höhe des Architektenhonorars sind fünf »Zonen«, welche die HOAI definiert. Für Bauherrn von Ein- oder Zweifamilienhäusern dürften allein die Honorarzonen III und IV von Interesse sein. Es handelt sich dabei im ersten Fall um »Gebäude mit durchschnittlichen Planungsanforderungen«, im zweiten Fall um Häuser mit »überdurchschnittlichen« Anforderungen an die Kunst des Architekten. Weil die Honorare in der Zone IV naturgemäß höher sind, wird der potentielle Bauherr selbstverständlich stets die Zone III anpeilen, zumal die HOAI, auch wenn sie eine verbale Abgrenzung versucht, ihm doch Spielraum für Verhandlungen mit seinem Bauplaner läßt.

Sind die »anrechenbaren« Baukosten ermittelt, und ist die Honorarzone ausgehandelt, kann das Entgelt aus der HOAI abgelesen werden. Bei den dort angegebenen Mindest- und Höchstsätzen handelt es sich um Honorare, die die volle Palette der Architektentätigkeit einschließen. Diese Leistungen muß der Bauherr nicht alle in Anspruch nehmen.

Wie geschildert, werden die Arbeiten des Architekten extrem unterschiedlich bewertet. Wer sich etwa zutraut, den Fortschritt an seinem Bau persönlich zu überwachen, kann fast ein Drittel – genau 31 Prozent – des Architektenhonorars einsparen. Allerdings: Nur die wenigsten Bauherrn dürften in der Lage sein, diese schwierige Aufgabe zu meistern.

Die Entlohnung für die Leistungen des Architekten ist innerhalb der genannten Bandbreite frei vereinbar. Wenn schriftlich nichts anderes ausgemacht wird, gelten automatisch die Mindestsätze. Die genannten Honorare beinhalten nicht die Mehrwertsteuer von 14 Prozent. Tabelle 10 auf Seite 242 zeigt, wieviel der Architekt kassieren darf (alle Angaben in DM).

Der Vertrag mit dem Architekten

Ist der richtige Architekt erst gefunden, sind seine Leistungen festgeschrieben und die Honorarforderungen abgegrenzt, bleibt Ihnen als Bauherr noch eine schwierige Aufgabe, die den Pakt erst besiegelt: die Vertragsgestaltung. Obwohl Gesetzgeber und die ständige Rechtsprechung des Bundesgerichtshofs Sie als den künftigen Hausherrn weitgehend schützen, bleiben gleichwohl Fallgruben, die Sie tunlichst umgehen sollten.

Was das Honorar betrifft, haben die Architekten selten etwas gegen die Schriftform einzuwenden, seit in der Hono-

rarordnung festgelegt ist, daß bei mündlichen Verein-
barungen stets nur der Mindesthonorarsatz gilt.

Architektenverträge sind, so der Bundesgerichtshof in
Karlsruhe, Werkverträge, wonach der Planer seinem Kunden – anders als bei einem Dienstvertrag – die Herstellung eines Gesamtwerks schuldet und nicht nur eine
Dienstleistung. Damit sind wichtige Fragen, wie Gewähr-
leistung, Haftung oder Schadenersatz, im Bürgerlichen
Gesetzbuch (BGB) günstig für den Bauherrn geregelt.

Tabelle 10					
Baukosten		**Honorarzone III**		**Honorarzone IV**	
ohne	**mit**	**Mindest-satz**	**Höchst-satz**	**Mindest-satz**	**Höchst-satz**
Mehrwertsteuer					
150 000	171 000	16 701	21 267	21 267	24 311
175 000	199 500	19 403	24 661	24 661	28 167
200 000	228 000	22 105	28 055	28 055	32 023
225 000	256 500	24 672	31 202	31 202	35 554
250 000	285 000	27 240	34 348	34 348	39 085
275 000	313 500	29 808	37 459	37 459	42 616
300 000	342 000	32 376	40 641	40 641	46 147
325 000	370 500	34 816	43 545	43 545	49 362
350 000	399 000	37 255	46 449	46 449	52 577
375 000	427 500	39 695	49 353	49 353	55 792
400 000	456 000	42 134	52 258	52 258	59 006
425 000	484 500	44 469	54 968	54 968	61 968
450 000	513 000	46 803	57 678	57 678	64 929
475 000	541 500	49 137	60 389	60 389	67 890
500 000	570 000	51 471	63 099	63 099	70 851
525 000	598 500	53 529	65 661	65 661	73 749
550 000	627 000	55 586	68 223	68 223	76 648
575 000	655 500	57 644	70 785	70 785	79 546
600 000	684 000	59 702	73 348	73 348	82 445

Schon seit 1977 gilt zudem das Gesetz zur Regelung des Rechts der Allgemeinen Geschäftsbedingungen (AGB-Gesetz), dem die Einheits-Architektenverträge untergeordnet sind.

Gleichwohl sollte kein Bauherr in spe sorglos werden. Das AGB-Gesetz gilt nämlich nur für allgemein formulierte Vertrags- und Geschäftsbedingungen, nicht aber für individuell ausgehandelte Abmachungen.

Dieses Schlupfloch nutzen weniger seriöse Bauplaner, um ihren Kunden doch noch die alten Klauseln unterzujubeln und die Risiken des Bauvorhabens einseitig zu verlagern.

Daher sollten Bauherrn in keinem Fall Vertragsklauseln akzeptieren, welche

○ die Gewährleistungspflicht des Architekten für auftretende Mängel von fünf Jahren (wie es das BGB vorschreibt) auf zwei Jahre verkürzen

○ die Haftung des Architekten für den von ihm verschuldeten Pfusch ausschließen oder auf Dritte, etwa Handwerker, übertragen

○ die Kostenberechnungen des Architekten für unverbindlich erklären

Der Bauplaner, der derlei Ansinnen stellt, ist unseriös; Sie sollten sich so schnell wie möglich von ihm trennen. Hält sich der Architekt hingegen an die Vorschriften des BGB, können Sie ohne Vorbehalte in den Vertrag einsteigen; denn Ihr Partner ist gegebenenfalls zum Schadenersatz verpflichtet, wenn er zum Beispiel

○ mit Bauunternehmen oder Handwerkern ungünstige Verträge abgeschlossen hat

○ den Bauherrn nicht über anstehende Verteuerungen informiert hat

○ Pläne gemacht hat, die aus baurechtlichen Gründen keine Chance auf Genehmigung hatten

○ bei Sonderwünschen des Bauherrn nicht auf die dann
   unvermeidlichen Kostenüberschreitungen aufmerksam
   gemacht hat und
○ Bodenuntersuchungen so mangelhaft ausführen ließ,
   daß dem Bauherrn im nachhinein Mehrkosten entstanden sind

Allerdings: Exakte Kosten kann der Architekt erst berechnen, wenn alle Angebote der Handwerker und Bauunternehmer vorliegen. Bei seinen ersten Kostenschätzungen
darf er sich einige Freiheiten erlauben, vorausgesetzt, die
Fehleinschätzung beruht nicht auf Nachlässigkeit. Gewisse
Kostenüberschreitungen gestehen die Gerichte den Architekten zu.
Ersten Kostenschätzungen sollten Sie deshalb mit äußer-
stem Mißtrauen begegnen. Schlagen Sie zur geschätzten
Summe 20 Prozent zu. Erst dann können Sie einigermaßen
sichergehen, letztlich mit dem eigenen und dem Geld von
der Bank oder Bausparkasse auszukommen.

Besonders kostenschonend:
Der Entwurf aus zweiter Hand

Ohne Wenn und Aber können Sie als Bauherr einen wesentlichen Teil des Architektenhonorars einsparen, wenn
Sie sich einer besonders bauherrnfreundlichen, wenn auch
meist unbeachteten Vorschrift der Honorarordnung bedienen. Wenn Sie nämlich einen Plan nutzen, um etwa mit
Freunden zwei oder mehrere Eigenheime zu bauen, können
Sie besonders viel sparen – und das ganz legal. Das Zauber-
wort heißt Wiederholungshonorar und ist in Paragraph 22
der HOAI wie folgt geregelt: »Umfaßt ein Auftrag mehrere
gleiche, spiegelgleiche oder im wesentlichen gleichartige
Gebäude, die im zeitlichen oder örtlichen Zusammenhang

und unter gleichen baulichen Verhältnissen errichtet werden sollen, . . . so sind für die erste bis vierte Wiederholung die Vomhundertsätze der Leistungsphasen eins bis sieben und neun in Paragraph 15 um 50 vom Hundert, von der fünften Wiederholung an um 60 vom Hundert zu mindern. Als gleich gelten Gebäude, die nach dem gleichen Entwurf ausgeführt werden . . . «

Wenn von dieser für Bauherrn günstigen Honorarregelung die Leistungsphase acht – das ist die Bauüberwachung durch den Architekten – ausgenommen ist, so hat dies seine Berechtigung. Denn die Erfahrung zeigt, daß die Überwachung auch bei Wiederholungsbauten dem Architekten ein ebenso großes Maß an Arbeit und Einsatz abfordert wie der erste Bau.

Während das Architektenhonorar nach der Zahl der Wiederholungsbauten von 50 bis 60 Prozent Rabatt gestaffelt ist, lassen sich am Statikerhonorar schon beim zweiten Haus 90 Prozent der Kosten sparen. In Paragraph 56 der HOAI heißt es wörtlich: »Umfaßt ein Auftrag mehrere Gebäude mit konstruktiv gleichen Tragwerken, so sind für jede Wiederholung die Vomhundertsätze der Leistungsphasen eins bis sechs in Paragraph 54 um 90 vom Hundert zu mindern.«

Die Beschränkung auf die Leistungsphasen eins bis sechs haben keine praktische Bedeutung, denn der Statiker hat mit der Ausschreibung, der Bauüberwachung und der Objektbetreuung, den übrigen Leistungsphasen, nichts mehr zu tun.

Besonders günstig sieht die Rechnung des Bauherrn aus, wenn er das sechste Haus nach einem vorhandenen Plan baut. Dann kassiert der Architekt nur noch 40 Prozent seines ursprünglichen Honorars.

Für die Abstimmung mit den Behörden, die Ausschreibung an die Handwerker und die Bauleitung muß der künftige Hauseigner allerdings einen Baumeister vor Ort finden. Weil immer noch viele Architekten mit Aufträgen nicht gerade überhäuft sind, dürfte die Suche nicht allzuschwer fallen. Immerhin kann solch ein Bauführer mit einem stattlichen Honorar rechnen. Für ein Haus mit beispielsweise 300 000 Mark Baukosten kann er als Mindestsatz immerhin knappe 10 000 Mark ohne Mehrwertsteuer fordern.

Der kluge Bauherr sollte bei solcher Forderung großzügig sein und nicht versuchen, das Entgelt des Bauleiters unter die Sätze der Honorarordnung zu drücken. Gerade bei der Bauüberwachung ist der beste Mann gerade gut genug. Er kann seinem Auftraggeber so manche Mark sparen, indem er Pfusch am Bau früh erkennt und rechtzeitig gegensteuert.

Wie stark das Wiederholungshonorar zu Buche schlägt, macht folgende Beispielrechnung deutlich: Das Architektenhonorar berechnet sich nach den Baukosten, also dem gesamten Ausgabenpaket mit Ausnahme des Grundstückspreises sowie der Aufwendungen für Erschließung und Außenanlagen. Bei angenommenen Baukosten von 300 000 Mark hätte ein Architekt Anspruch auf 28 400 Mark ohne Mehrwertsteuer für ein Domizil mit durchschnittlicher Ausstattung (Zone III).

Da der Rohbau etwa 120 000 Mark kostet, kann der Statiker für seine Entwurfs-, Genehmigungs- und Ausführungsplanung knapp 10 000 Mark beanspruchen. Insgesamt bekämen Architekt und Statiker also rund 38 000 Mark.

Anders dagegen die Kalkulation eines Bauherrn, der die Chance des Wiederholungshonorars nutzt. Die Rechnung seines Architekten fällt mit 14 200 Mark genau halb so hoch wie beim Erstbau aus. Beim Statiker lassen sich neun Zehntel, demnach knapp 9000 Mark, sparen. Unter dem Strich bekommt der Bauherr seine Pläne also für 15 000 Mark. Er spart 23 000 Mark.

Die VOB als Bibel des Bauherrn

Mit den Bauhandwerkern hat zwar in der Praxis meist der Architekt zu tun – oder sollte es wenigstens –, aber Vertragspartner der am Bau beteiligten Unternehmer sind Sie als Bauherr. Deshalb ist es von großem Nutzen, wenn Sie vorher die Verdingungsordnung für Bauleistungen studieren. Die Mühe und die geringe Ausgabe für das Büchlein zahlen sich aus.

»Pfusch am Bau entsteht meist durch mangelhafte Ausschreibung«, weiß Wolfgang Heiermann aus langjähriger Erfahrung. Der Fachanwalt ist als Honorarprofessor und Mitverfasser eines Kommentars zur Verdingungsordnung für Bauleistungen (VOB) ausgewiesen, diese Feststellung zu treffen.

Die warnenden Worte sollten jedem künftigen Bauherrn stets in den Ohren klingen, wenn er sich daranmacht, gemeinsam mit seinem Architekten die richtigen Bauunternehmer und -handwerker ausfindig zu machen. Das geschieht mit Hilfe der Ausschreibung, der eine vom Architekten zu erstellende Leistungsbeschreibung vorausgeht.

Im Gegensatz zum Architektenvertrag, der stets auf den Rechtsvorschriften des Bürgerlichen Gesetzbuches (BGB) basiert, hat der Bauherr beim Vertragshandel mit den Baufirmen ein weiteres Hilfsmittel zur Hand: die seit vielen Jahrzehnten bewährte, mehrfach überarbeitete Verdingungsordnung für Bauleistungen (VOB). Zwar bleiben Kontrakte am Bau stets Werkverträge nach BGB, doch schafft die VOB zusätzliche Klarheit im Rechtsverhältnis zwischen Bauherr und Handwerker – und zwar zu beider Nutzen.

Die Verdingungsordnung gliedert sich in drei Teile, von denen der zweite, mit B bezeichnet, für den Privatmann zweifellos der wichtigste ist, denn er regelt die Rechte und Pflichten der Vertragsparteien.

Vielfach wird, vor allem von Architekten, die Meinung vertreten, daß der Teil A der VOB – Allgemeine Bestimmungen über die Vergabe von Bauleistungen – für den privaten Bauherrn vernachlässigbar ist, weil er ausschließlich für öffentlich-rechtliche Bauherrn von Nutzen sei. Das ist falsch. Zwar haben die Vergabevorschriften nur den Charakter von Empfehlungen, aber: »Es ist sinnvoll und jedem privaten Bauherrn anzuraten, sich an die Grundsätze der VOB/A zu halten, um vor allem für den späteren eigentlichen Vertragsabschluß eine weitgehende Klarheit über die vom Bauunternehmer zu erbringenden Leistungen und seine Preisvorstellungen zu erhalten.« So stellt der Kölner Anwalt und Buchautor Ulrich Werner den Wert des oft verkannten VOB-Teils A heraus.

Auch Werners Fachkollege Heiermann empfiehlt dem privaten Bauherrn das Studium von Teil A: »Oft ist es Schuld des Architekten, wenn ein Bau teurer wird, als im voraus berechnet – dann nämlich, wenn von ihm das Leistungsverzeichnis nicht klar genug formuliert wurde.«

Die VOB ist kein Gesetzeswerk, muß also in jedem Einzelfall vereinbart werden. Geschieht dies nicht, gilt automatisch das BGB, das freilich gegenüber der Verdingungsordnung einen gravierenden Vorteil aufweist: Während nach VOB die Gewährleistungspflicht für Unternehmer und Handwerker nur zwei Jahre beträgt, schreibt der Gesetzgeber im BGB bindend eine Frist von fünf Jahren vor.

Dem Bauherrn stellt sich damit die schwierige Aufgabe, die Baufirmen dazu zu bringen, das BGB als Grundlage des gegenseitigen Vertrags zu akzeptieren. Die Erfahrung zeigt, daß nur wenige Unternehmer und Handwerker bereit sind, diesem Bauherrnwunsch zu entsprechen. In Flautezeiten dürfte aber der eine oder andere durchaus zustimmen.

Kann aber nur die zweijährige VOB-Gewährleistung durchgesetzt werden, ist dem Bauherrn erhöhte Wachsamkeit anzuraten. Erkennbare Mängel sollte er schon während der Bauphase, spätestens aber bei der Endabnahme des Hauses ins Abnahmeprotokoll aufnehmen lassen. Er erreicht damit nämlich, daß der Ablauf der Fristen unterbrochen wird. Damit tritt ein Effekt ein, der den Mangel der kurzen Gewährleistungsfristen in der VOB fast vergessen machen kann. Reklamiert der Bauherr nämlich kurz vor Ablauf der Zweijahresfrist tatsächliche oder nur vermutete Baumängel, verlängert sich das Limit um weitere zwei auf insgesamt vier Jahre. Meist hat der Bauherr dabei ein probates Druckmittel in der Hand. Laut VOB darf er nämlich vertraglich vereinbaren, bei den üblichen Abschlagszahlungen einen bestimmten Prozentsatz – eingebürgert haben sich fünf Prozent – zu seiner eigenen Sicherheit zurückzuhalten. Er muß der verantwortlichen Firma zunächst die Möglichkeit geben, Pfusch zu beseitigen. Reagiert sie nicht, kann der Bauherr eine Frist setzen und gleichzeitig ankündigen, daß er nach Ablauf dieser Frist auf die Dienste der Baufirma verzichten und einen anderen Unternehmer mit der Beseitigung der Mängel beauftragen wird.

Bauherrenfreundlich gibt sich die VOB bei der Endabrechnung. Wird die letzte Überweisung an die Baufirma ausdrücklich als Schlußzahlung gekennzeichnet, kann der Unternehmer selbst gerechtfertigte Restforderungen nur dann durchsetzen, wenn er innerhalb von zwölf Tagen widerspricht. Versäumt er die Frist, verliert er seinen Anspruch an den Bauherrn.

Die VOB ist ein umfangreiches Werk. Für Bauherrn, die es genau wissen und auf Nummer Sicher gehen wollen, lohnt die Anschaffung. Vom Deutschen Taschenbuch Verlag ist das Buch (einschließlich der Honorarordnung für Architekten und Ingenieure) schon für 9,80 Mark zu haben. Vom gleichen Verlag gibt es auch (jetzt in sechster Auflage, Stand 6. August 1986) die »Rechtsfragen beim Bauen«, in denen in leicht verständlicher Form das Autorengespann Werner/Pastor die ganze Palette der für Bauherrn und

Immobilienkäufer wichtigen Fragen beantwortet. Preis: 9,80 Mark. Wer es gern noch genauer hat, sollte sich den »Handkommentar zur VOB« von Heiermann/Riedl/Rusam/Schwaab aus dem Bauverlag Wiesbaden und Berlin anschaffen. Dieser Kommentar kostet allerdings 150 Mark. Dergestalt gewappnet, kann der Bauherr getrost dem Bauende entgegensehen.

Das Beweissicherungsverfahren begünstigt den Bauherrn

In den letzten Jahren ist in der Baupraxis ein gerichtliches Vorgehen wiederentdeckt worden, das Käufern und Bauherrn vor allem bei der Durchsetzung von Gewährleistungsansprüchen erhebliche Vorteile bringt: das Beweissicherungsverfahren. Das ist eine Art vorgerichtlicher Prozedur, in der bereits viele Baustreitigkeiten enden. Nicht umsonst wird von ihr heute in der Praxis immer mehr Gebrauch gemacht. Das Gesetz gibt damit nämlich jedem Bauherrn und jedem Käufer eine scharfe Klinge in die Hand. So können die von Pfusch betroffenen Kunden meist ohne große Anstrengungen einen Prozeß optimal vorbereiten oder sogar vermeiden, wenn die Kontrahenten schon nach der Beweissicherung – was häufig vorkommt – aufgeben und sich zu einer Nachbesserung der Mängel bereit erklären.

Besonders wichtig: Durch die Einleitung der Beweissicherung wird die Verjährung von Gewährleistungsansprüchen unterbrochen und beginnt danach neu. Bei der auf zwei Jahre begrenzten Gewährleistungsfrist der Baufirmen nach VOB ist das ein probates Mittel für Bauherrn, das knappe Zeitlimit zu verlängern. Der besondere Vorteil des Verfahrens liegt aber darin, daß der Hausherr einen Gutachter seiner Wahl und seines Vertrauens durchsetzen kann. Der Antragsgegner (Bauträger, Architekt oder Hand-

werker) hat keine Möglichkeit, den vom Bauherrn benann-
ten Sachverständigen wegen Befangenheit im ersten Verfahren vor dem Amtsgericht auszuschließen. Über einen
Befangenheitsantrag kann nämlich erst das Gericht im
eigentlichen Bauprozeß entscheiden. Der Antragsgegner
kann höchstens seinerseits ein weiteres Beweissicherungsverfahren anstrengen, was aber in der Praxis der Kosten
wegen selten geschieht.

Ein Beweissicherungsverfahren lohnt sich für Bauherrn
oder Käufer vor allem dann, wenn die Gefahr droht, daß
Baumängel durch die Weiterarbeit auf der Baustelle verdeckt werden oder sofortige Sanierungsmaßnahmen unumgänglich sind: wenn also nach dem Gesetzeswortlaut die
Besorgnis besteht, daß Beweismittel verlorengehen.

Für diese Fälle läßt die Gerichtspraxis einen umfangreichen Fragenkatalog zu, mit dessen Hilfe der Bauherr
alles feststellen lassen kann, was er später in einem etwai-
gen Bauprozeß braucht, um seine Ansprüche durchzusetzen. Auf diese relativ einfache Art aktenkundig gemacht
werden:

○ die eigentlichen Baumängel
○ die Ursachen der Mängel in Planung und Ausführung
○ die notwendigen Sanierungsmaßnahmen und
○ die Kosten für die spätere Mängelbeseitigung

Wegen der unübersehbaren Vorteile, die ein solches Beweissicherungsverfahren für Bauherrn und Käufer bietet,
beklagen Baufirmen und Handwerker oft, daß die »Waf-
fen«gleichheit vor Gericht nicht gewahrt sei und durch das
Zusammenwirken von Bauherrn und Sachverständigen ihrer Wahl die Gefahr einer Manipulation bestehe. Auf solche
aus der Sicht der Bauprofis verständlichen Bedenken sollten
Kunden, die sich geschädigt fühlen, keine Rücksicht nehmen. Sie sollten ihre rechtlichen Möglichkeiten voll ausschöpfen.

Nachteilig für den Antragsteller ist allein, daß er die Kosten des Beweissicherungsverfahrens (Gericht, Anwalt, Sachverständiger) zunächst selbst tragen muß. Wenn er aufgrund des Verfahrens den späteren Prozeß gewinnt, kann er diesen Aufwand allerdings wieder auf den unterlegenen Kontrahenten abwälzen. Im Vergleich zu den schwerwiegenden Folgen nicht behobener Baumängel erscheint das geringe Kostenrisiko tragbar.

Gelegentlich erklären sich Architekten dazu bereit, einen Bau schlüsselfertig zum vereinbarten Preis zu erstellen. Dann wird das Honorar entsprechend höher – um zehn Prozent und mehr. Solche Absprachen sind jedoch selten. Meist sind es Bauunternehmer, die ein Haus zum Festpreis und zum vorher vereinbarten Fertigstellungstermin auf vorhandenem Grundstück hochziehen.

Eine solche Perspektive ist für den Bauherrn von hohem Reiz. Er sollte aber wissen, wo die Fallstricke liegen. Wer nämlich darauf hofft, mit dem »Schlüsselfertigvertrag« aller Sorgen enthoben zu sein, gleich nach dem letzten Hammerschlag einziehen und sich fortan der ungetrübten Freude am perfekten Haus hingeben zu können, lebt wohl eher in einem Wolkenkuckucksheim.

Schließlich wird auch das angeblich schlüsselfertige Stein-auf-Stein-Domizil von Menschen verwirklicht. Fehler, Pannen, Irrtümer und Pfusch sind daher keinesfalls ausgeschlossen. Im Gegenteil: Der Käufer eines schlüsselfertigen Hauses in konventioneller Bauweise muß sich viel intensiver um Einzelheiten kümmern als etwa der Erwerber eines Fertighauses. Sein Vorteil allerdings gegenüber dem Nachbarn im vorgefertigten Montagehaus: Er kann leichter durchsetzen, daß Mängel am Haus tatsächlich restlos beseitigt werden. Andernfalls sind Preisabzüge oder gar der Rücktritt von vertraglichen Abmachungen durchaus möglich.

Grundsätzlich will der Käufer eines schlüsselfertigen Hauses einen fest vorgegebenen finanziellen Rahmen einhalten und sich den Traum von den eigenen vier Wänden nicht dadurch verleiden lassen, daß ständig irgendwelche unvorhergesehene Zusatzkosten sein Konto über Gebühr belasten. Andererseits schwört der künftige Eigenheimer aufs Althergebrachte. Steine, Mörtel und Gips gehören für ihn unverzichtbar auf die Baustelle, wie Bäume in den Wald. Deshalb wird sein Haus auch in konventioneller Weise hochgezogen.

Um beide Forderungen unter einen Hut zu bekommen, beauftragt der Interessent einen Architekten oder eine Firma, die als Baubetreuer oder aber als Bauträger fungiert. Wer bereits ein Grundstück besitzt, engagiert als Bauherr einen sogenannten Baubetreuer, der auf der vorhandenen Parzelle ein Haus zu festem Preis baut. Dieses Geschäft wird durch einen Werkvertrag besiegelt. Bietet der sogenannte Bauträger dagegen Grundstück und schlüsselfertiges Haus zusammen zum Festpreis an, wird ein kombinierter Werk-/Kaufvertrag geschlossen. Der Käufer tritt dann nicht als Bauherr in Erscheinung, sondern gilt lediglich als Erwerber. Unter Umständen muß ein Notar den Vertrag oder Teile davon beurkunden. Im Prinzip geht es bei der Beurkundung um Haftungs- oder Gewährleistungsfragen.

Die Baubetreuung läßt dem Bauherrn weitgehende Gestaltungsmöglichkeiten offen. Er kann eigene Materialwünsche äußern, Grundrißskizzen vorlegen oder selbst kräftig mit zupacken. Die Tatsache, daß nur die Betreuungsfirma als Vertragspartner auftritt, erspart überdies manchen Ärger mit Subunternehmen oder einzelnen Handwerkern.

Bauträgerobjekte bieten hingegen weniger gestalterischen Spielraum. Sie liegen oft in städtischen Ballungsgebieten, die Grundstücke fallen deshalb relativ klein aus, und strenge Bauvorschriften setzen der Phantasie weitere Grenzen. Andererseits werden für solche Reihen- oder Stadthauszeilen oft wichtige Gemeinschaftseinrichtungen, wie Kinderspielplätze, Grünanlagen oder Parkflächen, geschaffen.

Der richtige Partner fürs schlüsselfertige Bauen findet sich noch immer am einfachsten über die Tageszeitung. Fachzeitschriften, die sich mit Bauen und Einrichten befassen, sowie die Hauszeitschriften der Bausparkassen lassen sich als weitere wertvolle Informationsquellen anzapfen. Handwerker im Bekanntenkreis und frischgebackene Eigentümer eines schlüsselfertigen Hauses haben mit Sicherheit eine Fülle aktueller Tips auf Lager. Die Reaktionen auf konkrete schriftliche Anfragen geben ersten Aufschluß darüber, ob ins Auge gefaßte »Schlüsselfertig-Anbieter« tatsächlich als Vertragspartner in Frage kommen. Wer gar nicht antwortet oder erst nach Wochen dürftiges Prospektmaterial zusendet, hat augenscheinlich kein sonderliches Interesse an dem in Aussicht gestellten Auftrag. Wer dagegen trotz der eindeutigen Bitte, von einem Vertreterbesuch vorerst abzusehen, umgehend den Mann mit dem Auftragsbuch losjagt, hat es offenbar dringend nötig, das nächste Geschäft unter Dach und Fach zu bringen. Darum gilt es, in Ruhe und mit Augenmaß die Spreu vom Weizen zu trennen. Erkundigungen über die Kandidaten bei örtlichen Bauunternehmen, öffentlichen Dienststellen oder privaten Bauherrn helfen dem künftigen Hausherrn oft weiter.

Sind mehrere vertrauenswürdige Baubetreuer oder -träger gefunden, gilt es, die Meßlatte anzulegen. Welche Leistungen bieten die Kandidaten an, womit können oder wollen sie nicht dienen, welche Materialien werden verwendet, welche Nebenkosten entstehen, welche Mehrkosten fallen bei Sonderwünschen an, welche Termine werden zugesagt? Wichtig ist, allen Bewerbern dieselben Fragen vorzulegen. Nur dann ist eine wirklich aussagekräftige Bewertung möglich. Hat sich daraufhin ein Anbieter als möglicher Vertragspartner herauskristallisiert, scheinen Preis, Qualität und Einzugstermin zu stimmen, sollten die Abmachungen Punkt für Punkt schriftlich ausgehandelt werden. Keine Frage darf offenbleiben.

Ist der Kontrakt perfekt, sollte sich der Bauherr oder Käufer regelmäßig auf der Baustelle blicken lassen. Terminverzögerungen, Materialabweichungen oder Baumängel lassen sich dann bereits im Ansatz erkennen. Unstimmigkeiten gilt es zunächst stets mit dem Vertragspartner, also dem Baubetreuer oder -träger, zu bereden. Wenn danach partout keine Einigung mehr möglich scheint, sollte ein im Baurecht erfahrener Anwalt konsultiert werden.

Der Vertrag mit dem Generalunternehmer muß ins einzelne gehen

»Denken Sie immer daran, daß Ihre Position vor Vertragsabschluß am stärksten ist!« Diesen Rat erteilten die Architekten Axel Schnitzspahn und Hans-Martin Kieser aus langjähriger Erfahrung heraus allen Interessenten für ein schlüsselfertiges Haus. Mit Recht: Ist der Auftrag einmal erteilt, der Kauf besiegelt, lassen sich dem Verkäufer nur noch schwerlich weitere Zugeständnisse entlocken. Nachträgliche Sonderwünsche gehen in aller Regel über Gebühr ins Geld.

Um Bauherrn, die ja zumeist nur einmal im Leben ein Haus hochziehen, vor Schaden zu bewahren, betätigen sich die Praktiker Schnitzspahn und Kieser als Autoren. In ihrem Handbuch »Schlüsselfertiges Bauen« (Compact Verlag, München, 68 Mark) veröffentlichen sie eine Fülle praktischer Tips, vor allem zahlreiche Checklisten, mit deren Hilfe sich auch der Laie im schier unübersehbaren Wust von Angeboten, Vorschriften und Stolpersteinen zurechtfinden kann.

Keine Frage: Der Verkäufer wird im Zweifelsfall nur das liefern, was ausdrücklich im Vertrag vereinbart wurde. Grundriß, Baumaterial und Ausstattung des Hauses gilt es deshalb, so exakt wie irgend möglich festzulegen, ebenso etwaige Eigenleistungen, die den Preis senken helfen. Arbeitslöhne und Materialkosten, die sich durch Do-it-yourself-Einsatz einsparen lassen, sollten vom ursprünglichen

Festpreis abgezogen und im Vertrag schriftlich fixiert werden.

Zudem gelingt es in aller Regel, den Verkäufer zu Konzessionen zu bewegen. Wer sich zuvor gründlich informiert hat, die Preise für Baustoffe kennt und weiß, daß die Entlohnung für Handlangerdienste deutlich geringer ausfällt als für die sogenannte Meisterstunde, macht klar, daß er sich auch als Laie nicht blindlings übervorteilen läßt. Bietet ein Konkurrenzunternehmen Leistungen nachweislich preisgünstiger an, läßt sich trefflich handeln. Sollte auch am Preis nicht viel zu rütteln sein, so springt vielleicht eine höherwertige Fliesensorte, eine schickere Fußleiste oder eine zusätzliche Holzdecke heraus. Auf alle Fälle gehören solche Abweichungen von der ursprünglich geplanten Standardausstattung in den Vertrag. Mit mündlichen Zusagen, die später nirgendwo einzuklagen sind, sollte sich der Kaufinteressent nicht abspeisen lassen.

Da das neue Haus erklärtermaßen schlüsselfertig übergeben werden soll, gilt es, im Festpreis auch etwaige Nebenkosten zu berücksichtigen. Dazu können die Gebühren für Baugenehmigung und Rohbauabnahme gezählt werden, ebenso die Kosten für die Gestaltung von Zufahrten, Kelleraußentreppen und Garten. Nachträglich erhöhen darf der Baubetreuer oder -träger seinen ursprünglichen Preis nur in Ausnahmefällen. So etwa, falls sich erst während der Bauarbeiten herausstellen sollte, daß Bodenverhältnisse oder Grundwasser die gesamte Bauleistung verändern. Diese Erschwernis muß überdies als »unvorhersehbar« eingestuft werden.

Hat sich der Baubetreuer hingegen zu seinen Ungunsten verrechnet, weil er etwa Transportkosten unterschätzte oder ein besonders preisgünstiger Lieferant ausfiel, geht dies als Kalkulationsirrtum voll zu seinen Lasten. Die Rechtsprechung schützt in solchen Fällen den Auftraggeber, der als Laie nicht unbedingt alle Lieferanten und deren Abmachungen mit dem Unternehmer kennen oder

gar Material- und Lohnkostensteigerungen vorhersehen
kann.

Schließlich muß geklärt werden, ob der Vertrag ganz oder
teilweise vom Notar zu beurkunden ist. Bei der Baubetreuung auf eigenem Grundstück entfällt dies, es sei denn, das
Grundstück wurde durch den Baubetreuer vermittelt. Wird
ein kombinierter Werk- und Kaufvertrag mit einem Bauträger geschlossen, so muß der Kontrakt aufgrund der
Grundstücksübereignung auf jeden Fall vom Notar beglaubigt werden. Im Zweifelsfall gibt ein Notarbüro Auskunft.

Wenn die Finanzierung steht und die letzten Verträge unter Dach und Fach sind, bleibt Ihnen noch die Absicherung gegen die Unwägbarkeiten des Lebens. Denn Sie tragen, besonders als Bauherr, mehr Risiken, als Sie gemeinhin glauben. Der Abschluß einer Reihe von Versicherungen ist unumgänglich.

Der Schutz muß schon beim Aushub der Baugrube einsetzen, obwohl vielen Bauherrn die frühe Verantwortung nicht so recht einleuchten will. Denn im Kaufrecht haftet der Verkäufer für eine Ware so lange, bis diese in fremdes Eigentum übergeht, die Übergabe also erfolgt ist. Bei Immobilien ist das aber anders. Bereits vor dem ersten Spatenstich auf dem Grundstück trägt der Eigentümer die volle Verantwortung für Unfälle, die Dritte erleiden. Wenn also die Baufirma das Gelände unvollkommen absichert und ein Fußgänger sich dort ein Bein bricht, haftet in erster Linie der Bauherr. Zwar wird er dann nach einem Schuldigen fahnden, um Regreß zu fordern. Aber derlei Recherchen verlaufen oft genug im Sand.

Deshalb ist der Abschluß einer Bauherrn-Haftpflichtversicherung unvermeidlich. Sie sollte Personenschäden bis zu einer Million Mark und Sachschäden bis zu 300 000 Mark abdecken. Eine solche Haftpflichtversicherung kostet je nach Unternehmen zwischen 160 und 200 Mark jährlich.

Verantwortung trägt der Bauherr auch für Vorkommnisse, die vordergründig dem Bauunternehmer oder den Bauhandwerkern anzulasten wären. Es ist ein weitverbreiteter Irrtum, anzunehmen, daß die Baufirmen uneingeschränkt für alle Risiken bei der Fertigstellung des Hauses einstehen müssen. Die Verdingungsordnung für Bauleistungen (VOB), die der Mehrzahl der Verträge zugrunde liegt,

bestimmt, daß die Firmen für Schäden an erbrachten Leistungen nicht immer aufkommen müssen. Wenn etwa am
Rohbau durch »unabwendbare Umstände« eine Mauer ein-
stürzt oder Vandalen Schaden anrichten, kann das zu Lasten
des Bauherrn gehen. Gut beraten ist er, wenn er mit dem
Bauunternehmer vor Vertragsabschluß klärt, wer in solchen Fällen haftet.

Besonders dort, wo die Verwüstungs- und Diebstahlsgefahr
groß ist – in städtischen Gebieten oder auf völlig freiliegen-
den Grundstücken etwa –, sollte sich der Bauherr mit dem
Abschluß einer Bauleistungsversicherung, auch Bauwesenversicherung genannt, anfreunden. Sie kostet als Einmal-
prämie und mit Selbstbeteiligung (300 bis 500 Mark) für je
1000 Mark Bausumme bei allerdings unterschiedlichen Leistungen zwischen 1,90 und drei Mark.

Hat der Unternehmer bereits eine Bauwesenversicherung,
erübrigt sie sich natürlich für den Bauherrn. Ist das nicht der
Fall, sollte der künftige Hausbesitzer darauf hinwirken, die
Prämie mit dem Unternehmer zu teilen. Schäden, die durch
Feuer, Blitzschlag oder Explosion entstehen, deckt eine Roh-
bau-Feuerversicherung. Wer bei einem Assekuranzunternehmen frühzeitig eine sogenannte Verbundene Wohngebäudeversicherung, die auch Feuerschäden beinhaltet, abschließt, bekommt die Rohbauversicherung meist gratis.

In vielen Fällen kommt der Bauherr ohnehin um den
Abschluß einer Gebäudeversicherung gar nicht herum.
Denn viele Baufinanziers, darunter regelmäßig die Bau-
sparkassen, verlangen den Nachweis einer Police. In einigen
Gegenden der Bundesrepublik ist die Feuerversicherung
Pflicht. In anderen Regionen darf sich der Bauherr noch
nicht einmal das ihm zusagende Assekuranzunternehmen
aussuchen, weil eine Monopolgesellschaft existiert.

Der Schutz gegen Feuer ist nur ein Teil jener Absicherung,
die die Versicherungsunternehmen ihren Baukunden bieten. In der Verbundenen Wohngebäudeversicherung sind
auch Schäden abgedeckt, die durch Blitzschlag, Explosion,

Sturm und Leitungswasser entstehen. Zum Leitungswasser zählt dabei auch das Heizungssystem – gleich, ob Warmwasser oder Dampfheizung – sowie Spül- oder Waschmaschine. Nicht eingeschlossen ist hingegen etwa ein Rückstau aus der Kanalisation, obwohl dieser mindestens ebenso große Schäden anrichten kann wie ein Rohrbruch.

Die Versicherer brauchten indes nicht lange, um zu entdekken, daß in einigen Gegenden der Bundesrepublik der Wind heftiger weht als in anderen. Sturmgefährdet sind vor allem die Küstengebiete, aber auch andere ungünstig gelegene Gebiete im Binnenland. Diese besonders gefährdeten Landesteile wurden kurzerhand zur Sturmzone zwei erklärt. Dort gelten höhere Prämien als in der weniger gefährdeten Sturmzone eins.

Alle Versicherer decken auch die Folgeschäden von Katastrophen, also etwa Zerstörungen durch eindringendes Wasser, wenn das Dach durch Sturm oder Feuer abgedeckt worden ist. Dem geschädigten Hausherrn machen sie dabei aber zur Pflicht, alles zu tun, um derlei Folgeschäden so klein wie möglich zu halten.

Wer sich freilich in der Praxis an das Ausfüllen eines Versicherungsantrags auf Wohngebäudeversicherung macht, wird spätestens dann entmutigt aufgeben, wenn das Wort Versicherungswert auftaucht. Denn dieser wird aus unerfindlichen Gründen nach einem Grundpreis aus dem Jahr 1914 festgelegt und danach um für alle Gebäude gleiche Prozentsätze Jahr für Jahr erhöht.

Im Schadensfall gibt es immer wieder Streit zwischen den Parteien. Regelmäßig geht es dabei um die Frage der Unterversicherung, vor allem dann, wenn der Hauseigner um- oder angebaut und dies seinem Versicherungsvertreter nicht gemeldet hat. Denn jede Verbesserung erhöht den Wert des Gebäudes und hat höhere Prämien zur Folge. Beharren die Versicherer auf Unterversicherung, werden der Wert der zerstörten Gebäudeteile oder gar ein ganzer Neubau nur anteilig ersetzt.

Zur Palette der Versicherungen für Hausbesitzer gehört in jedem Fall eine Haftpflichtversicherung. Wer ein Eigenheim besitzt, kann sich auf eine sogenannte Privat-Haftpflichtpolice beschränken. Sie ist vergleichsweise billig und deckt zum Beispiel auch den Sturz von Passanten auf dem verschneiten Bürgersteig vor dem Haus. Schon eine Einliegerwohnung aber macht das Eigenheim zum Mietshaus. Und dann sollte in jedem Fall eine Haus- und Grundbesitzer-Haftpflichtpolice abgeschlossen werden. Sie kostet jährlich auf der Basis von einer Million Mark für Personenschäden und 300 000 Mark für Sachschäden zwischen 120 und 200 Mark, je nach Versicherungsumfang und Gesellschaft.

Das größte Haftungsrisiko, das Bauherrn übernehmen, ist ausgelaufenes Heizöl. Dringt der Brennstoff ins Erdreich, ins Grundwasser oder in die Kanalisation, können die Kosten für die Beseitigung des Schadens oft das Mehrfache des Hauswerts übersteigen. Deshalb ist der Abschluß einer Heizöltank-Haftpflichtversicherung unerläßlich. Für einen 3000-Liter-Tank im Keller nehmen die Versicherer zwischen 70 und 100 Mark pro Jahr.

Weit weniger sinnvoll erscheint aus der Sicht des Bauherrn eine Rechtsschutzversicherung. Die häufigsten Querelen und auch die folgenschwersten, nämlich gerichtliche Auseinandersetzungen mit Architekten, Bauunternehmern und Handwerkern, werden von keiner Rechtsschutzversicherung gedeckt. Allerdings: Käufern von Bauträgerhäusern hilft sie, Gewährleistungsansprüche nach BGB durchzusetzen.

In jedem Fall sollten Bauherrn bereits beim Aufstellen des langfristigen Finanzierungsplans berücksichtigen, daß der Hausbesitz gegenüber dem gemieteten Domizil Mehrkosten verursacht und auch durch die notwendigen Versicherungen laufende Belastungen mit sich bringt. Rund 500 Mark jährlich sollten Bauherrn hierfür einplanen.

14 Der Fachmann mauert – der Laie wundert sich

Sie wissen jetzt viel über den Bau oder den Kauf eines Hauses oder einer Eigentumswohnung. Wenn dieser Ratgeber dazu beiträgt, Ihre Großinvestition erfolgreich zu beenden, dann hat er seinen Zweck erfüllt. Dann auch können Sie kleine Pannen, wie jene, die dem Verfasser widerfuhren, mit Humor nehmen. Was war passiert? Als nach Fertigstellung des Familienheims der Heizölwagen vorfuhr, herrschte Ratlosigkeit: Es fand sich kein Einfüllstutzen. Bis der verzweifelte Hausherr zu Hammer und Meißel griff und jene Stelle bearbeitete, an der er den Stutzen vermutete. Dem Versuch war Erfolg beschieden. Übereifrige Handwerker hatten die Ölleitung einfach zugemauert.

Literatur

Dieser Ratgeber basiert in erster Linie auf einer Reihe von Beiträgen aus *Capital*, dem deutschen Wirtschaftsmagazin, und aus den *Capital*-Sonderheften *Ihr Haus 1982, Jetzt ein eigenes Haus* (1984) und *Ihr Haus 1987*.

Folgende Bücher sind Bau- oder Kaufinteressenten zu empfehlen:

Birner, *Bauen auf Nummer Sicher*,
Bund-Verlag, Köln 1987

Diemann/Dörner, *Der Weg zur Eigentumswohnung*,
Goldmann Verlag, München 1988

Erlenbach, *Finanzierungsprüfliste für den Bauherren*,
Compact Verlag, München [4]1985

Hausbesitzer abc,
Verlag Wirtschaft, Recht und Steuern,
Planegg/München/1986

Heiermann/Riedl/Rusam/Schwaab,
Handkommentar zur VOB,
Bauverlag Wiesbaden/Berlin [4]1986

Schnitzspahn/Kieser, *Schlüsselfertiges Bauen*,
Compact Verlag, München 1983

Siepe, *Wie ersteigere ich ein Haus oder eine Wohnung*,
Verlag Norman Rentrop, Bonn [2]1988

Werner/Pastor, *Lexikon des Baurechts*,
Verlag C. H. Beck, München [5]1980

Werner/Pastor, *Rechtsfragen beim Bauen*,
Verlag C. H. Beck, München [6]1986

Register